职业教育"十三五"规划教材
财会专业课证岗一体化教材·校企合作系列

基础会计

（第二版）

韦雁玲 主编

立信会计出版社
LIXIN ACCOUNTING PUBLISHING HOUSE

图书在版编目(CIP)数据

基础会计 / 韦雁玲主编. —2版.—上海：立信会计出版社，2019.7(2025.1重印)
职业教育"十三五"规划教材　财会专业课证岗一体化教材.校企合作系列
ISBN 978-7-5429-6240-9

Ⅰ.①基… Ⅱ.①韦… Ⅲ.①会计学—高等职业教育—教材　Ⅳ.①F230

中国版本图书馆CIP数据核字(2019)第146975号

策划编辑　　余　榕
责任编辑　　孙　勇
封面设计　　南房间

基础会计(第二版)
JICHU KUAIJI

出版发行	立信会计出版社			
地　　址	上海市中山西路2230号	邮政编码	200235	
电　　话	(021)64411389	传　　真	(021)64411325	
网　　址	www.lixinaph.com	电子邮箱	lixinaph2019@126.com	
网上书店	http://lixin.jd.com	http://lxkjcbs.tmall.com		
经　　销	各地新华书店			
印　　刷	上海万卷印刷股份有限公司			
开　　本	787毫米×1092毫米	1/16		
印　　张	18.25			
字　　数	443千字			
版　　次	2019年7月第2版			
印　　次	2025年1月第3次			
书　　号	ISBN 978-7-5429-6240-9/F			
定　　价	43.00元			

如有印订差错，请与本社联系调换

职业教育"十三五"规划教材
财会专业课证岗一体化教材·校企合作系列
编委会名单

主　　　任　张红梅　广西金融职业技术学院(广西银行学校)
　　　　　　　　　　　　副教授

副　主　任　徐建宁　北京东大正保科技有限公司
　　　　　　　　　　　　(中华会计网校)高级会计师

参编行业专家　（排名不分先后）
　　　　　　　　农初勤　广西南宁海翔会计师事务所所长　高级会
　　　　　　　　　　　　计师
　　　　　　　　蒋海娟　广西安驰财务管理有限责任公司　总经理
　　　　　　　　冯雅竹　北京东大正保科技有限公司
　　　　　　　　　　　　(中华会计网校)会计师
　　　　　　　　王芳萍　北京东大正保科技有限公司
　　　　　　　　　　　　(中华会计网校)会计师

主要编写人员　（排名不分先后）
　　　　　　　　韦雁玲　蒙丽容　李　燕　苏　梅　李思静
　　　　　　　　周平欢　陈素萍　张　祺　陈苗苗　陈　添
　　　　　　　　朱梅英　麦　海

GENERAL PREFACE 总　序

随着"互联网＋"的快速发展,教育信息化"十三五"规划提出了职业教育信息化建设的目标任务和重点措施,在线教育、数字化教材已经成为传统教育行业转型的重要方向。开发符合"互联网＋"教育的教材,以教育信息化全面推动教育现代化,促进教育公平,提升教育质量,为培养现代化建设所需要的高素质人才提供保障,已成为当前教材建设和改革的重中之重。

广西金融职业技术学院(广西银行学校)作为广西唯一的专门培养财经人才的全日制高等职业教育学校,享有"广西金融人才培养的摇篮"之美誉,其会计专业实力雄厚,有一支业务水平高、教学能力强、专兼结合、双师型结构的优秀教学团队。近年来,学校在大力推进教育教学改革的基础上,在专业建设方面取得明显成效,毕业生就业率达到95％以上,毕业生双证率达到99％以上,地域品牌效应显著,已经成为广西职业院校中会计专业学生规模最大的学校。近年来,学校专任教师依据教学改革成果,结合职业教育人才培养目标和会计专业特点,与中华会计网校合作,带动兄弟学校,在会计专业理事分会的指导下,联合行业企业专家,推出一套基于"互联网＋"教育教学改革理念的课证岗融合的高质量的职业教育"十三五"规划教材。

本套教材校企共研,着重体现课证岗融合和产学合作的特点:

(1)从职业岗位能力培养出发,注重学生职业能力的养成。职业能力培养是职业院校教育的培养目标,会计职业能力围绕学生的职业道德素养养成和职业技能训练来开展。本套教材从会计职业能力入手,每个模块把"基础知识""岗位技能""职业素养"等教学目标有机结合,按任务和活动设置职业能力目标,明确工作任务,引导学生有效学习。

(2)关注学生职业资格证书考试的需求,立体化特色鲜明。当前,会计从业资格证书已经被取消,学生在校能够考取的会计职业资格证书为初级会计师资格证书,本套教材注重初级会计师资格证书相关知识考试的规划和整合,文字通俗易懂,配备各个知识点归纳、比较、总结的图表,以及大量形象化的案例和典型考点等内容,让学生边思边学,边做边学,对于重要事项和考点列有"温馨提示"和"特别提醒"等内容,并配备二维码链接,将教材学习和实训、测试、互动等辅助教学资源紧密结合,实现资源立体化,为教师和学生提供全面的教学支持。

(3)注重学生可持续发展和继续教育的需求。在突出培养学生动手能力的同时,充分考虑职业院校学生的职业发展需求和综合能力培养,融合会计专业理论知识的同时兼顾学生继续教育和终身教育的要求,丰富教学资源的内容及其呈现途径,引导学生持续性学习。

(4)校企合作。为了更好地融合课证岗的知识内容,本套教材由我校与中华会计网校共同组织专业老师编写,融合了学校专任老师丰富的教学经验以及中华会计网校老师丰富题库资源和证书考试指导,校企共同确定教材大纲和编写内容,既满足了学生职业岗位能力培养的需要,又满足了证书考试的需求。

本套教材根据我国现行的企业会计准则体系和最新的税收政策

法规编写,不论是课程标准开发,还是项目载体的设计、教学方法的改革和创新,都凝结了编写队伍在会计示范特色专业及实训基地建设中的心血和多年的教学经验。本套教材的出版,将会为财会专业职业教育教材建设的不断发展提供新的助力。

张红梅

2019 年 7 月

THE SECOND EDITION FOREWORD 第二版前言

我国的经济发展，需要大量不同层次的具有财务技能的专业人才，为了让学生毕业后尽快地成为财务岗位一线业务能手，凸显职业教育的特点及其地位，并适应我国现行《企业会计准则——基本准则》和《企业会计准则第1号——存货》等41条具体准则对职业院校会计专业教学提出的更高、更新的要求，我们按照新企业会计准则体系、营业税改征增值税会计处理规定等政策的变化，并结合职业教育特点及编者多年的企业财务工作经验和教学科研经验特编写了本书。

本书紧紧围绕生产、建设、管理、服务第一线的需要，在注重培养学生实践操作能力的同时，注意学生职业道德的培养，以培养学生未来的职业能力。本书共有10个模块，主要阐述了基础会计理论与基础会计实务。具体内容包括初识会计、基于会计对象开设账户、会计记账法、填制与审核会计凭证、设置与登记会计账簿、企业主要经济业务的账务处理、开展财产清查、确定账务处理程序、编制财务会计报告、组织会计工作等内容。本书理论与实务兼顾，突出实务操作，以"理论—案例—实训"为主线，以账务处理具体核算方法为内容，用不同形式的实训、习题巩固学生所学知识点；努力做到让学生了解制造业企业的会计核算方法和各种不同的账务处理程序；书中还穿插了大量的"想一想""相关知识链接""特别提示""知识拓展"和例题等，形成了形式多样、内容新颖、具有很强的可读性和可操作性的内容结构。

本书具有以下特点：

（1）还原工作原貌。本书在阐述借贷记账法的应用时，基于会计工作过程，首先给出经济业务的语言描述（会计工作），其次提供证明经济业务发生的原始凭证（工作内容），再次根据审核无误的原始凭证所记载的经济业务进行分析，最后编制出正确的会计凭证。与普通教材相比，本书不仅有文字描述和会计分录，还提供了业务发生的原始记录和分录载体——记账凭证，还原了会计工作原貌。

（2）内容新颖，推陈出新。本书在编写内容上，注意吸收最新修订的《企业会计准则》和相关会计法规的有关规定，2019年4月1日以后的税制和2019年5月10日财政部新修订的一般企业财务报表的格式，按照调减后的增值税的新的适用税率更改了书中涉及增值税的相应计算，更新了资产负债表、利润表等会计报表的格式和内容。同时，还注重理论联系实际，通过理论与实践教学，使学生全面、系统地理解会计的基本知识，掌握会计的基本技能。

（3）操作性强，方便易学。本书在各模块、任务的内容编排上，始终抓住"理论知识—操作要点—实例讲解—操作练习"这一主线，以培养学生的动手能力。

（4）通俗易懂，适合自学。本书对有关会计名词的概念进行了必要的提炼，使文字表述更为精练，有助于学生抓住要点、把握好学习内容；对部分较难理解和掌握的内容，本书利用图表等多种形式进行讲解，使之通俗化、形象化和简单化，以提高学生的学习兴趣，便于记忆和领会。

本书由韦雁玲（广西金融职业技术学院）担任主编，吕永红（广西商业学校)、阎卫(广西玉林财经学校)担任副主编。本书的具体编写分工如下:模块1和模块6由韦雁玲编写;模块2和模块3由秦艳(广西金融职业技术学院)编写;模块4和模块5由吕永红编写;模块7和模块10由刘继周(广西商业学校)编写;模块8和模块9由阎卫编写。本书最后由韦雁玲负责统稿、修改和总纂。

本书适用于财经类高、中等职业技术院校财会、金融等专业学生"基础会计"课程的教学使用,同时也适用于其他相关岗位人员进行培训和后续教育等需要。

本书在编写过程中,参考、借鉴了许多校内外专家、学者的论文、专著和教材,在此一并致谢。虽然我们已尽了最大的努力,但由于编写时间仓促,加之自身水平所限,本书难免有不恰当之处,期待各位教师、学生和广大读者提出建议,并及时反馈给我们,我们会高度重视,及时修改,以使得本书能及时得到完善。

编　者
2019年7月

模拟试题一

模拟试题二

模拟试题一
参考答案

模拟试题二
参考答案

CONTENTS 目　录

模块 1　初识会计 ·· 001
　任务 1.1　认识会计及其目标 ··· 001
　任务 1.2　掌握会计的职能与方法 ··· 004
　任务 1.3　明确会计核算的基本假设与核算基础 ································· 007
　任务 1.4　明确会计信息的使用者及其质量要求 ································· 010
　任务 1.5　了解会计准则体系 ··· 013
　模块测试 ·· 017

模块 2　基于会计对象开设账户 ··· 020
　任务 2.1　明确会计对象 ··· 021
　任务 2.2　划分会计要素 ··· 023
　任务 2.3　构建会计等式 ··· 029
　任务 2.4　设置会计科目 ··· 032
　任务 2.5　开设账户 ··· 035
　模块测试 ·· 037

模块 3　会计记账法 ·· 041
　任务 3.1　选择复式记账法 ·· 041
　任务 3.2　应用借贷记账法 ·· 043
　模块测试 ·· 052

模块 4　填制与审核会计凭证 ·· 056
　任务 4.1　认识会计凭证及其种类 ··· 057
　任务 4.2　填制与审核原始凭证 ·· 059
　任务 4.3　填制与审核记账凭证 ·· 069
　任务 4.4　传递与保管会计凭证 ·· 080
　模块测试 ·· 083

模块 5　设置与登记会计账簿 ·· 088
　任务 5.1　账簿的启用与登记要求 ··· 089
　任务 5.2　会计账簿的格式与登记方法 ··· 094
　任务 5.3　对账与结账 ·· 104
　任务 5.4　错账的查找与更正方法 ··· 107

任务 5.5　会计账簿的更换与保管 …… 114
　　模块测试 …… 115

模块 6　企业主要经济业务的账务处理 …… 119
　　任务 6.1　企业的主要经济业务 …… 120
　　任务 6.2　资金筹集业务的账务处理 …… 121
　　任务 6.3　供应过程业务的账务处理 …… 129
　　任务 6.4　生产过程业务的账务处理 …… 141
　　任务 6.5　销售过程业务的账务处理 …… 152
　　任务 6.6　其他经济业务的账务处理 …… 163
　　任务 6.7　财务成果业务的账务处理 …… 172
　　模块测试 …… 180

模块 7　开展财产清查 …… 186
　　任务 7.1　财产清查准备工作 …… 186
　　任务 7.2　财产清查的方法 …… 191
　　任务 7.3　财产清查结果的账务处理 …… 197
　　模块测试 …… 204

模块 8　确定账务处理程序 …… 209
　　任务 8.1　选择账务处理程序 …… 209
　　任务 8.2　应用记账凭证账务处理程序 …… 211
　　任务 8.3　应用科目汇总表账务处理程序 …… 221
　　任务 8.4　应用汇总记账凭证账务处理程序 …… 224
　　模块测试 …… 229

模块 9　编制财务会计报告 …… 234
　　任务 9.1　识别财务会计报告 …… 234
　　任务 9.2　编制资产负债表 …… 237
　　任务 9.3　编制利润表 …… 245
　　任务 9.4　编制现金流量表 …… 253
　　模块测试 …… 255

模块 10　组织会计工作 …… 258
　　任务 10.1　合理组织会计工作 …… 258
　　任务 10.2　设置会计机构 …… 260
　　任务 10.3　划分会计岗位 …… 265
　　任务 10.4　保管会计档案 …… 268
　　模块测试 …… 272

模块 1

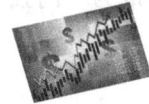

初 识 会 计

[考核目标] 本模块是会计的总括说明,是学习会计的起点。通过学习,学生应了解会计的产生及其发展,会计的性质与目标,会计核算方法与会计学及其体系;明确会计信息的使用者及其质量要求。本模块重点考核学生对会计的含义、会计的基本职能、会计核算的基本前提与会计核算基础的理解。

[实践目标] 教师设定企业调查的实践任务,让学生自由组合,采用不同的形式对一两家企业的财务部门进行书面问询,实现对企业会计基本核算工作的初步了解,最终实现本模块的教学目标。

[知识点思维导图]

```
                  ┌─ 认识会计及其目标 ┬─ 会计的含义
                  │                    └─ 会计的性质与目标
                  │
                  ├─ 会计的职能与方法 ┬─ 会计的职能
                  │                    └─ 会计的核算方法
                  │
  初识会计 ───────┼─ 会计核算的前提与核算基础 ┬─ 会计核算的基本前提
                  │                            └─ 会计核算的基础
                  │
                  ├─ 会计信息的使用者及其质量要求 ┬─ 会计信息的使用者
                  │                                └─ 会计信息质量要求
                  │
                  └─ 会计准则体系 ┬─ 会计准则构成
                                    └─ 会计准则体系
```

任务 1.1 认识会计及其目标

活动 1.1.1 会计的含义

一、会计的产生和发展

会计同社会生产的发展有着密切的关系,它是适应社会生产需要和提高经济效益而产生的。会计作为一项以提供财务信息为主的经济信息的活动,源远流长,自古就有。它通常是指会计工作,有时也作为会计人员或会计学的简称。但是,会计作为一种专业知识并成为一门独立的学科,则是近一二百年的事情。

(一)会计的产生

在作为人类社会赖以存在和发展的基础——物质资料的生产中,由于资源的稀缺性和人类社会发展需求的无限性之间的矛盾,人们无论做什么事,都要在事前、事后盘算一下,即对有关人力、物力的投入和产出所取得的效益进行观察、计量、计算、记录和比较,以尽可能少的劳动耗费生产出尽可能多的劳动成果,来满足生活和生产的需要。由此,会计便在对社会生产实践活动所进行的观察、计量、计算、记录和比较的过程中产生了。所以,会计是随着人类社会生产实践和经济管理的发展而不断发展和完善的。

(二)会计的发展

会计产生于生产实践活动中,同时又在社会生产实践活动中得到发展。会计在我国有着悠久的历史,从古代社会的"绘图记事""结绳记事"的会计萌芽阶段,逐步发展到当今的现代会计阶段,会计也从最初的生产的附带部分发展到如今的具有独立职能。会计的发展大致经历了以下三个阶段:

第一阶段:古代会计阶段。从时间上看,此阶段一般是从会计的产生至复式簿记的应用这样一段过程。在我国,此阶段大约从旧石器时代的中、晚期到封建社会末期。早期的结绳记事、刻石计数是原始社会时期的会计行为;单式簿记(也称单式记账法)是同小生产方式下自然经济占主导地位的简单商品生产发展阶段相适应的,会计多数以实物、少数以货币作为计量单位,计量单位尚未完全固定为货币;需要会计的单位以官厅会计为主;会计是生产职能的附属部分;会计方法主要是单式记账法,核算方法比较简单。

第二阶段:近代会计阶段。1494年,意大利数学家卢卡·帕乔利(Loca Pacioli)出版了《算术、几何、比及比例概要》一书,其中第三篇"计算和记录详论"(通称《簿记论》)较为具体地阐述了日记账、分类账、总账和试算表的编制方法,详细地介绍了威尼斯复式记账法的原理和方法。《簿记论》的问世,使会计界的专业人士在关注会计实务的同时,开始致力于会计理论的研究。这不仅结束了簿记作为一种技术性工作的阶段,使簿记成为一门科学,而且在世界会计发展史上开创了一个影响极其深远的时代——"卢卡·帕乔利时代"。该书的出版标志着近代会计阶段的开始,卢卡·帕乔利被誉为"会计之父"。时至今日,《簿记论》不仅整整影响了1个世纪,而且历经5个世纪,其影响经久不衰,被誉为现代会计的理论基石。从16世纪末到19世纪,意大利的复式簿记迅速在欧洲传播,并得到了很大的发展。德国、法国、英国等资本主义国家的迅速发展,尤其是英国工业革命的兴起,促使许多专门研究和论述簿记、会计理论等方面的书籍出版,会计知识因此得以广泛普及。1853年,英国成立了世界第一个注册会计师专业团体——"爱丁堡会计师协会"。会计已经开始作为一种社会性专门职业语言,在全球广泛应用。

第三阶段:现代会计阶段。20世纪50年代以后,商品经济获得了充分的发展,企业规模日益扩大,所有权与经营权的分离逐渐成为企业经营的主要产权制度方式,为满足内部管理者对会计信息的要求,管理会计逐渐与传统会计相分离,并形成了一个与财务会计相对独立的领域。现代管理会计的出现,是近代会计发展成为现代会计的重要标志,会计成为一门应用性学科,形成财务会计和管理会计两大分支,会计标准和会计规范逐渐形成并不断完善,且向国际化发展。会计作为一种商业语言,其重要性为世人所瞩目,这充分说明经济愈发展,会计愈重要。

二、会计的含义

通过上面对会计的产生和发展的分析,我们可以形成以下的一些初步认识:会计是社会发展到一定阶段后人们为了满足经济管理的需要而产生的,会计产生与发展的全过程都与提供经济信息和追求利润最大化相关,会计以货币为主要计量单位并具有其独特的专门的方法和程序。据此,我们将会计定义为:会计是以货币为主要计量单位,运用专门的方法,对会计主体的经济活动过程进行连续、系统、全面、综合的核算和监督的一项管理活动,是经济学的重要组成部分。

1. 会计的产生与发展经历了哪几个阶段?
2. 从会计的含义能否看出会计的基本职能?

活动1.1.2　会计的性质与目标

一、会计的性质

会计的性质即会计的本质属性,亦即其所归属的范畴。它主要表现在以下几个方面。

(一) 会计是一种经济管理活动

会计是一种经济管理活动,这是会计本质的属性。它不仅能为企业经济管理提供各种数据资料,而且通过各种方式直接或间接参与企业经济管理,可以对企业的经济活动进行核算与监督。

(二) 会计是一个经济信息体系

会计作为一个经济信息体系,把企业日常经济活动的各种数据转化为货币化的会计信息,通过这些会计信息,可以帮助企业内部管理者和外部利益相关者作出相关的经济决策。

二、会计的目标

会计的目标即通过会计核算后所达到的结果。会计作为经济管理活动的组成部分,其目的就要为管理部门提供真实可靠的信息,促使人们比较得失、权衡利弊、讲求经济效益。因此,提高经济效益既是管理的目标,也是会计的目标。

在会计目标的前提下,我们还需要研究会计核算的目标。在国外会计准则中,会计目标一般被定位于"满足会计信息使用者需要"。在我国的会计准则中,会计目标一般被解释为:向财务会计报告使用者提供与企业财务状况、经营成果和库存现金流量等有关的会计信息,反映企业管理层受托责任履行情况,有助于财务会计报告使用者作出经济决策。

1. 会计的含义由哪几层内容构成?
2. 会计的性质主要包括哪几个方面?

3. 谈谈你对会计目标的理解与看法。

任务 1.2　掌握会计的职能与方法

活动 1.2.1　会计的职能

一、会计职能的概念

会计职能是指会计在经济管理中所具有的功能或能够发挥的作用(即人们在经济管理中用会计干什么)。它集中体现着会计的本质。

会计职能按其发展变化,分为基本职能和发展职能。

二、会计的基本职能

会计的基本职能是指会计本身所具有的最基本的功能和作用。

《中华人民共和国会计法》(以下简称《会计法》)确定的会计的基本职能是会计核算和会计监督。

(一) 会计核算职能

会计核算职能也称会计反映职能,是指会计以货币为主要计量单位,对特定对象的经济活动进行确认、计量、记录、计算和报告等环节,对会计对象的经济活动进行记账、算账和报账,并为各有关方面提供会计信息的功能。会计核算职能是会计最基本的职能。

会计核算具有如下特点:

(1) 会计核算主要是利用货币计量,综合反映各单位经济活动情况,为经济管理提供可靠的会计信息。

(2) 会计核算不仅记录已经发生的经济业务,还面向未来为各单位的经营决策和管理控制提供依据。

(3) 会计核算应具有完整性、连续性、综合性和系统性。

(4) 会计核算随着物质条件的改善而进一步演化,逐步改变其表现方式。

(二) 会计监督职能

会计监督职能也称会计控制职能,是指会计人员在进行会计核算的同时,对特定对象的经济业务的合法性、合理性进行检查和控制,使之达到预期目标的功能。

会计监督具有如下特点:

(1) 会计监督主要是利用会计核算所提供的各种价值指标进行货币监督。

(2) 会计监督是在会计反映各项经济活动的同时进行的,包括事前、事中、事后监督。

会计核算职能与会计监督职能两者之间是相互依存、相互渗透、密切结合、相辅相成的。会计核算职能是会计最基本的职能,是会计监督职能的基础,没有会计核算,会计监督就没有客观依据;会计监督是在会计核算过程中进行的,就是按照法规、政策的要求来控制经济活动的过程,没有会计监督,会计核算就没有意义。

三、会计的发展职能

随着经济的不断发展,经济关系的日趋复杂和经济管理水平的不断提高,会计在经济管理活动中的职能也不断地丰富和发展。除了上述两大职能外,会计还具有预测经济前景、参与经济决策、规划和控制、业绩考核和评价等发展职能。这些职能从不同的侧面进一步强化了会计在经济管理中的职能作用。

1. 会计的基本职能包括哪两项内容?如何理解两者的关系?
2. 会计的发展职能有哪些?

活动1.2.2 会计核算方法

一、会计的方法

会计的方法是用来核算和监督会计对象、完成会计任务的手段。会计的方法通常包括会计核算方法、会计分析方法、会计检查方法和会计预测、决策方法等,它们都是在会计核算的基础上,利用会计核算资料进行的。其中,会计核算方法是最基本的方法,因此本书将重点讲述会计核算方法。会计分析方法、会计检查方法和会计预测、决策方法等将在以后相关课程中介绍。

二、会计核算方法的内容

会计核算方法是对会计对象(会计要素)进行完整的、连续的、系统的核算和监督所应用的方法。它主要包括:设置会计科目及账户、复式记账、填制与审核会计凭证、登记会计账簿、成本计算、财产清查、编制财务会计报告七个方面。下面简要说明这些方法的内容。

(一)设置会计科目及账户

设置会计科目及账户是指对会计对象的具体内容进行科学归类并加以核算和监督的一种专门方法。会计对象的内容是复杂多变的,为了对特定对象的各项经济业务进行全面、系统、连续的核算和监督,就必须对会计对象的具体内容按其不同特点和经济管理的不同要求进行科学分类,划分为若干个科目,并在账簿中开设具有一定结构的账户。通过账户分门别类地登记经济业务,这样就可以取得会计核算所需的各项指标。

(二)复式记账

复式记账就是对每项经济业务都要以相等的金额同时在两个或两个以上的相关账户中进行记录的一种专门方法。在经济活动中,每项经济业务的发生都会引起至少两个方面资金的增减变化,通过复式记账把它们记录下来,就可以做到相互核对监督,实现平衡,弄清资金的来龙去脉。

(三)填制和审核会计凭证

会计核算要以会计凭证为核算依据,因为会计凭证是记录经济业务和明确经济责任的书面证明。因此,对每项经济业务的发生和完成都要记录在会计凭证上,并经过专人审核无误后才可以作为会计核算的依据。

（四）登记会计账簿

登记会计账簿简称记账,是指根据审核无误的原始凭证,将记账凭证记录的各项经济业务,分类、连续、完整地记入有关账簿中所设立的账户的一种专门方法。通过登记账簿,可以提供完整的、系统的会计资料;同时,账簿记录也是全面、正确地编制财务会计报告的重要依据。

（五）成本计算

成本计算是指企业将生产经营过程中发生的各项耗费按照不同的成本计算对象进行归集、计算并确定各种成本计算对象的总成本和单位成本的一种专门方法。不同类型的企业,其成本计算的内容和方法有所不同,通过成本计算,可以了解各成本计算对象在生产经营过程中的耗费情况,为企业加强经营管理、加强成本控制提供数据资料。

（六）财产清查

财产清查是指通过实物盘点、账目核对等措施来检查各项财产物资的实有数额,以保证账账、账实相符的一种专门方法。通过财产清查,可以查明各项财产物资、往来款项和所有者权益的账面数额与实存数额,为企业加强财产物资管理、保护财产物资的安全完整提供保障。

（七）编制财务会计报告

编制财务会计报告是指根据账簿记录的资料,采用表格和文字的方式,概括、综合地反映特定对象在一定时期内经济活动过程和结果的一种专门方法。通过财务会计报告,可以为财务会计报告使用者提供特定对象在一定时点的财务状况、一定时期内的经营成果和现金流量等会计信息;有利于改善经营管理,并为会计分析和会计检查提供依据。

上述会计核算的各种方法在会计核算过程中并不是孤立的,而是相互配合、相互联系的,构成了一个完整的方法体系。会计核算方法之间的关系如图1-1所示。

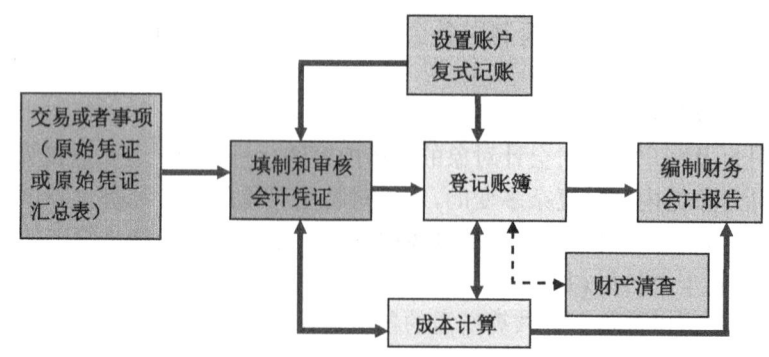

图1-1　会计核算方法之间的关系

会计核算方法包括哪些内容?

任务 1.3　明确会计核算的基本假设与核算基础

活动 1.3.1　会计核算的基本假设

会计核算的目的是通过对经济活动的记录、计量来提供会计信息。面对变化不定的经济环境,摆在会计人员面前的一系列问题必须得到解决;否则,会计工作就无法进行。例如,会计核算的范围是多大,会计为谁核算,给谁记账;会计所要记录的经济业务是否能够持续不断地进行下去;会计应该在什么时候记账、算账,以及在记录过程中应该采用什么计量手段等。所以,我们要事先根据客观情况和发展趋势作出合乎情理地推断或人为规定。这种推断或人为规定就是会计假设,也称会计核算的基本前提。

我国《企业会计准则——基本准则》中规定,会计假设主要包括:会计主体、持续经营、会计分期和货币计量四个方面的内容。

一、会计主体

会计主体又称会计实体,是指会计人员服务的特定单位。会计主体是一个独立经营、自负盈亏、责权利相结合的特定经济单位。作为会计主体,其必须具备以下三个条件:

(1) 具有一定数量的经济资源。
(2) 进行独立的生产经营活动或其他活动。
(3) 实行独立核算,提供反映会计主体经济情况的财务会计报告。

明确会计主体是组织会计核算工作的首要前提。这是因为会计处理的数据和提供的信息必须要有一定的空间界限,而会计主体假设正式明确了会计活动的空间范围和会计人员的责权范围,将会计工作的空间界定为有自主经营所必需的财产,并产生相应的债务和所有者权益,有独立的收入和费用,并据之确定盈亏,评价业绩。

会计主体与法律主体两者之间存在如下关系:法律主体是指具有法人资格的单位,它是在政府部门注册登记,有独立的财产,能够承担民事责任的法律实体。因而所有的法律主体都是一个会计主体;但是会计主体不一定都是法律主体。例如,在我国,企业有公司、合伙企业和独资企业三种形式,而其中合伙企业和独资企业就不是独立的法律主体,但它们独立经营自负盈亏,向外报送财务会计报告,是会计主体。又如,一些公司的分公司也不是法律主体,但是会计主体。即会计主体的范畴大于法律主体。法律主体都可以是一个会计主体,而会计主体不一定都是法律主体。

二、持续经营

持续经营是指会计主体的生产经营活动在可预见的未来将无限期地延续下去,在可预见的未来不会破产倒闭。

这一假设把会计核算建立在正常状态下。也就是会计主体所持有的资产将按取得时的目的在正常的经营活动中被耗用;会计主体所承担的负债也将在正常的经济活动中按原来承诺的条件予以清偿。由此,会计主体可能采用历史成本来确认、计量其资产等要素,使会计核算与报告系统处于稳定状态。如果没有持续经营假设,即使企业将要破产清算,其资产和负债只能按当时的清算价值估价,而不能按取得时的实际成本确定。

持续经营假设为会计核算设定了一个无限长的时间段,但是会计信息的使用者却要求定期向外提供财务会计信息,因而会计核算必须在持续经营的假设下进行会计分期。

三、会计分期

会计分期又称会计期间,是指将一个会计主体持续不断的生产经营活动过程人为地划分成若干个等间距的期间。企业的资金运动是一个连续不断的过程,理论上只有在企业完全停止其资金运动后才能精确地核算其经营成果。但在持续经营假设下,资金运动不可能停止,何时停业很难预测。为了及时取得会计信息、发挥会计的作用,企业有必要在经营期间分期的基础上进行会计核算,因此,必须确立会计分期的假设。

会计分期假设是对会计工作时间和工作范围的具体划分,即确定会计年度。我国以日历年度作为会计年度,即每年的1月1日至12月31日为一个会计年度。会计年度确定后,一般按日历确定会计半年度、会计季度和会计月度,这些短于一个会计年度的半年度、季度和月度称为会计中期。

会计分期假设可以与前两个假设结合为:会计要为特定的会计主体在不会面临破产清算的情况下分期进行会计核算。

四、货币计量

货币计量是指会计主体在会计核算过程中采用货币作为主要的计量单位,确认、计量、记录和报告会计主体的生产经营活动。货币计量假设是对会计计量手段和方法的规定。

企业拥有的资产种类繁多,计量单位不同,会计应如何综合反映呢?在商品经济条件下,最理想的计量手段就是货币,它是商品的一般等价物,能用于计量一切资产、负债和所有者权益,以及收入、费用和利润,也便于综合反映企业的财务状况和经营成果。所以,会计必须以货币计量为基本假设。在商品经济条件下,物价水平总在不断地变动,这说明币值很不稳定,那么就不可能准确地计量。因此,必须同时确定币值稳定的基本假设,假设币值在今后基本上是稳定的,不会有大的波动,才能用于计量。

我国《企业会计准则》规定,会计核算以人民币为记账本位币。业务收支以人民币以外的货币为主的单位,也可以选定某种人民币以外的货币作为记账本位币,但向国内报送的财务会计报告应当折算为人民币反映。我国在境外设立的企业,通常用当地币种进行日常会计核算,但向国内编报财务会计报告时,应当折算为人民币。

货币计量假设可以与前三个假设结合为:会计以货币为主要计量单位,为选定的会计主体在不会面临破产清算的情况下分期进行会计核算。

【相关知识链接】

会计主体的经济活动是多种多样的、错综复杂的。为了实现会计目标,必须全面、综

(续上)

合地反映会计主体的各项经济活动,这就要求有一个统一的计量尺度。经济活动中通常使用的计量尺度有劳动计量单位、实物计量单位和货币计量单位。劳动计量、实物计量只能从不同的角度反映企业的生产经营情况,计量结果通常无法直接进行汇总和比较;而货币计量便于统一衡量和综合比较,能够更加全面地反映企业的生产经营情况。因此,以货币作为主要计量单位更能满足会计工作的需要。

1. 会计核算的基本假设有哪些?
2. 举例说明对会计主体假设的理解。
3. 举例说明对持续经营假设的理解。

活动 1.3.2 会计核算基础

会计核算基础亦称会计记账基础,是指确定一个会计期间的收入与费用,从而确定损益的标准。会计核算基础有权责发生制和收付实现制两种。

一、权责发生制

权责发生制也称应计制,是指收入、费用的确认应当以收入和费用的实际发生作为确认的标准,合理确认当期损益的一种会计核算基础。在我国,企业会计核算采用权责发生制作为会计核算基础。在权责发生制下,凡是属于本期实现的收益和费用,不论款项是否收付,均应作为本期的收益和费用入账;凡是不属于本期实现的收益和费用,即使款项已在本期收付,也不应作为本期的收益和费用处理。权责发生制强调经营成果的计算。

【例1-1】 在权责发生制下,甲企业于2019年9月支付临时租入设备的第四季度3个月的租金12 000元,由于该项费用的发生,使得甲企业10~12月均受益,所以9月发生支出时,并不能作为9月的费用处理,而是作为9月的预付账款处理,应在10~12月这3个月中每月计算费用4 000元,并冲减9月入账的预付账款,从10~12月收入中获得补偿。

二、收付实现制

收付实现制也称现收现付制或库存现金制,是按照款项实际收到或付出的日期来确定收益和费用的归属期的一种会计核算基础。在收付实现制下,凡是本期实际收到款项的收入和付出款项的费用,不论其是否属于本期,都作为本期的收入和费用处理;凡是本期没有实际收到款项的收入和付出款项的费用,均不作为本期的收入和费用处理。收付实现制强调财务状况的切实性。

【例1-2】 在收付实现制下,甲企业为了满足经营管理的需要,2019年10月,租入仓库一间,同时支付10~12月共计3个月租金9 000元,根据收付实现制会计核算基础的要求,以支付的现金作为确认费用的依据,则所付的9 000元全部作为10月发生的费用。

《企业会计准则——基本准则》规定,企业应当以权责发生制为基础进行会计确认、计量和报告。

1. 举例说明权责发生制。
2. 举例说明收付实现制。
3. 谈谈收付实现制与权责发生制的主要区别。

任务 1.4　明确会计信息的使用者及其质量要求

活动 1.4.1　会计信息的使用者

会计信息的使用者主要包括投资者、债权人、企业管理者、政府及有关部门、社会公众等。

企业投资者通常关心企业的盈利能力和发展能力,他们通常需要借助会计信息等相关信息来决定是否调整投资、更换管理层、加强及完善企业内部控制等。

企业债权人(如贷款人、供应商等)通常关心企业的偿债能力和财务风险,他们需要借助会计信息等相关信息来判断企业是否有充足的流动资金按约定偿付所欠货款、偿还贷款本金和支付利息等。

企业管理者是会计信息的重要使用者,他们需要借助会计信息等相关信息来管理企业,加强对于企业的控制,作出财务决策。

政府及有关部门作为经济管理和经济监管部门,通常关心经济资源分配的公平、合理,市场经济秩序的公正、有序,宏观决策所依据信息的真实、可靠等,他们需要根据会计信息来监管企业的有关活动(尤其是经济活动),制定税收政策,进行税收征管和国民经济统计等。

社会公众也关心企业的生产经营活动,包括企业对其所在地经济发展所作的贡献,如增加就业、刺激消费和提供社区服务等。

会计信息的使用者主要有哪些?

活动 1.4.2　明晰会计信息质量要求

会计工作的基本任务就是为包括所有者在内的各方面提供经济决策所需要的信息。会计信息质量的高低是评价会计工作成败的标准,为了规范企业会计确认、计量和报告行为,保证会计信息质量,我国最新修订的《企业会计准则——基本准则》,对会计信息提出了以下八项质量要求：可靠性、相关性、可理解性、可比性、实质重于形式、重要性、谨慎性和及时性。

一、可靠性

可靠性是指企业应当以实际发生的交易或者事项为依据进行会计确认、计量和报告，如实反映符合确认和计量要求的各项会计要素及其他相关信息，保证会计信息真实可靠、内容完整。

有效的会计信息，必须以可靠性作为基础。为了贯彻可靠性要求，企业应当做到以下几点：

（1）以企业实际发生的交易或者事项作为依据，进行会计信息的确认、计量和报告。

（2）在符合重要性和成本效益原则的前提下，保证企业会计信息的完整性，包括企业编制的财务会计报告内容要记录完整，不可以随意遗漏或减少应当予以披露的会计信息。

（3）财务会计报告中所列示的全部会计信息应是客观中立的。如果企业的财务会计报告是为了达到事先已经定好的结果而制定的，那么，这样的财务会计报告信息就不是客观中立的。

二、相关性

相关性是指企业提供的会计信息应当与财务会计报告使用者的经济决策需要相关，有助于财务会计报告使用者对企业过去、现在或者未来的情况作出评价或者预测。即企业要提供有用的信息给信息使用者。

会计信息质量的相关性要求，是以可靠性要求作为基础的。相关性和可靠性之间是统一的，两者并不相互矛盾，不应将这两个要求对立起来。在可靠性要求的前提下，会计信息应尽可能与各种决策相关，充分考虑会计信息使用者的以下需求：

（1）提供会计信息的范围和内容与管理所需要的范围和内容相一致。

（2）各种会计信息之间相互联系，使所提供的会计信息具有决策价值。

三、可理解性

可理解性是指企业提供的会计信息应当清晰明了，便于财务会计报告使用者理解和使用。对于财务会计报告中难以用数字明确的问题，应当用文字加以说明。

为避免信息使用者因为模糊不清或产生误解而导致错误的决策，会计的数据记录和文字说明必须清晰、简明、易懂，对复杂的经济业务应该用规范性文字加以表述，便于有关部门和人员理解与利用。

可理解性的具体要求如下：

（1）会计记录和会计报告所用术语应便于理解，不能有任何可能影响财务会计报告使用者决策的会计事项的掩饰。

（2）会计记录应当准确清晰，填制会计凭证、登记会计账簿必须做到依据合法，账户对应关系一目了然，文字摘要完整。

（3）在编制财务会计报告时，项目钩稽关系清楚、项目完整、数字准确，财务会计报告表述简洁。

四、可比性

可比性是指企业提供的会计信息应当相互可比,保证同一企业不同时期的会计信息可比,不同企业相同会计期间的会计信息可比。可比性具体包括下列要求:

(1) 同一企业不同时期的会计信息可比(纵向可比)。会计信息质量的可比性要求同一企业在不同时期发生的相同或相似的交易或者事项,应当采用一致的会计政策进行处理,不得随意变更会计政策。但是,如果符合规定或在相关会计政策变更后可以提供更可靠、更相关的会计信息,则可以变更企业适用的会计政策。不过,有关会计政策的变更情况应当在附注中予以具体说明。

(2) 不同企业相同会计期间的会计信息可比(横向可比)。不同企业在同一会计期间发生的相同或者相似的交易或者事项,应当采用相同的会计政策,确保会计信息口径一致、相互可比。这样可以让不同的企业按照一致的会计确认、计量和报告基础来提供相关的会计信息。

五、实质重于形式

实质重于形式是指企业应当按照交易或者事项的经济实质进行会计核算,而不应当仅仅按照它们的法律形式作为会计核算的依据。

企业发生的交易或者事项在大多数情况下的经济实质和法律形式是一致的,但在有些特殊情况下也可能会出现不一致的情况。例如,企业按照签订的销售合同销售商品但又签订了售后回购协议,虽然从法律形式上看企业实现了收入,但如果企业没有将商品所有权上的主要风险和报酬转移给购买方,则没有满足企业收入确认的条件,即使企业签订了商品销售合同或者已将商品交付给购买方,也不应当确认为企业销售收入。

六、重要性

重要性要求企业提供的会计信息应当反映与企业财务状况、经营成果和现金流量有关的所有重要交易或者事项。

凡是对企业资产、负债、损益等有较大影响,并进而可以影响会计信息使用者作出合理经济决策的重要会计事项,必须按企业规定的会计方法和会计程序进行处理,并在企业的财务会计报告中予以充分披露;而对于次要的会计事项,在不影响会计信息真实性和不误导会计信息使用者作出正确决策的前提下,可适当进行合并、简化处理。

特别提示

按照会计信息质量的重要性要求,对企业发生的重要会计事项应当按照企业规定的正确的程序进行处理,而对于次要的会计事项则可适当进行简化处理。企业在评价某一会计事项的重要性时,很大程度上取决于会计人员的相关职业判断。

七、谨慎性

谨慎性要求企业对交易或者事项进行会计确认、计量和报告时应当保持应有的谨慎,不应高估资产或者收益、低估负债或者费用。

在市场经济条件下，企业面对的是有风险的市场，其经济活动都存在着大量的不确定因素，为了避免风险和不确定性因素的发生给企业正常的生产经营活动带来严重的影响，会计人员在企业的会计核算工作中应当坚持谨慎性，充分估计各种风险和损失，合理预计可以发生的各项费用和损失，并予以登记入账。例如，企业对可能发生的资产减值损失计提资产减值准备，对常年处于强震状态下的固定资产采用加速折旧法计提折旧，以及对出售商品可能发生的保修义务确认预计负债等，就体现了这一会计信息质量要求。又如，企业面对可能获取的收入，基于谨慎性要求考虑，则不能预先估计及提前入账。

需要特别注意的是，谨慎性并不意味着企业可以任意设置各种秘密准备；否则，就属于滥用谨慎性，视同重大会计差错。

八、及时性

及时性是指企业对于已经发生的交易或者事项，应当及时进行会计确认、计量和报告，不得提前或者延后。及时性对相关性和可靠性起着制约的作用。

会计信息的价值在于可以帮助所有者及时作出相关的经济决策，因此，会计信息应当具备时效性。企业在进行会计确认、计量和报告过程中，应当全面贯彻及时性要求。及时性具体包括下列要求：

（1）及时收集会计信息。这就要求企业按照《企业会计准则》的规定，及时收集和整理各种原始凭证或者票据。

（2）及时处理相关会计信息。这就要求企业按照《企业会计准则》的规定，及时对经济交易或者事项进行确认或计量，并编制财务会计报告。

（3）及时传递会计相关信息。这就要求企业按照国家规定的相关时限，及时将编制各种财务会计报告传递给会计信息使用者，方便其及时使用和作出有关决策。

1. 会计信息质量要求包括哪几项内容？
2. 举例说明实质重于形式的会计信息质量要求。
3. 谈谈你对谨慎性会计信息质量要求的理解。

任务1.5　了解会计准则体系

活动1.5.1　会计准则的构成

会计准则是反映经济活动、确认产权关系、规范收益分配的会计技术标准，是生成和提供会计信息的重要依据，也是政府调控经济活动、规范经济秩序、引导社会资源合理配置、保护投资者和社会公众利益，以及开展国际交往等的重要手段。

会计准则具有严密和完整的体系。我国已颁布的会计准则有《企业会计准则》《小企业会计准则》《事业单位会计准则》和《政府会计准则》等。

特别提示

会计准则属于国家统一的会计制度范畴,会计准则的制定部门是国家财政部,制定会计准则的依据是《会计法》和会计行政法规。会计准则是我国会计法律制度体系的重要组成部分。2014年、2017年、2018年和2019年,我国财政部又先后发布了《企业会计准则第39号——公允价值计算量》等4项具体准则,并对《企业会计准则——基本准则》《企业会计准则第14号——收入》《企业会计准则第33号——合并财务报表》《企业会计准则第21号——租赁》《企业会计准则第7号——非货币性资产交换》《企业会计准则第12号——债务重组》等多项具体准则进行了修订。

我国已颁布了哪几个会计准则?

活动1.5.2 会计准则体系

一、企业会计准则

根据我国财政部令第33号、财会〔2006〕3号和财会〔2006〕18号等文件规定,企业会计准则体系自2007年1月1日起在上市公司范围内施行,鼓励其他企业执行。我国的企业会计准则体系包括基本准则、具体准则、应用指南和解释公告等。

(一)基本准则

基本准则是企业进行会计核算工作必须遵守的基本要求,是企业会计准则体系的概念基础,是制定具体准则、应用指南、解释公告的依据,也是解决新的会计问题的指南,在企业会计准则体系中具有重要的地位。

基本准则包括以下内容:

(1) 财务会计报告目标。基本准则明确了我国财务会计报告的目标是为财务会计报告使用者提供决策有用的信息,并反映企业管理层受托责任的履行情况。

(2) 会计基本假设。基本准则强调了企业进行会计确认、计量和报告应当以会计主体、持续经营、会计分期和货币计量为会计基本假设。

(3) 会计基础。基本准则坚持了企业会计确认、计量和报告应当以权责发生制为基础。

(4) 会计信息质量要求。基本准则建立了企业会计信息质量要求体系,规定企业财务会计报告提供的所有会计信息应当满足会计信息质量要求。

(5) 会计要素分类及其确认、计量原则。基本准则将会计要素分为资产、负债、所有者权益、收入、费用和利润六个要素,同时对于有关要素建立了相应的确认和计量原则,规定会计要素在确认时,均应满足相应条件。

(6) 财务会计报告。基本准则明确了财务会计报告的基本概念、应当包括的主要内容和应反映信息的基本要求等。

（二）具体准则

具体准则是根据基本准则的要求，主要就各项具体业务事项的确认、计量和报告而作出的规定。它分为一般业务准则、特殊业务准则和报告类准则。

1. 一般业务准则

一般业务准则是规范各类企业一般经济业务确认、计量要求的准则，包括存货、固定资产、无形资产、长期股权投资、收入和所得税等准则。

2. 特殊业务准则

特殊业务准则可分为各行业共有的特殊业务准则和特殊行业的特殊业务准则。前者如外币折算业务、租赁业务、资产减值业务、债务重组业务、非货币性资产交换业务等准则，后者如适用于银行等金融领域的原保险合同、再保险合同等准则，适用于石油企业的石油天然气开采准则，适用于农牧业的生物资产准则等。

3. 报告类准则

报告类准则主要规范普遍适用于各类企业的报告类准则，如财务报表列报、现金流量表、中期财务报告、合并财务报表等准则。

（三）应用指南

应用指南是根据基本准则、具体准则制定的，用来指导会计实务的操作性指南，是对具体准则相关条款的细化和对有关重点、难点问题提供的操作性规定。它包括会计准则解释、会计科目和主要账务处理等内容，为企业执行会计准则提供操作性规范。

（四）解释公告

解释公告主要针对《企业会计准则》在实施过程中遇到的问题所作出的相关解释。

二、小企业会计准则

2011年10月18日，财政部发布了《小企业会计准则》，要求符合适用条件的小企业自2013年1月1日起执行，并鼓励提前执行。《小企业会计准则》一般适用于我国境内依法设立的、经济规模较小的企业，具体标准参见《小企业会计准则》和《中小企业划型标准规定》。

知识拓展

《小企业会计准则》适用于中华人民共和国境内依法设立的、符合《中小企业划型标准规定》所规定的小型企业标准的企业，下列三类小企业除外：①股票或债券在市场上公开交易的小企业。②金融机构或者其他具有金融性质的小企业。③企业集团内的母公司和子公司。企业集团、母公司和子公司的定义与《企业会计准则》的规定相同。

特别提示

符合《小企业会计准则》规定的企业，可以执行《小企业会计准则》，也可以执行《企业会计准则》，但执行了《企业会计准则》的小企业，不可以再回头执行《小企业会计准则》。

三、事业单位会计准则

2012年12月6日，财政部修订发布了《事业单位会计准则》，自2013年1月1日起在各级各类事业单位施行。该准则对我国事业单位的会计工作予以规范,共九章,包括总则、会计信息质量要求、资产、负债、净资产、收入、支出或者费用、财务会计报告和附则等。与《企业会计准则》相比,《事业单位会计准则》的主要特点有:①要求事业单位采用收付实现制进行会计核算,部分另有规定的经济业务或者事项才能采用权责发生制核算。②将事业单位会计要素划分为资产、负债、净资产、收入和支出(或者费用)五类。③要求事业单位的会计报表至少包括资产负债表、收入支出表(或收入费用表)和财政补助收入支出表。

事业单位会计准则将事业单位会计要素划分为资产、负债、净资产、收入和支出(或者费用)五类,这和《企业会计准则》对于企业会计要素的划分是不一样的。

四、政府会计准则

2015年10月23日,财政部发布了《政府会计准则——基本准则》,自2017年1月1日起,在各级政府、各部门、各单位实施。其中,各部门、各单位是指与本级政府财政部门直接或者间接发生预算拨款关系的国家机关、军队、政党组织、社会团体、事业单位和其他单位。军队、已纳入企业财务管理体系的单位和执行《民间非营利组织会计制度》的社会团体,不适用本准则。

我国的政府会计准则体系由基本准则、具体准则和应用指南三部分组成。

(一) 基本准则

基本准则是整个政府会计准则体系的概念基础和框架。它分为六章,具体包括总则、政府会计信息质量要求、政府预算会计要素、政府财务会计要素、政府决算报告和财务报告、附则。

(二) 具体准则

具体准则主要规定政府发生的经济业务或事项的会计处理原则,具体规定经济业务或事项引起的会计要素变动的确认、计量和报告。目前,我国已发布《政府会计准则——存货》等五项具体准则。

(三) 应用指南

应用指南主要对具体准则的实际应用作出操作性规定。

【知识链接】

政府会计由预算会计和财务会计构成。预算会计实行收付实现制,国务院另有规定的,依照其规定。财务会计实行权责发生制。

政府预算会计要素包括预算收入、预算支出与预算结余。政府财务会计要素包括资产、负债、净资产、收入和费用。

想一想

1. 企业会计准则体系包括哪些准则？说出各准则具体实施的时间。
2. 企业会计准则由哪几部分内容构成？

模块测试

参考答案

一、单项选择题

1. 一般来说,会计主体与法律主体是( )。
   A. 不相关的   B. 相互一致的   C. 有区别的   D. 相互可以替代的
2. 复式记账法逐步成为科学的会计记账方法是在( )。
   A. 13~15世纪   B. 15~20世纪   C. 20世纪80年代   D. 18~19世纪
3. 会计的主要计量单位是( )。
   A. 实物量度
   B. 劳动量度
   C. 货币量度
   D. 实物、劳动和货币三种量度
4. 会计的基本职能是( )。
   A. 预测和决策   B. 分析和考核   C. 核算和监督   D. 控制和检查
5. 近代会计发展成为现代会计的重要标志是( )的出现。
   A. 管理会计   B. 财务会计   C. 成本会计   D. 审计学
6. ( )是指在正常情况下,会计主体的生产经营活动按照既定的经营方针和预定的经营目标会无期限地经营下去,在可预见的未来不会停产倒闭。
   A. 会计主体   B. 持续经营   C. 会计分期   D. 货币计量
7. 我国《企业会计准则》规定,会计核算以人民币为记账本位币。业务收支以外币为主的企业,也可以选定某种外币作为记账本位币,但编制的财务会计报告应当( )反映。
   A. 任意外币
   B. 折算为某一特定外币
   C. 折算为人民币
   D. 随意
8. ( )是对会计信息最重要的质量要求。
   A. 可靠性
   B. 相关性、可理解性和可比性
   C. 实质重于形式
   D. 重要性、谨慎性和及时性
9. ( )既是管理的目标也是会计的目标。
   A. 提高经济效益   B. 记账   C. 算账   D. 报账
10. ( )是指企业应当按照交易或者事项的经济实质进行会计确认、计量和报告,不应仅以交易或者事项的法律形式为依据。
    A. 可靠性
    B. 相关性、可理解性和可比性
    C. 实质重于形式
    D. 重要性、谨慎性和及时性
11. 2012年12月6日,财政部修订发布了《事业单位会计准则》,该准则对我国事业单位的会计工作予以规范。下列单位中,适用于该准则的是( )。

A. 国有独资企业　　B. 中外合资公司　　C. 各级医疗机构　　D. 南宁市教委

12. 下列各项中,能对会计工作质量起保证作用的是(　　)。
A. 会计监督　　　B. 会计计划　　　C. 会计核算　　　D. 会计记账

13. 根据权责发生制的原则,下列各项中,属于本期的收入和费用的是(　　)。
A. 支付明年的房屋租金　　　　　B. 商品在本期销售,但货款尚未收到
C. 当期按照税法规定预缴的税费　　D. 本期已经收款,但商品尚未制造完成

二、多项选择题

1. 下列有关会计的说法中,正确的有(　　)。
A. 核算特定会计主体的经济活动
B. 对经济活动进行核算和监督
C. 以货币为主要计量单位
D. 本质上是一种经济管理活动或经济信息系统

2. 下列各项关于可比性要求的表述中,正确的有(　　)。
A. 同一企业的会计核算方法前后各期应当一致,不得随意变更
B. 不同企业之间同一会计期间发生的相同或者相似的交易或者事项,应确保会计信息口径一致
C. 为了贯彻可比性要求,会计核算方法一经确定不再变更
D. 有关会计政策变更情况应当在会计报表及附注中予以说明

3. 会计主体应该是一个(　　)的经济单位。
A. 独立经营　　　B. 自负盈亏　　　C. 责权利结合　　　D. 法律主体

4. 会计信息的使用者包括(　　)。
A. 投资者和债权人　　　　　B. 供应商
C. 企业内部经营管理者　　　D. 税务部门

5. 会计的方法是在会计实践中总结出来的,主要包括(　　)。
A. 会计核算方法　　B. 会计分析方法　　C. 会计检查方法　　D. 会计监督方法

6. 会计核算的专门方法有(　　)。
A. 设置账户和复式记账　　　B. 填制审核会计凭证、登记账簿
C. 财产清查和成本计算　　　D. 编制会计报表

7. 会计核算基础亦称会计记账基础,是指确定一个会计期间的收入与费用,从而确定损益的标准。会计的核算基础有(　　)。
A. 权责发生制　　B. 编制会计凭证　　C. 收付实现制　　D. 登记账簿

8. 可比性包括(　　)两个方面。
A. 纵向可比　　　B. 横向可比　　　C. 内外可比　　　D. 历史可比

9. 会计是以货币为主要计量单位,采用专门的方法和程序,对会计主体的经济活动过程进行(　　)核算和监督。
A. 连续的　　　B. 系统的　　　C. 综合的　　　D. 全面的

10. 我国最新颁布的《企业会计准则——基本准则》,对于会计信息的质量要求有(　　)。
A. 可靠性　　　　　　　　　B. 相关性、可理解性和可比性
C. 实质重于形式　　　　　　D. 重要性、谨慎性和及时性

三、判断题

1. 我国以日历年度作为企业的会计年度,即从公历1月1日起至12月31日为一个会计年度。（   ）
2. 企业向银行借入短期借款,按月确认利息费用,根据合同按季度结算借款利息;企业按季度支付借款利息时,全部列作当月财务费用核算。（   ）
3. 我国行政单位会计采用的会计基础是收付实现制。（   ）
4. 我国在现代会计阶段,将传统的会计划分为财务会计和管理会计。（   ）
5. 《政府会计准则——基本准则》规定,政府会计由预算会计和财务会计构成。预算会计实行权责发生制(国务院另有规定的,依照其规定),财务会计实行收付实现制。（   ）
6. 会计是以货币作为唯一计量尺度所进行的一种价值管理活动。（   ）
7. 会计核算职能是会计最基本的职能。会计核算主要从价值上综合反映各单位的经济活动的过程和结果。（   ）
8. 及时性要求企业对已经发生的交易或者事项,应当及时进行确认、计量和报告,不得延后。（   ）

四、业务处理题

甲公司2019年发生下列业务(假定不考虑相关税费):

(1) 2月,销售一批商品给乙公司,货款2 000 000元,收到现金1 600 000元存入银行。5月,收到余款400 000元。

(2) 3月,预收丙公司货款200 000元。4月,将上述已收货款的商品发给丙公司。

(3) 4月,购买一批办公用品,共计12 000元,用银行存款支付2 000元,剩余10 000元尚未支付。

(4) 7月,购买一批办公用品,共计16 000元,用银行存款全额支付。

(5) 8月,购买一批办公用品,共计18 000元,款项未付。

要求:请将各业务在权责发生制和收付实现制下应确认的金额填入表1-1。

表1-1　　　甲公司相关业务在权责发生制和收付实现制下应确认的金额表　　　单位:元

业务序号	业务发生时间	权责发生制	收付实现制
(1)	2019年02月		
	2019年05月		
(2)	2019年03月		
	2019年04月		
(3)	2019年04月		
(4)	2019年07月		
(5)	2019年08月		

模块 2

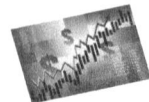

基于会计对象开设账户

[考核目标] 本模块主要介绍基于会计对象设置账户的具体内容:会计对象、会计要素、会计等式、会计科目和账户。通过学习,学生应明确会计对象的具体含义,深刻理解会计等式,重点掌握会计要素、会计科目、账户及其结构,了解会计科目和账户之间的关系,基于会计对象设置账户。本模块重点考核学生对会计要素的定义、经济业务的发生引起会计要素发生变化的理解。

[实践目标] 教师设定企业调查的实践任务,让学生自由组合,采用不同的形式对一两家企业的供应部门、生产部门、销售部门进行书面问询,实现对企业资金运动的初步了解。

[知识点思维导图]

基于会计对象开设账户
- 明确会计对象
  - 制造业企业的会计对象
  - 商品流通企业的会计对象
  - 行政事业单位的会计对象
- 划分会计要素
  - 会计要素的定义
  - 反映财务状况的会计要素
  - 反映经营成果的会计要素
- 构建会计等式
  - 会计等式及其内容
  - 经济业务对会计等式的影响
- 设置会计科目
  - 设置会计科目的原则
  - 会计科目的分类
- 开设账户
  - 账户及账户的结构
  - 会计科目和账户之间的关系

任务2.1 明确会计对象

会计对象是会计核算和监督的内容,有一般对象和具体对象之分。会计的一般对象是再生产过程中的资金运动。所谓资金运动,就是指再生产过程中财产物资的货币表现。再生产过程是由生产、分配、交换和消费四个环节所构成的多种多样的经济活动过程,会计只能核算和监督其中能用货币表现的经济活动。由于各企业和行政、事业单位资金运动的具体内容和形式不同,其会计的具体对象也不同。

活动2.1.1 制造业企业的会计对象

一、制造业企业及其任务

制造业企业是工业产品的生产经营企业(俗称工业企业)。其基本任务是扩大生产,增加盈利。所以,制造业企业必须以效益为中心,做好各方面工作,增强自我改造和自我发展的能力。

二、制造业企业的资金运动

制造业企业的资金运动表现为三种类型:资金进入企业、资金在企业内部循环周转、资金退出企业,如图2-1所示。

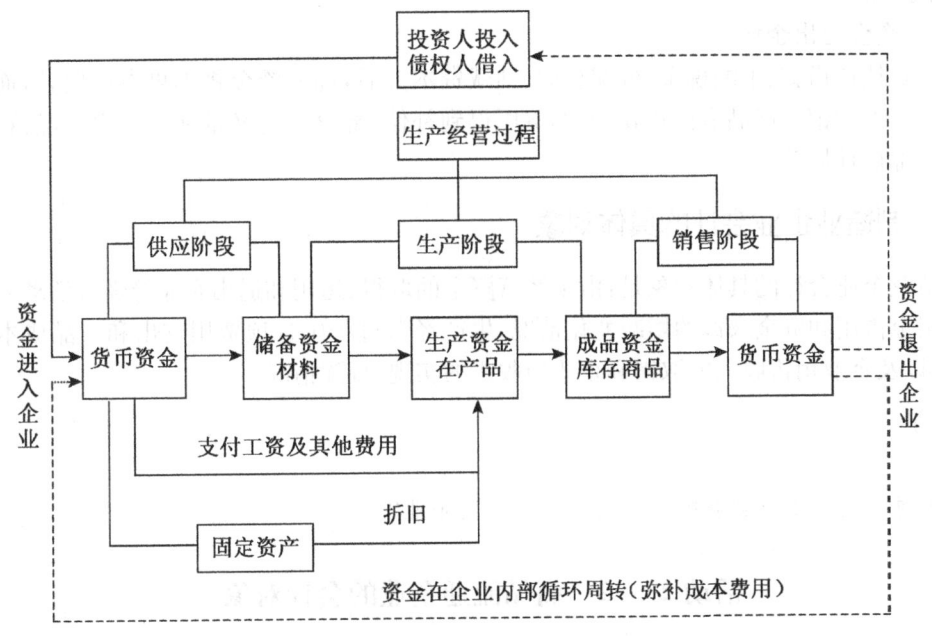

图2-1 制造业的资金运动

（一）资金进入企业

制造业企业要进行生产经营活动，就必须拥有一定数量的资金，即必须拥有一定数量的财产物资（包括：厂房、机器设备、工具等劳动资料，原材料、在产品、产成品等劳动对象）和一定数量的货币资金。这些资金的来源渠道主要是企业所有者投资和向银行等金融机构筹资。当企业取得货币资金或财产物资时，资金就进入了企业。

（二）资金在企业内部循环周转

制造业企业的生产经营过程分为供应、生产和销售三个阶段。

1. 供应阶段

供应阶段是生产准备阶段，企业用货币资金采购各种材料物资并储存待用，企业的资金由货币资金形态转化为储备资金形态。

2. 生产阶段

生产阶段是工人运用劳动资料对劳动对象进行加工并生产出产品的阶段。生产阶段既是产品制造阶段，又是物化劳动和活劳动的耗费阶段。生产阶段是制造业最主要的阶段。在生产过程中要发生各种耗费，包括材料耗费、支付工资、固定资产耗费和支付其他费用等。企业的资金先由储备资金形态转化为生产资金形态，进而再转化为成品资金形态。

3. 销售阶段

销售阶段是产品价值的实现阶段。在销售阶段，企业要出售产品，收回货币。这时企业的资金又由成品资金形态转化为货币资金形态。制造业企业的资金由货币资金开始，依次转化为储备资金、生产资金和成品资金，最后又回到货币资金的过程，叫作资金循环。由于再生产过程不断地重复进行而引起的资金的不断循环叫作资金周转。在企业经营资金的周转过程中，作为资金循环起点与终点的货币资金是不相等的，其差额形成利润或亏损。

（三）资金退出企业

当企业偿还借款、上缴税金、分配利润、抽减资本金后，部分资金将不再参加周转，而是退出了企业。因为销售产品取得货款，成本费用得到补偿，部分资金又重新进入生产经营过程，在企业内部循环周转。

三、制造业企业会计的具体对象

制造业企业会计的具体对象是：由于经营资金的取得、运用和退出企业等经济活动所引起的各种资金占用和资金来源的增减变化情况，生产经营过程中各项费用支出和产品成本形成的过程，以及企业销售收入的取得和企业纯收入的实现、分配情况。

企业每月向职工发放薪酬是否属于资金退出企业？

活动 2.1.2 商品流通企业的会计对象

商品流通企业的主要职能是组织商品流通。其经营过程仅有采购和销售两个阶段。在采购阶段,货币资金转化为商品资金;在销售阶段,商品资金又转化为货币资金。这样周而复始地循环下去,就形成了商品流通企业的资金周转。

商品流通企业会计的具体对象是:经营资金的取得、周转和退出企业所组成的资金运动。商品流通企业的资金运动如图 2-2 所示。

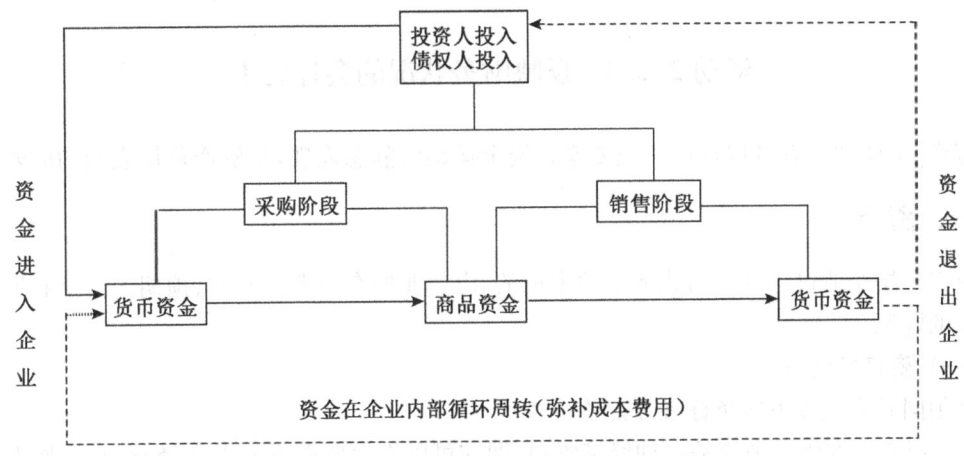

图 2-2　商品流通企业的资金运动

通过上面的学习,请同学们对比一下制造业企业和商品流通企业的资金运动有无相似之处?

活动 2.1.3　行政、事业单位的会计对象

行政、事业单位并不从事商品的生产和流通,是非营利性组织,其职责是完成国家赋予的各项任务。其资金主要是由财政拨款,并按预先批准的预算来支用,所以称为预算资金。行政、事业单位会计的具体对象是:预算资金的收入和支出。

任务 2.2　划分会计要素

活动 2.2.1　会计要素的定义

会计要素是会计对象的具体构成因素,是对会计对象所作的最基本的分类,是构成财务会计报告的基本因素。根据《企业会计准则——基本准则》的规定,会计要素包括资产、负债、所有者权益、收入、费用和利润六项。

由于企业会计报表的内容主要分为反映财务状况和反映经营成果两个方面,因此,企业会计要素也相应地分为反映财务状况的会计要素(资产、负债和所有者权益)和反映经营成果的

会计要素(收入、费用和利润)。

在我们生活中有哪些属于我们的资产或负债呢?

活动 2.2.2　反映财务状况的会计要素

资产、负债和所有者权益这三项要素是资金运动的静态表现,是资产负债表的构成要素。

一、资产

资产是指企业过去的交易或者事项形成的、由企业拥有或者控制的、预期会给企业带来经济利益的资源。

(一) 资产的特征

必须同时满足以下四条标准才能构成资产:

(1) 资产从本质上来说是一种经济资源,即它可以作为要素投入生产经营中去,如人力资源、专利权、存货和固定资产等。

(2) 资产是由过去的交易或者事项所形成的。资产的成因是资产确认和计量的基础。将来的、尚未发生的事项的可能后果不能作为资产确认,同时其也没有可靠的计量依据。所谓交易,是指以货币为媒介的商品或劳务的交换,如购买等;所谓事项,就是指没有实际发生货币交换的经济业务,如企业接受捐赠的物资等。

(3) 资产是由企业拥有或控制的。所谓拥有,是指该项资产的法定所有权属于本企业;所谓控制,是指虽然本企业并不拥有该项资产的法定所有权,但是该项资产上的报酬和风险均已由本企业所承担,如融资租入固定资产等。

(4) 资产应该预期会给企业带来经济利益。也就是说,资产应该具有可以直接或者间接导致现金和现金等价物流入企业的潜力。一些已经不能给企业带来未来经济利益流入的项目,如陈旧毁损的实物资产、已经无望收回的债权等,都不能再作为企业的资产来核算和呈报。

(二) 资产的分类

企业的资产按其流动性分为流动资产和非流动资产。

1. 流动资产

流动资产是指可以在 1 年内(包括 1 年)或者超过 1 年的一个营业周期内变现或耗用的资产,主要包括库存现金、银行存款、交易性金融资产、应收及预付款项、存货等。所谓变现,是指转化为库存现金(货币资金),如收回应收账款及预付款项、销售商品收回货款等;所谓耗用,是指在生产经营过程中的消耗使用,如原材料被生产领用、固定资产在生产经营中的磨损等。

2. 非流动资产

非流动资产是指企业持有期限在 1 年或者超过 1 年的一个营业周期以上才能变现或耗用的资产,如长期股权投资、固定资产、无形资产和长期待摊费用等。其中:

(1) 长期股权投资是指投资方对被投资单位实施控制、重大影响的权益性投资,以及对其合营企业的权益性投资。

（2）固定资产是指企业为生产产品、提供劳务、出售商品或经营管理而持有的，且使用期限超过一个会计年度的房屋、建筑物、机器设备、运输工具和其他与生产、经营有关的设备、器具、工具等，以及企业购置计算机硬件所附带的、未单独计价的软件。

（3）无形资产是指企业持有的、没有实物形态的非货币性长期资产。它包括专利权、非专利技术、商标权、著作权、土地使用权等。

（4）长期待摊费用是指企业已经发生但应由本期和以后各期负担的分摊期限在1年以上的各项费用，如以经营租赁方式租入的固定资产发生的改良支出等。

二、负债

负债是指企业过去的交易或者事项形成的、预期会导致经济利益流出企业的现时义务。

（一）负债的特征

负债具有如下特征：

（1）负债是一项经济责任，或者说是一项义务，它需要企业进行偿还。

（2）清偿负债会导致企业未来经济利益流出企业。

（3）未来流出企业的经济利益的金额能够可靠地计量。

（二）负债的分类

负债按其流动性分为流动负债和非流动负债。

（1）流动负债是指将在1年(含1年)或者超过1年的一个营业周期内偿还的债务，包括短期借款、应付票据、应付账款、预收账款、应付职工薪酬、应付利息、应交税费、其他应付款项等。

（2）非流动负债是指偿还期在1年或者超过1年的一个营业周期以上的债务，包括长期借款、应付债券、长期应付款等。

三、所有者权益

所有者权益是指企业资产扣除负债后由所有者享有的剩余权益。公司的所有者权益又称为股东权益。

（一）所有者权益和负债的区别

所有者权益和负债都是对企业的要求权，但又存在着明显的区别，主要体现在以下几个方面：

（1）对象不同。负债是对债权人负担的经济责任；所有者权益是对投资人负担的经济责任。

（2）性质不同。负债是在经营或其他事项中发生的债务，是债权对其债务的权利；所有者权益是对投入的资本及其运用所产生的盈余(或亏损)的权利。

（3）偿还期限不同。负债必须于一定时期(特定日期或确定的时期)偿还；所有者权益一般只有在企业解散清算时(除按法律程序减资外)，其破产财产在偿付了破产费用、债权人的债务等以后，如有剩余财产，才可能还给投资者，在企业持续经营的情况下，一般不能收回投资。

（4）享受的权利不同。债权人只享有收回债务本金和利息的权利，而无权参与企业收益分配；所有者在某些情况下，除了可以获得利益外，还可参与企业的经营管理。

从会计核算角度看，不同组织形式的企业，在对资产、负债、收入、费用和利润的会计核算中一般并无区别，但在所有者权益的核算上却差别很大。尤其是公司制企业中的股份有限公司对其所有者权益的核算，由于涉及每个股东、债权人和其他利益相关人的利益，往往在法律上规定得比较详细，如我国《公司法》对公司制企业的股票发行、转让、利润的分配、减资等均作了比较详细的规定。

（二）所有者权益的分类

所有者权益可分为实收资本（或者股本）、资本公积、盈余公积和未分配利润。

（1）实收资本是指投资者以库存现金、实物、无形资产和其他方式实际投入企业经营活动的各种财产物资。它可以分为国家资本金、法人资本金、个人资本金和外商资本金。

（2）资本公积是指企业由投入资本本身所引起的各种增值，如资本溢价、法定财产重估增值等。由于它与企业生产经营活动本身无关，因此，只能用它转增资本，而不能用于弥补亏损。

（3）盈余公积是指企业按照规定从净利润中提取的各种积累资金。它可分为法定盈余公积与任意盈余公积。盈余公积既可以用于弥补亏损，也可以用于转增资本，但不得用于向出资人分配利润。

（4）未分配利润是指税后利润经提取盈余公积、向所有者分配利润后的余额。它可以留待以后年度进行分配。

1. 如果大学生创业有限公司计划下月购入一辆汽车，是否已构成企业的资产呢？说说你的想法。

2. 企业租入车床一台，租期为1年，用来解决目前季节性扩大生产的需要。这台设备属于企业的资产吗？

活动2.2.3　反映经营成果的会计要素

收入、费用和利润这三项要素，是资金运动的动态表现，是利润表的构成要素。

一、收入

收入是指企业在日常活动中形成的、会导致所有者权益增加的、与所有者投入资本无关的经济利益的总流入。它包括主营业务收入和其他业务收入。

（一）主营业务收入

主营业务收入是指企业从事基本营业活动所取得的收入，如制造业企业销售产品所取得的收入。

（二）其他业务收入

其他业务收入是指企业除主营业务收入以外的其他业务活动所取得的收入，如制造业企业销售材料和出租固定资产等取得的收入。

二、费用

费用是指企业在日常活动中发生的、会导致所有者权益减少的、与向所有者分配利润无关的经济利益的总流出。费用的特征是为取得收入而付出的代价,因此费用一定要与收入配比才能确定。不是为取得收入而形成的各类资产的减少或负债的增加,不属于费用的范围。费用按是否计入成本可分为计入成本的费用和计入损益的费用。

(一) 计入成本的费用

计入成本的费用也称生产费用,按计入的方式不同可分为直接费用和间接费用。

1. 直接费用

直接费用是指直接为生产产品或提供劳务而发生的费用,包括直接材料、直接人工和其他直接费用。直接费用直接计入生产成本。

2. 间接费用

间接费用又称制造费用,是指企业各生产单位(分厂、车间)为组织和管理生产所发生的共同费用,如生产车间为组织和管理生产所发生的各项费用(包括车间管理人员的工资、车间固定资产的折旧费等)。间接费用月末经过分配转入生产成本。

(二) 计入损益的费用

计入损益的费用又称期间费用,是指不计入生产成本,而在发生的会计期间直接计入当期损益的费用。它包括销售费用、管理费用和财务费用。

三、利润

利润是指企业在一定会计期间的经营成果。它可分为营业利润、利润总额、净利润和综合收益总额。

(一) 营业利润

其计算公式如下:

$$营业利润=营业收入-营业成本-税金及附加-销售费用-管理费用\\-研发费用-财务费用+其他收益+投资收益+净敞口套期收益\\+公允价值变动收益+信用减值损失+资产减值损失+资产处理收益$$

(二) 利润总额

其计算公式如下:

$$利润总额=营业利润+营业外收入-营业外支出$$

(三) 净利润

其计算公式如下:

$$净利润=利润总额-所得税费用$$

(四) 综合收益总额

其计算公式如下:

$$综合收益总额=净利润+其他综合收益的税后净额$$

想一想

企业对外出租固定资产时向对方收取的1 000元押金是否属于企业的收入?

会计要素的分类如图2-3所示。

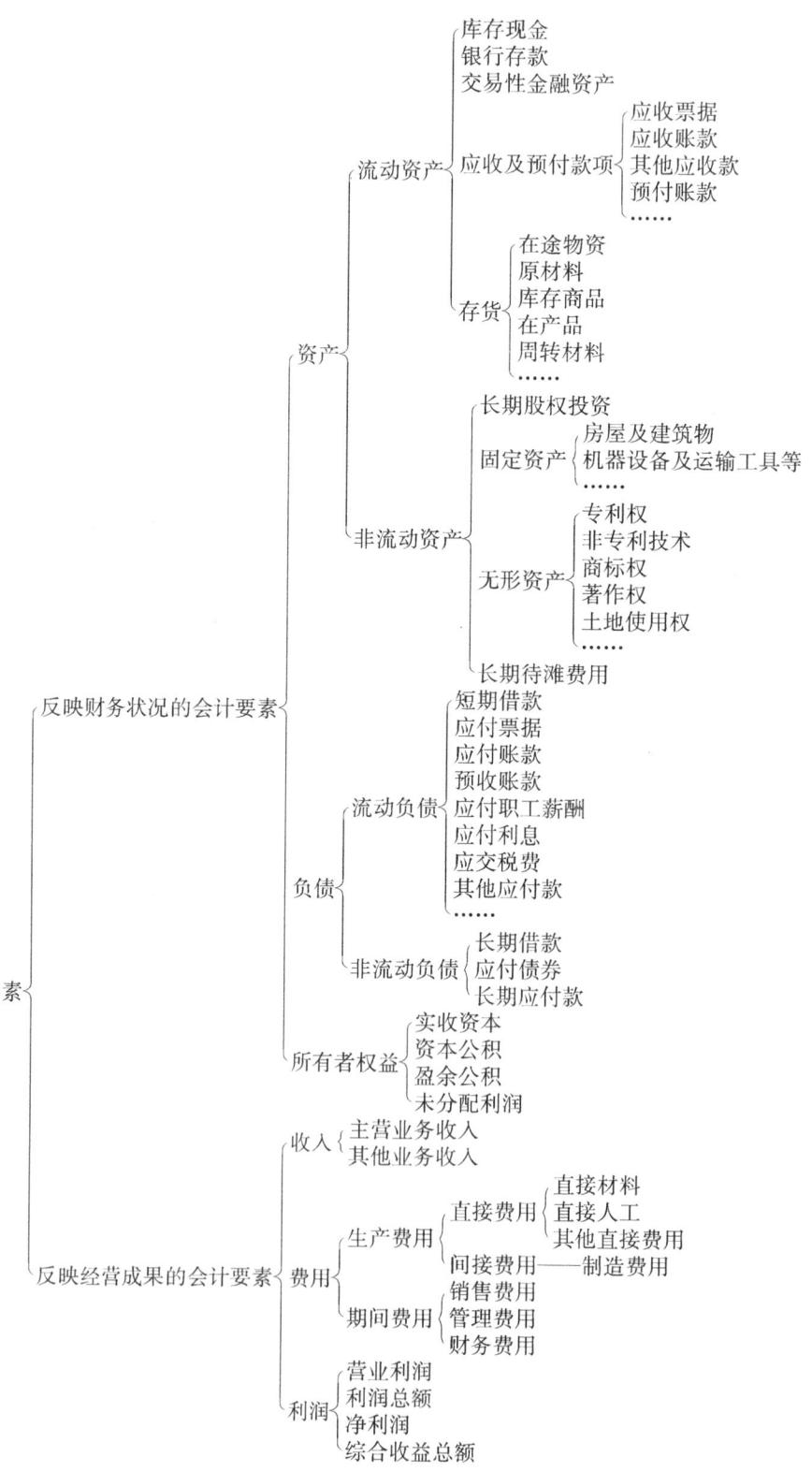

图 2-3 会计要素的分类

任务2.3 构建会计等式

活动2.3.1 会计等式及其内容

会计等式又称会计方程式或会计恒等式,是指会计要素之间的基本数量关系的表达式。会计等式是对会计要素的性质及相互之间的内在经济关系所作的概括和科学的表达,是正确地设置账户、复式记账、试算平衡、设计与编制财务会计报告的重要理论依据。

任何企业为了实现其经营目标,都必须拥有一定数量的资产。企业的资产有两个来源:一是所有者提供的;二是债权人提供的。所有者和债权人对企业资产的要求权称为所有者权益,其中,债权人权益在会计上称为负债。

资产和权益存在着相互依存的关系,两者不能彼此脱离而独立存在。从任何一个时点来观察,一个企业的资产总额与权益总额必然相等。资产与权益之间的这种平衡关系可用公式表示如下:

$$资产=权益 \tag{1}$$

或: $$资产=债权人权益+所有者权益$$

或: $$资产=负债+所有者权益 \tag{2}$$

式(1)和式(2)为静态会计等式。人们提到会计等式时,一般仅指"资产=负债+所有者权益"这个反映企业财务状况的最基本的会计等式。

此外,反映企业经营成果的会计等式如下:

$$收入-费用=利润 \tag{3}$$

等式(3)为动态会计等式。由于收入和费用的发生将使资产流入和流出,利润则是资产流入和流出的结果,最终带来净资产的增加。因此,可将上述式(1)和式(2)综合表示如下:

$$资产=负债+所有者权益+利润$$

或: $$资产=负债+所有者权益+收入-费用$$

即: $$资产+费用=负债+所有者权益+收入 \tag{4}$$

式(4)为动静结合的会计等式,是对六项会计要素之间的内在经济关系所作的全面综合表达,反映企业在生产经营过程中的增值情况,所以,它只在会计期间内而不在会计期末存在。该会计等式表明,利润在分配前是归企业的;通过利润分配,一部分向投资者分配,另一部分则作为盈余公积或未分配利润留在企业(即留存收益),最后并入所有者权益;在利润分配后,该会计等式又恢复到"资产=负债+所有者权益"。

如果企业发生了经济业务,引起会计要素发生变动,是否会影响会计等式两边的平衡关系?

活动 2.3.2　经济业务对会计等式的影响

会计事项是指企业在生产经营过程中发生的,能够用货币计量的,并能引起和影响会计要素发生增减变动的经济业务。会计事项是会计处理的具体对象。因此,不是会计事项的经济业务,不必进行会计处理。例如,企业编制财务成本计划与外单位签订供销合同等,不是会计事项的经济业务,而属于会计事项的经济业务,必须进行会计处理。但是,一般所说的经济业务习惯上指的就是会计事项。

任何一项经济业务的发生,必然会引起"资产＝负债＋所有者权益"等式中各项会计要素的增减变动,归纳起来,共有以下四种类型、九种业务。

类型一　资产和权益同增,增加的金额相等:
业务(1)一项资产和一项负债同增。
业务(2)一项资产和一项所有者权益同增。

类型二　资产和权益同减,减少的金额相等:
业务(1)一项资产和一项负债同减。
业务(2)一项资产和一项所有者权益同减。

类型三　资产内部有增有减,增减的金额相等。

类型四　权益内部有增有减,增减的金额相等:
业务(1)一项负债减少,另一项负债增加。
业务(2)一项所有者权益减少,另一项所有者权益增加。
业务(3)一项负债减少,一项所有者权益增加。
业务(4)一项所有者权益减少,一项负债增加。

以上各种经济业务类型表明,经济业务的发生,不会破坏会计等式的平衡关系。

现以广西美达服装有限责任公司 2019 年 5 月发生的会计事项为例进行说明(为简化起见,假定不考虑相关税费)。该公司 2019 年 4 月末的资产负债表(简表)如表 2-1 所示。

表 2-1　　　　　　　　　　　　　资产负债表(简表)
2018 年 04 月 30 日　　　　　　　　　　　　　　　　　单位:元

资产	金额	负债和所有者权益	金额
库存现金	1 000	短期借款	200 000
银行存款	700 000	应付票据	5 000
应收账款	10 000	应付账款	6 000
原材料	500 000	实收资本	5 000 000
固定资产	4 000 000		
合计	5 211 000	合计	5 211 000

【例 2-1】　类型一　资产和权益同增。

5月10日,广西美达服装有限责任公司接受外单位投资的机器设备一台,价值5 000元。

该项经济业务使企业的资产项目——固定资产增加5 000元,同时也使所有者权益项目——实收资本增加5 000元。会计等式两边的合计数由原来的5 211 000元增加到5 216 000元,平衡关系仍然保持(如表2-2所示)。

表2-2　　　　　　　　　　　　　资产负债表(简表)
2019年05月10日　　　　　　　　　　　　　单位:元

资产	金额	负债和所有者权益	金额
库存现金	1 000	短期借款	200 000
银行存款	700 000	应付票据	5 000
应收账款	10 000	应付账款	6 000
原材料	500 000	实收资本+5 000	5 005 000
固定资产+5 000	4 005 000		
合计	5 216 000	合计	5 216 000

【例2-2】　类型二　资产和权益同减。

5月15日,广西美达服装有限责任公司以银行存款6 000元偿还应付账款。该项经济业务使企业的资产项目——银行存款减少6 000元,同时也使负债项目——应付账款减少6 000元。会计等式两边同时由原来的5 216 000元减少到5 210 000元,平衡关系仍然保持(如表2-3所示)。

表2-3　　　　　　　　　　　　　资产负债表(简表)
2019年05月15日　　　　　　　　　　　　　单位:元

资产	金额	负债和所有者权益	金额
库存现金	1 000	短期借款	200 000
银行存款-6 000	694 000	应付票据	5 000
应收账款	10 000	应付账款-6 000	0
原材料	500 000	实收资本	5 005 000
固定资产	4 005 000		
合计	5 210 000	合计	5 210 000

【例2-3】　类型三　资产内部有增有减。

5月20日,广西美达服装有限责任公司收到外单位前欠货款3 000元,存入银行。该项经济业务使企业的资产项目——银行存款增加3 000元,同时又使资产项目——应收账款减少3 000元,负债和所有者权益未发生变化。会计等式两边的合计数仍分别为5 210 000元,平衡关系仍然保持(如表2-4所示)。

表2-4　　　　　　　　　　　　　资产负债表(简表)
2019年05月20日　　　　　　　　　　　　　单位:元

资产	金额	负债和所有者权益	金额
库存现金	1 000	短期借款	200 000
银行存款+3 000	697 000	应付票据	5 000
应收账款-3 000	7 000	应付账款	0
原材料	500 000	实收资本	5 005 000
固定资产	4 005 000		
合计	5 210 000	合计	5 210 000

【例 2-4】 类型四　权益内部有增有减。

5 月 21 日,广西美达服装有限责任公司的应付票据 5 000 元到期无力支付,转为应付账款。该项经济业务使企业的负债项目——应付账款增加 5 000 元,同时又使负债项目——应付票据减少 5 000 元,资产项目未发生变化,会计等式两边的合计数仍分别为 5 210 000 元,平衡关系仍然保持(如表 2-5 所示)。

表 2-5　　　　　　　　　　　资产负债表(简表)
2019 年 05 月 21 日　　　　　　　　　　　　　　　　　　单位:元

资产	金额	负债和所有者权益	金额
库存现金	1 000	短期借款	200 000
银行存款	697 000	应付票据－5 000	0
应收账款	7 000	应付账款＋5 000	5 000
原材料	500 000	实收资本	5 005 000
固定资产	4 005 000		
合计	5 210 000	合计	5 210 000

企业发生从银行提取现金 2 000 元这项经济业务后,资产总额是否有变化?

任务 2.4　设置会计科目

活动 2.4.1　设置会计科目的原则

会计科目是对会计对象的具体内容(即会计要素)进行分类核算所规定的项目。企业在生产经营过程中,经常发生各种各样的会计事项。

为了全面、系统、分类地核算和监督各项会计要素的增减变化,在实际工作中是通过设置会计科目的方法进行的。设置会计科目,是正确填制会计凭证、运用复式记账、登记账簿和编制会计报表的基础。

设置会计科目,需符合以下原则。

一、会计科目的设置,必须结合会计要素的特点

设置会计科目,必须对会计要素的具体内容进行科学分类,以便分门别类地反映和监督各项经济业务。各单位应结合本单位经济活动的特点来确定应设置的会计科目。例如,制造业应设置"生产成本""制造费用"会计科目,用来核算和监督制造业产品的生产过程,而商品流通企业则不设置这样的会计科目。

二、会计科目的设置,必须符合会计目标的要求

财务会计的目标是提供有用的会计信息,满足与企业有经济利益关系的各方面了解企业

财务状况和经营成果的需要,满足企业内部加强经营管理的需要。例如,企业的盈亏情况是会计信息使用者非常关心的。为此,企业必须设置"主营业务收入""主营业务成本""管理费用""财务费用""本年利润"等会计科目,用于反映盈亏的形成。为了反映企业实际拥有的资本金情况,则需要设置"实收资本"会计科目。

三、会计科目的设置,必须将统一性与灵活性相结合

目前,我国的会计科目由财政部统一制定颁布,但企业可根据自身规模的大小、业务的繁简程度等自行增设、减少或合并某些会计科目。例如,制造业企业可增设"备用金"等会计科目,可以不单设"预收账款""预付账款"会计科目。

四、会计科目的设置,应保持相对稳定,会计科目的名称要简明、易懂

为了便于不同时期会计资料的分析对比,会计科目的设置应保持相对稳定。此外,每个会计科目都有特定的核算内容,其名称要含义明确,通俗易懂,便于开设和运用账户,不能将不同特征的资料记入同一会计科目。

我国《企业会计准则——应用指南》对企业应用的会计科目及其核算内容作出了规定,企业应按规定设置和使用会计科目。同时,企业在不违反《企业会计准则》中确认、计量和报告规定的前提下,可以根据实际情况自行增设、分拆、合并某些会计科目。

企业会计科目表(简表)见表 2-6。

表 2-6　　　　　　　　　　企业会计科目表(简表)

编号	会计科目名称	编号	会计科目名称
	一、资产类	1407	商品进销差价
1001	库存现金	1408	委托加工物资
1002	银行存款	1471	存货跌价准备
1012	其他货币资金	1501	持有至到期投资
1101	交易性金融资产	1502	持有至到期投资减值准备
1121	应收票据	1503	可供出售金融资产
1122	应收账款	1511	长期股权投资
1123	预付账款	1512	长期股权投资减值准备
1131	应收股利	1521	投资性房地产
1132	应收利息	1531	长期应收款
1221	其他应收款	1601	固定资产
1231	坏账准备	1602	累计折旧
1401	材料采购	1603	固定资产减值准备
1402	在途物资	1604	在建工程
1403	原材料	1605	工程物资
1404	材料成本差异	1606	固定资产清理
1405	库存商品	1701	无形资产
1406	发出商品	1702	累计摊销

(续表)

编号	会计科目名称	编号	会计科目名称
1703	无形资产减值准备	4003	其他综合收益
1711	商誉	4101	盈余公积
1801	长期待摊费用	4103	本年利润
1811	递延所得税资产	4104	利润分配
1901	待处理财产损溢	4201	库存股
	二、负债类		五、成本类
2001	短期借款	5001	生产成本
2201	应付票据	5101	制造费用
2202	应付账款		六、损益类
2203	预收账款	6001	主营业务收入
2211	应付职工薪酬	6051	其他业务收入
2221	应交税费	6101	公允价值变动损益
2231	应付利息	6111	投资收益
2232	应付股利	6301	营业外收入
2241	其他应付款	6401	主营业务成本
2501	长期借款	6402	其他业务成本
2502	应付债券	6403	税金及附加
2701	长期应付款	6601	销售费用
2711	专项应付款	6602	管理费用
2801	预计负债	6603	财务费用
2901	递延所得税负债	6701	资产减值损失
	三、共同类(略)	6711	营业外支出
	四、所有者权益类	6801	所得税费用
4001	实收资本(或股本)	6901	以前年度损益调整
4002	资本公积		

企业能否根据自身需要自行设置会计科目呢?

活动 2.4.2　会计科目的分类

会计科目是对会计要素按其经济内容所作的进一步分类。每一个会计科目都明确反映特定的经济内容,但各个会计科目并非彼此孤立,而是互相联系、互相补充地组成一个完整的会计科目体系。为了正确地掌握和运用会计科目,我们可以对会计科目进行适当的分类。

一、按经济内容分类

会计科目按经济内容分类是主要的、基本的分类。制造业企业的会计科目按其所反映的经济内容,可以划分为六大类:资产类、负债类、共同类、所有者权益类、成本类和损益类。

二、按提供核算指标的详细程度分类

会计科目按提供核算指标的详细程度,可以分为总分类科目和明细分类科目。

(一)总分类科目

总分类科目又称总账科目或一级科目,是对会计要素具体内容进行总括分类、提供总括信息的会计科目,如"应收账款""应付账款""原材料"等科目。总分类科目反映各种经济业务的概括情况,是进行总分类核算的依据。

(二)明细分类科目

明细分类科目又称明细科目,是对总分类科目所作的进一步分类,提供更详细和具体会计信息的科目。例如,"应收账款"科目按债务人名称设置明细科目,反映应收账款的具体对象。对于明细科目较多的总分类科目,可在其下设置二级明细分类科目,在二级明细分类科目下设置三级明细分类科目。明细分类科目的设置,除《企业会计制度》已有规定外,各单位可根据实际情况和经营管理的需要自行设置。

总分类科目概括地反映会计对象的具体内容;明细分类科目详细地反映会计对象的具体内容。总分类科目对明细分类科目具有统驭和控制作用;明细分类科目是对其所属的总分类科目的补充和说明。两者的相互关系如表2-7所示。

表2-7　　　　　　　　总分类科目和明细分类科目的关系

总分类科目 (一级科目)	明细分类科目	
	二级科目	三级科目
生产成本	基本生产成本	××产品
		××产品
	辅助生产成本	××产品
		××产品

"应收账款""应付账款""预收账款""预付账款"科目分别属于哪些类别的会计科目?

任务2.5　开设账户

活动2.5.1　账户及账户的结构

一、账户

账户是指按照会计科目开设的,具有一定格式和结构,用来连续、系统、分类记录和反映会计要素增减变动情况的一种专门工具。设置账户是会计核算的一种专门方法。账户的基本格式如表2-8所示。

表2-8　　　　　　　　　账户名称(会计科目)

年		凭证编号	摘要	发生额		借或贷	余额
月	日			借方	贷方		

由于经济业务所引起的各项会计要素的变动,只有增加和减少两种情况,因此,用来分类记录经济业务的账户,在结构上也相应地分为两个基本部分,用于分类记录各项会计要素增加和减少的数额。

二、账户的结构

所谓账户的结构,是指在账户中如何记录经济业务所引起的各项会计要素的增减变动情况及结果。即增加记在哪一方,减少记在哪一方,余额在哪一方(增减各记在哪一方,将在模块3讲述)。账户不但要有明确的核算内容,而且要有一定的结构。

在实际工作中,账户的具体结构可以根据不同的需要设计出多种多样的格式,但其基本内容包括:①账户名称。②日期。③凭证编号。④摘要。⑤增加额、减少额及余额。其中,反映各个会计要素的增加额、减少额和余额这三个部分就形成了账户的基本结构。为了便于说明,通常将账户的基本结构简化为"T"形账户,其格式如图2-4所示。

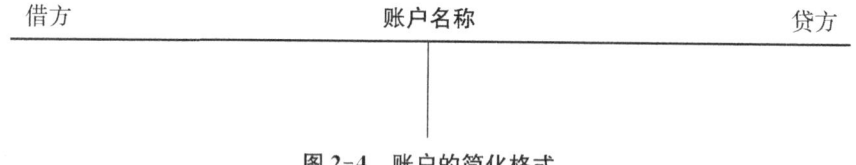

图2-4　账户的简化格式

在借贷记账法下,由于账户的左方固定为借方,右方固定为贷方,所以,"T"形账户不标"借方"和"贷方",也能明确表示出借方和贷方(如图2-5所示)。

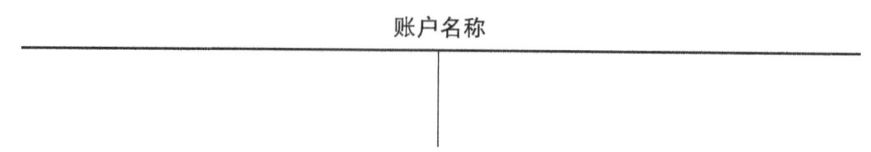

图2-5　借贷记账法下的账户结构

账户中记录期初余额、本期增加发生额、本期减少发生额和期末余额四种核算指标。其关系式如下:

$$期末余额＝期初余额＋本期增加发生额－本期减少发生额$$

余额的关系式如下:

$$上期期末余额＝本期期初余额$$

会计科目的名称和账户的名称是一致的,那么会计科目和账户之间有没有区别呢?

活动 2.5.2　会计科目和账户之间的关系

会计科目与账户之间既有共同点,又有区别。

一、共同点

会计科目和账户都是按照相同的经济内容来设置的,账户是根据会计科目开设的。会计科目的名称就是账户的名称。会计科目规定的核算内容就是账户应记录和反映的经济内容。在实际工作中,会计人员往往把会计科目和账户不加区别地互相通用。

二、区别

会计科目是按经济内容对会计要素所作的分类;账户则是在会计科目所作分类的基础上,对经济业务内容进行全面、连续、系统记录的工具。因此,会计科目只是个名称,只能表明某项经济内容,不存在结构问题。而账户必须具备一定的结构,以便记录和反映某项经济内容的增减变动及其结果。

会计对象、会计要素和会计科目三者密切相连,互为依存,连续划分,越分越细,从而满足了会计进行分类核算、提供详略不同的各种会计信息的需要。其层次关系如图 2-6 所示。

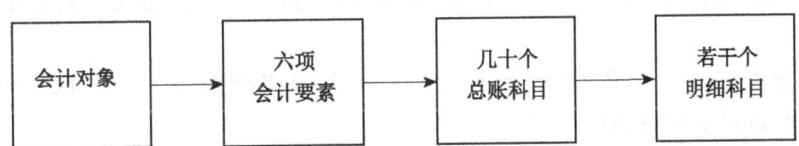

图 2-6　会计对象、会计要素、会计科目层次关系图

"会计科目就是账户,账户就是会计科目。"这样的说法对吗?为什么?

模块测试

参考答案

一、单项选择题

1. 会计科目是(　　)的名称。
   A. 会计要素　　　B. 报表　　　C. 账簿　　　D. 账户
2. 经济业务发生后,(　　)会计等式的平衡关系。
   A. 不会破坏　　　B. 会破坏　　　C. 有时破坏　　　D. 一般不会破坏

3. 反映资产在本期发生增减变动结果的是(　　)。
A. 期初余额　　　　B. 本期增加发生额　　C. 本期减少发生额　　D. 期末余额
4. 描述资产、负债和所有者权益之间数量变化及其规律的表达式是(　　)。
A. 账户的结构　　　B. 会计等式　　　　　C. 会计科目　　　　　D. 会计要素
5. 经济业务发生只涉及资产内部有关要素时,其变化规律是(　　)。
A. 同时增加　　　　B. 同时减少　　　　　C. 此增彼减　　　　　D. 不增不减
6. 下列项目中,属于会计科目的是(　　)。
A. 房屋建筑　　　　B. 库存现金　　　　　C. 外商投资　　　　　D. 没收罚款
7. "预付账款"科目属于会计要素中的(　　)会计科目。
A. 资产类　　　　　B. 负债类　　　　　　C. 所有者权益类　　　D. 费用类
8. 下列科目中,反映企业所有者投入资金的科目是(　　)。
A. "固定资产"　　　B. "银行存款"　　　　C. "实收资本"　　　　D. "长期股权投资"
9. 下列科目中,属于流动资产科目的是(　　)。
A. "应付账款"　　　B. "短期借款"　　　　C. "应收账款"　　　　D. "固定资产"
10. 企业收到购货单位归还前欠货款存入银行,该笔业务属于(　　)的变化类型。
A. 资产内部此增彼减　　　　　　　　　B. 权益内部此增彼减
C. 资产和权益同时增加　　　　　　　　D. 资产和权益同时减少

二、多项选择题

1. 会计要素包括(　　)。
A. 资产、负债　　　B. 收入、费用　　　　C. 所有者权益　　　　D. 利润
2. 制造业企业的资金由货币资金开始,依次转化为(　　),最后又回到货币资金的过程称为资金循环。
A. 储备资金　　　　B. 生产资金　　　　　C. 成品资金　　　　　D. 销售资金
3. 企业的流动负债包括(　　)。
A. 短期借款　　　　B. 应付职工薪酬　　　C. 应付账款　　　　　D. 预收账款
4. 所有者权益是指企业资产扣除负债后由所有者享有的剩余权益,包括(　　)。
A. 实收资本　　　　B. 资本公积　　　　　C. 盈余公积　　　　　D. 未分配利润
5. 下列项目中,属于流动资产的有(　　)。
A. 银行存款　　　　B. 交易性金融资产　　C. 应收账款　　　　　D. 应付账款
6. 一项所有者权益增加的同时,会引起会计等式的另一项变化可能有(　　)。
A. 一项资产增加　　　　　　　　　　　B. 一项负债减少
C. 一项资产减少　　　　　　　　　　　D. 另一项所有者权益减少
7. 下列经济业务中,属于资产内部此增彼减的有(　　)。
A. 从银行提取现金　　　　　　　　　　B. 以银行存款归还借款
C. 以银行存款购买原材料　　　　　　　D. 以现金发放工资
8. 账户中记录四种核算指标,即期初余额、本期增加发生额、本期减少发生额和期末余额。其关系式包括(　　)。
A. 期末余额＝期初余额＋本期增加发生额－本期减少发生额
B. 上期期末余额＝本期期初余额

C. 本期期初余额＝本期期末余额
D. 期末余额＝期初余额＋本期减少发生额－本期增加发生额

9. 企业费用的发生可能表现为( )。
   A. 资产的增加　　　　　　　　B. 资产的减少
   C. 负债的增加　　　　　　　　D. 所有者权益的增加
10. 企业会计科目按其所反映的经济内容,可分为( )、共同类、损益类六大类。
    A. 资产类　　　B. 负债类　　　C. 所有者权益类　　　D. 成本类

三、判断题

1. 会计科目是根据会计账户设置的。　　　　　　　　　　　　　　　　　　( )
2. 在不违反国家统一会计制度的前提下,明细会计科目可以根据企业内部管理的需要自行制定。　　　　　　　　　　　　　　　　　　　　　　　　　　　　　　　　( )
3. 资产按流动性分为流动资产和固定资产。　　　　　　　　　　　　　　　　( )
4. 应收及预收款是资产,应付及预付款是负债。　　　　　　　　　　　　　　( )
5. 费用是企业在全部经济活动中所发生的经济利益的流出。　　　　　　　　　( )
6. 收入要素包括主营业务收入、其他业务收入、营业外收入。　　　　　　　　( )
7. 资金的退出是指资金离开本企业,退出资金的循环与周转,主要包括提取盈余公积、偿还各项债务、上缴各项税金和向所有者分配利润等。　　　　　　　　　　　　( )
8. 某一财产物资要成为企业的资产,其所有权必须属于企业。　　　　　　　　( )
9. 无形资产是不具有实物形态的资产,因此,土地使用权不属于无形资产。　　( )
10. 企业从银行提取现金1 000元,企业资产总额不变。　　　　　　　　　　　( )

四、业务处理题

1. 某企业2019年有关资料如表2-9所示(假定不考虑相关税费)。

表2-9　　　　　　　　　　　　　有关资料

序号	资料内容	资产	负债	所有者权益
1	向银行借入长期借款			
2	仓库为生产产品储存的钢材			
3	生产用机器设备			
4	运输用汽车			
5	应向购货单位收取的货款			
6	本月尚未分配的利润			
7	应付给外厂的购货款			
8	企业单位使用的礼堂			
9	国家投入企业的资金			
10	企业以赚取短期差价为目的的股票投资			
11	企业购入的专利权			
12	企业为购买材料预先支付的货款			
13	企业购买材料开出的商业汇票			

(续表)

序号	资料内容	资产	负债	所有者权益
14	企业存在银行的款项			
15	企业应付给职工的工资			
16	企业准备出售的产品			
17	企业的库存现金			
18	资本溢价			
19	企业提取的盈余公积			
20	企业应向国家交纳的税金			

要求：根据上述资料，指出其所属会计要素的项目名称，填在表 2-11 中相应的栏目内。

2. 某企业 2019 年年初资产总额为 1 000 000 元，所有者权益为 550 000 元。该企业 7 月份发生下列经济业务（假定不考虑相关税费）：

（1）收到某单位投入的设备一台，价值 100 000 元。

（2）从银行取得短期借款 50 000 元，存入银行。

（3）收到 A 单位偿还的前欠货款 60 000 元，存入银行。

（4）以银行存款偿还前欠外单位账款 20 000 元。

（5）购入材料，买价为 100 000 元，材料已入库，款项未付。

（6）按规定将 30 000 元资本公积转为实收资本。

要求：

（1）根据上述资料，说明每项经济业务引起了什么会计要素中的什么项目发生了怎样的增减变化，并说明该经济业务所属的经济业务类型。

（2）计算 7 月末该企业的资产总额、负债总额和所有者权益总额（要求列出算式）。

模块 3

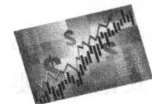

会 计 记 账 法

[考核目标] 通过本模块学习,学生应理解复式记账的基本原理,重点掌握借贷记账法的基本内容和主要特点,学会编制会计分录。本模块重点考核学生对经济业务的分析及编制会计分录的能力。

[实践目标] 学生通过独立完成分项设定的实训任务,根据企业发生的经济业务运用借贷记账法编制会计分录。

[知识点思维导图]

会计记账法 ┬ 选择复式记账法 ┬ 记账方法
　　　　　　│　　　　　　　　└ 借贷记账法
　　　　　　└ 应用借贷记账法 ┬ 借贷记账法的主要内容
　　　　　　　　　　　　　　　└ 借贷记账法的优点

任务 3.1 选择复式记账法

活动 3.1.1 记账方法

记账是会计核算的基本工作,记账方法是会计核算方法的一个重要组成部分。所谓记账方法,是指在账户中登记经济业务的方法。从历史上看,记账方法有单式记账法和复式记账法之分,复式记账法是由单式记账法发展而来的。

一、单式记账法

单式记账法是最早出现的一种记账方法。它是指对发生的每一项经济业务,一般只用一个账户作出单方面记录,而对与此相联系的另一方面不予反映的一种记账方法。采用这种方法,除了对有关人欠、欠人的库存现金收付业务要在两个或两个以上有关账户中登记外,对于其他经济业务,只在一个账户中登记或不予登记。由于单式记账法的账户设置不完整,没有形成完整的账户体系,也不便于检查账户是否正确,因此,这种方法已经在15世纪中叶被复式记账法取代。

二、复式记账法

复式记账法是在单式记账法的基础上发展而来的。其主要特点是:对每一项经济业务,都要以相等的金额,在相互联系的两个或两个以上的账户中进行全面登记。这种复式记账的要求是与资金运动规律密切相关的。每一项经济业务的发生都是资金运动的一个具体过程,这个过程有起点和终点两个方面,只有将这两个方面所表现的资金从何处来又到何处去进行双重记录,才能完整地反映出每一具体的资金运动过程的来龙去脉。

复式记账法以会计等式"资产＝负债＋所有者权益"为理论依据。每一项经济业务的发生,都会引起会计要素各有关项目的增减变化,由于双重记录所登记的是同一资金运动的两个方面,其金额必然相等。会计平衡等式是复式记账的基础,复式记账是会计平衡等式不断实现的新的平衡的保证。

企业将现金3 000元存入银行这项业务,根据复式记账法,应分别在哪些账户中同时进行登记?

活动3.1.2 借贷记账法

在西方国家,历史上只有一种复式记账法,就是借贷记账法,所以一般不特别强调借贷记账法。在我国,历史上曾先后出现过借贷记账法、增减记账法和收付记账法。目前,我国采用借贷记账法。记账方法的分类如图3-1所示。

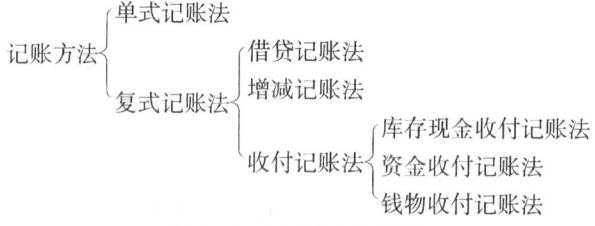

图3-1 记账方法的分类

复式记账法一般由记账符号、账户设置、记账规则和试算平衡四个相互联系的基本内容所组成。各种复式记账法之间的区别,主要表现在这四个方面的区别上。

一、记账符号

采用复式记账法,对所设立的账户都要规定记账方向。表示记账方向的记号,就是记账符号。记账符号是区分各种复式记账法的最重要的标志,如以"借""贷"两字作为记账符号的复式记账法称为借贷记账法;以"增""减"两字作为记账符号的复式记账法称为增减记账法;以"收""付"两字作为记账符号的复式记账法称为收付记账法。

二、账户设置

要进行复式记账,首先必须设置会计科目,其次根据会计科目开立账户,以便把发生的每一项经济业务登记到相关的账户中去。然而，不同的复式记账法对账户设置的要求也不相同。

三、记账规则

任何一种记账方法，都必须规定适用于登记各种类型经济业务的、科学的记账规则。严格按照记账规则记账，才能保证记账内容的一致。不同的复式记账法有不同的记账规则，其中，借贷记账法的记账规则是："有借必有贷，借贷必相等"。

四、试算平衡

采用复式记账法，要求每笔经济业务都要以相等的金额在两个或两个以上相互联系的账户中进行登记，这样就保证了会计记录的平衡关系。如果发生不平衡现象，就表明记账出现了差错。试算平衡可以用公式表示，通过公式对会计记录的结果进行试算，以检查会计记录的正确性。不同的复式记账法，所采用的试算平衡公式也不一样。其中，借贷记账法采用本期发生额平衡法和余额平衡法进行试算。

本期发生额试算平衡法的计算公式如下：

$$全部账户本期借方发生额合计＝全部账户本期贷方发生额合计$$

余额平衡法的计算公式如下：

$$全部账户借方期末余额合计＝全部账户贷方期末余额合计$$

根据借贷记账法的内容，企业将现金3 000元存入银行的这项经济业务应该怎样记账？

任务3.2 应用借贷记账法

活动3.2.1 借贷记账法的主要内容

借贷记账法起源于13世纪的意大利，在清朝末期的光绪年间从日本传入中国。在各种复式记账法中，借贷记账法的产生最早，也是当今世界各国应用最广泛、最科学的记账方法。目前，我国的企业、事业单位会计记账都采用借贷记账法。

借贷记账法是以"借"和"贷"作为记账符号，在两个或两个以上相互联系的账户中，对每一项经济业务以相等的金额全面进行记录的一种复式记账方法。

借贷记账法的主要内容有如下几个方面。

一、记账符号

记账符号反映的是各种经济业务金额的增加和减少。

(一)"借"和"贷"是抽象的记账符号

借贷记账法是以"借"和"贷"作为记账符号,用来指明记账的增减方向、账户之间的对应关系和账户余额的性质等,而与这两个文字的字义及其在会计史上的最初含义无关,不可望文生义。"借"和"贷"是会计的专门术语,并已经成为通用的国际商业语言。

(二)"借"和"贷"所表示的增减含义

"借"和"贷"作为记账符号,都具有增加和减少的双重含义。"借"和"贷"何时表示增加,何时表示减少,必须结合账户的具体性质才能准确说明(见表 3-1)。

表 3-1　　"借"和"贷"所表示的增减含义

借方	账户类别	贷方
＋	资产	－
＋	成本	－
＋	费用	－
－	负债	＋
－	所有者权益	＋
－	收入	＋

二、账户设置

在借贷记账法下,账户设置基本上可分为资产类(包括费用类)、负债类和所有者权益类(包括收入类)两大类别。

(一) 资产类账户的结构(见图 3-2)

借方	资产类账户	贷方
期初余额 本期增加额		本期减少额
本期借方发生额合计		本期贷方发生额合计
期末余额		

图 3-2　资产类账户的结构

资产类账户的借方登记增加额;贷方登记减少额;期末一般为借方余额(账户余额一般在增加方,下同)。资产类账户的期末余额公式如下:

期末借方余额＝期初借方余额＋本期借方发生额－本期贷方发生额

(二) 负债类和所有者权益类账户的结构(见图 3-3)

借方	负债类和所有者权益类账户	贷方
		期初余额 本期增加额
本期减少额		
本期借方发生额合计		本期贷方发生额合计
		期末余额

图 3-3　负债类和所有者权益类账户的结构

负债类和所有者权益类账户的贷方登记增加额；借方登记减少额；期末一般为贷方余额。负债类和所有者权益类账户的期末余额公式如下：

期末贷方余额＝期初贷方余额＋本期贷方发生额－本期借方发生额

（三）收入类账户的结构

在借贷记账法下，收入类账户的借方登记减少额；贷方登记增加额；本期收入净额在期末转入"本年利润"账户，用来计算当期损益，结转后无余额。收入类账户的结构如图3-4所示。

借方	收入类账户	贷方
本期减少额		本期增加额
本期借方发生额合计		本期贷方发生额合计
	期末余额	0

图 3-4　收入类账户的结构

（四）费用类账户的结构

在借贷记账法下，费用类账户的借方登记增加额；贷方登记减少额；本期费用净额在期末转入"本年利润"账户，用来计算当期损益，结转后无余额。费用类账户的结构如图3-5所示。

借方	费用类账户	贷方
本期增加额		本期减少额（期末结转）
本期借方发生额合计		本期贷方发生额合计
期末余额	0	

图 3-5　费用类账户的结构

三、记账规则

记账规则是指运用记账方法正确记录会计事项时必须遵守的规律。记账规则是记账的依据，也是对账的依据。

（一）记账规则的形成

虽然会计事项错综复杂、千差万别，但从会计等式所表达的关系来归纳，只有四种类型、九种业务。如果将其中的增减变动用"借""贷"符号表示，就可以找出资金数量运动变化的规律来，如表3-2所示。

表3-2　　　　　　　　　会计事项的四种类型、九种业务

增减变动＼会计等式＼经济业务	借贷方向	资产		＝	负债		＋	所有者权益	
		借	贷		借	贷		借	贷
第一种类型	(1)	增加				增加			
	(2)	增加							增加

（续表）

经济业务＼增减变动 ＼会计等式＼借贷方向		资产		=	负债		+	所有者权益	
		借	贷		借	贷		借	贷
第二种类型	（3）		减少		减少				
	（4）		减少					减少	
第三种类型	（5）	增加	减少						
第四种类型	（6）				减少	增加			
	（7）							减少	增加
	（8）				减少				增加
	（9）					增加		减少	

由表 3-2 可知，对每一项经济业务都要以相等的金额，在两个或两个以上相互关联的账户中进行登记，而且，必须同时涉及有关账户的借方和贷方，其借方和贷方的金额一定相等。

（二）记账规则的内容

借贷记账法的记账规则是："有借必有贷，借贷必相等。"即某项经济业务在记入某个账户借方的同时，必须同时记入另一个账户的贷方，而且记入借方与记入贷方的金额总是相等的。

（三）记账规则的应用

记账规则也称为借贷平衡原理，可以检验会计分录、过账、结账等一系列会计处理的正确性。下面以编制会计分录为例说明记账规则的应用。

1. 会计分录的含义及三要素

为了保证账户记录正确，减少登记账簿的工作量，每一项经济业务发生后，并不是直接登记有关账户，而是先编制会计分录，再根据会计分录登记有关账户。

会计分录简称分录，就是确定每笔经济业务所应登记的账户名称、方向和金额的一种记录。在实际工作中，会计分录是填写在记账凭证上的。

我们把会计分录中涉及的账户名称、登记方向及登记金额，称为会计分录三要素，亦即会计分录的内容。

2. 编制会计分录的三步骤及格式要求

编制会计分录的三步骤：

（1）确定所要登记的"账户名称"及其所属类别。

（2）确定资金增减变化及登记方向。

（3）确定登记金额。

编制会计分录时，应注意以下几点格式要求：

（1）会计分录的书写是先借后贷，借方在上面，贷方在下面。

（2）会计分录的列式要左右错开，贷比借后错开一格。

（3）每一个账户名称单独一行。

（4）金额后不带计量单位。

例如，从银行提取现金 1 000 元备用。首先，分析该笔经济业务涉及"银行存款"和"库存现金"两个账户,并且这两个账户都属于资产类别;其次,该笔业务引起了银行存款的减少,库存现金的增加,因此,要记"银行存款"账户贷方,要记"库存现金"账户借方;最后,明确这两个账户应登记的金额,均为 1 000 元。经过分析,写出下面的会计分录:

借:库存现金　　　　　　　　　　　　　　　　　　　　　　　　　1 000
　　贷:银行存款　　　　　　　　　　　　　　　　　　　　　　　　　　1 000

3. 会计分录的种类

经济业务发生所编制的会计分录,有的涉及两个账户,有的涉及两个以上的账户,因此可将这些分录分成以下两类:

(1) 简单分录(一借一贷)。即由两个账户组成的会计分录。

(2) 复合分录(包括一借多贷、一贷多借、多借多贷)。即由两个以上(不含两个)账户所组成的会计分录。

若干个简单分录可以合并成复合分录,复合分录也可分解为若干个简单分录(如图3-6所示)。

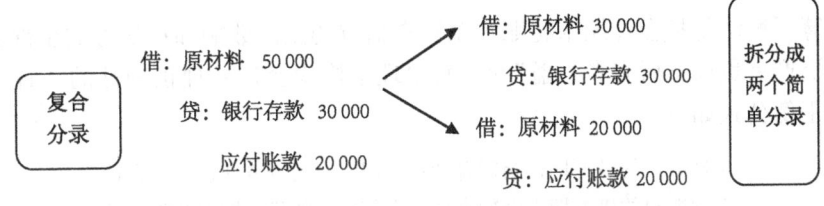

图 3-6　复合分录和简单分录的相互转化举例

4. 账户对应关系与对应账户

在借贷记账法下,对每一项经济业务进行记录时,必然会涉及两个或两个以上的相关账户。经济业务的发生导致有关账户之间形成的这种应借、应贷的相互关系,称为账户的对应关系。存在着对应关系的账户,称为对应账户。

例如,收到投资者的投资款存入银行。在这笔经济业务中,"银行存款"账户与"实收资本"账户就建立起对应关系,两者互为对应账户。

通过账户的对应关系,可以了解经济业务的内容和资金的来龙去脉,还可以起到监督检查经济业务的合理性、合法性的作用。

四、借贷记账法下的试算平衡

(一) 试算平衡的含义

试算平衡是指根据借贷记账法的记账规则和资产与权益的平衡关系,通过对所有账户的发生额和余额的汇总计算和比较,来检查记录是否正确的一种方法。

(二) 试算平衡的分类

试算平衡的方法包括发生额试算平衡法和余额试算平衡法。

1. 发生额试算平衡法

发生额试算平衡法是指将全部账户的本期借方发生额和本期贷方发生额分别加总后,利

用"有借必有贷,借贷必相等"的记账规则来检验本期发生额账务处理正确性的一种试算平衡方法。其试算平衡公式如下:

全部账户本期借方发生额合计＝全部账户本期贷方发生额合计

发生额平衡法的基本原理是:在平时编制会计分录时,都是"有借必有贷,借贷必相等",将其记入有关账户并经汇总后,也必然是"借贷必相等"。

发生额试算平衡法是通过编制"发生额试算平衡表"来进行的,其格式如表3-3所示。

表3-3　　　　　　　　　　　本期发生额试算平衡表

年　月　日　　　　　　　　　　　　　　　　　单位:元

会计科目	借方发生额	贷方发生额
合　计		

2. 余额试算平衡法

余额试算平衡法是指会计期末将账户余额在借方的全部数额和在贷方的全部数额分别加总后,利用"资产＝负债＋所有者权益"的平衡原理来检验会计处理正确性的一种试算平衡方法。其试算平衡公式如下:

全部账户的借方期初余额合计＝全部账户的贷方期初余额合计
全部账户的借方期末余额合计＝全部账户的贷方期末余额合计

余额试算平衡法的基本原理是:在借贷记账法下,资产类账户的期末余额在借方,负债类和所有者权益类账户的期末余额在贷方,由于存在"资产＝负债＋所有者权益"的平衡关系,所以全部账户的借方期末余额合计数应当等于全部账户的贷方期末余额合计数。余额平衡法主要是通过各种账户余额来检查、推断账务处理的正确性。

余额试算平衡是通过编制"余额试算平衡表"来进行的,其格式如表3-4所示。

表3-4　　　　　　　　　　　　余额试算平衡表

年　月　日　　　　　　　　　　　　　　　　　单位:元

会计科目	借方期初(期末)余额	贷方期初(期末)余额
合　计		

3. 试算平衡的缺点

如果试算不平衡,说明账户的记录肯定有错;如果试算平衡,说明账户的记录基本正确,但不一定完全正确。这是因为有些错误并不影响借贷双方的平衡,如某项经济业务在有关账户中发生被重记、漏记或记错了账户等错误,并不能通过试算平衡来发现。但试算平衡仍是检查账户记录是否正确的一种有效方法。

下面举例说明采用借贷记账法如何编制会计分录、登记账户和进行试算平衡。

【例3-1】 广西美达服装有限责任公司2019年5月初有关账户期初余额如表3-5所示。

表 3-5　　　　　广西美达服装有限责任公司 2019 年 5 月初账户余额　　　　　单位:元

账户名称	期初余额	
	借方	贷方
银行存款	550 000	
原材料	190 000	
固定资产	1 100 000	
短期借款		200 000
应付账款		280 000
实收资本		1 000 000
资本公积		210 000
盈余公积		150 000
合　计	1 840 000	1 840 000

该公司 5 月发生下列经济业务(假定不考虑相关税费):

(1) 收到 A 公司投入资本金 100 000 元,已存入银行。
(2) 用银行存款 80 000 元偿还前欠乙单位的货款。
(3) 以银行存款 200 000 元购入一台全新的机器设备。
(4) 将资本公积 60 000 元按法定程序转增实收资本。
(5) 签发一张为期 1 个月面额 30 000 元的商业汇票,用来抵付应付账款。
(6) 购进原材料 50 000 元,其中 30 000 元货款已用银行存款支付,其余 20 000 元货款尚未支付。
(7) 以银行存款 80 000 元偿还银行短期借款。
(8) 经批准,企业用盈余公积 70 000 元转增资本。

要求:
(1) 根据上述经济业务,编制会计分录。
(2) 将上述会计分录记入有关账户,并于期末结出账户的本期发生额和期末余额。
(3) 根据账户记录编制发生额及余额试算平衡表。

首先,各经济业务的会计分录如下:

业务(1)　借:银行存款　　　　　　　　　　　　　　　　　　　　　　　　100 000
　　　　　　贷:实收资本　　　　　　　　　　　　　　　　　　　　　　　　　　　100 000

业务(2)　借:应付账款　　　　　　　　　　　　　　　　　　　　　　　　 80 000
　　　　　　贷:银行存款　　　　　　　　　　　　　　　　　　　　　　　　　　　 80 000

业务(3)　借:固定资产　　　　　　　　　　　　　　　　　　　　　　　　200 000
　　　　　　贷:银行存款　　　　　　　　　　　　　　　　　　　　　　　　　　　200 000

业务(4)　借:资本公积　　　　　　　　　　　　　　　　　　　　　　　　 60 000
　　　　　　贷:实收资本　　　　　　　　　　　　　　　　　　　　　　　　　　　 60 000

业务(5)　借:应付账款　　　　　　　　　　　　　　　　　　　　　　　　 30 000
　　　　　　贷:应付票据　　　　　　　　　　　　　　　　　　　　　　　　　　　 30 000

业务(6)　借：原材料　　　　　　　　　　　　　　　　50 000
　　　　　　贷：银行存款　　　　　　　　　　　　　　　　30 000
　　　　　　　　应付账款　　　　　　　　　　　　　　　　20 000

业务(7)　借：短期借款　　　　　　　　　　　　　　　　80 000
　　　　　　贷：银行存款　　　　　　　　　　　　　　　　80 000

业务(8)　借：盈余公积　　　　　　　　　　　　　　　　70 000
　　　　　　贷：实收资本　　　　　　　　　　　　　　　　70 000

其次，将上述会计分录记入有关账户，并于期末结出账户的本期发生额和期末余额，如图3-7所示。

银行存款				原材料			
期初余额	550 000			期初余额	190 000		
(1)	100 000	(2)	80 000	(6)	50 000		
		(3)	200 000				
		(6)	30 000				
		(7)	80 000				
发生额合计	100 000	发生额合计	390 000	发生额合计	50 000	发生额合计	0
期末余额	260 000			期末余额	240 000		

固定资产				短期借款			
期初余额	1 100 000					期初余额	200 000
(3)	200 000			(7)	80 000		
发生额合计	200 000	发生额合计	0	发生额合计	80 000	发生额合计	0
期末余额	1 300 000					期末余额	120 000

应付票据				应付账款			
		期初余额	0			期初余额	280 000
		(5)	30 000	(2)	80 000	(6)	20 000
				(5)	30 000		
发生额合计	0	发生额合计	30 000	发生额合计	110 000	发生额合计	20 000
		期末余额	30 000			期末余额	190 000

实收资本				资本公积			
		期初余额	1 000 000			期初余额	210 000
		(1)	100 000	(4)	60 000		
		(4)	60 000				
		(8)	70 000				
发生额合计	0	发生额合计	230 000	发生额合计	60 000	发生额合计	0
		期末余额	1 230 000			期末余额	150 000

	盈余公积	
		期初余额 150 000
(8)	70 000	
发生额合计	70 000	发生额合计 0
		期末余额 80 000

图 3-7　过账

最后,根据账户记录编制发生额及余额试算平衡表,如表 3-6 所示。

表 3-6　　　　　　　　总分类账户发生额及余额试算平衡表

2019 年 05 月 31 日　　　　　　　　　　　　　　　　单位:元

账户名称	期初余额		本期发生额		期末余额	
	借方	贷方	借方	贷方	借方	贷方
银行存款	550 000		100 000	390 000	260 000	
原 材 料	190 000		50 000		240 000	
固定资产	1 100 000		200 000		1 300 000	
短期借款		200 000	80 000			120 000
应付账款		280 000	110 000	20 000		190 000
应付票据				30 000		30 000
实收资本		1 000 000		230 000		1 230 000
资本公积		210 000	60 000			150 000
盈余公积		150 000		70 000		80 000
合　　计	1 840 000	1 840 000	670 000	670 000	1 800 000	1 800 000

如果试算平衡,是否能够说明记账完全正确呢?

活动 3.2.2　借贷记账法的优点

借贷记账法的优点如下:

(1) 科学地运用了"借"和"贷"的记账符号,充分地体现出资金运动的来龙去脉这一对立统一关系,记账方法体系科学严密。

(2) "有借必有贷,借贷必相等"的记账规则,应用起来十分方便。在编制每笔会计分录时,都能清晰地看出账户之间的对应关系,便于及时检查会计记录的正确性,从而为进一步的会计处理奠定了良好的基础。

（3）由于每笔会计分录中借贷平衡，为日常会计处理自检和期末试算平衡提供了方便。

"复式记账法就是借贷记账法，借贷记账法就是复试记账法。"这一说法是否正确？

模 块 测 试

参考答案

一、单项选择题

1. 在借贷记账法中，账户的哪一方记增加，哪一方记减少是由（　　）决定的。
   A. 记账规则　　　B. 账户性质　　　C. 业务性质　　　D. 账户结构
2. 对于资产类账户，下列说法中，正确的是（　　）。
   A. 贷方登记增加数，借方登记减少数
   B. 如有余额，是贷方性质
   C. 借方本期发生额一定大于贷方发生额
   D. 如有余额，是借方性质
3. 在借贷记账法下，账户发生额平衡法的理论依据是（　　）。
   A. "资产＝负债＋所有者权益"的平衡关系
   B. 经济业务事项的双重性
   C. 会计记录的双重性
   D. 记账规则
4. 在借贷记账法下，账户余额平衡法的理论依据是（　　）。
   A. "资产＝负债＋所有者权益"的平衡关系
   B. 经济业务事项的双重性
   C. 会计记录的双重性
   D. 记账规则
5. 借贷记账法试算平衡公式中，不正确的是（　　）。
   A. 全部账户本期借方发生额合计＝全部账户本期贷方发生额合计
   B. 全部账户借方期初余额合计＝全部账户贷方期初余额合计
   C. 全部账户借方期末余额合计＝全部账户贷方期末余额合计
   D. 期初借方余额＋本期借方发生额－本期贷方发生额＝期末借方余额
6. 对会计要素具体内容进行再分类的项目称为（　　）。
   A. 会计项目　　　B. 会计科目　　　C. 会计账户　　　D. 报表项目
7. 编制会计分录时最好不要编制（　　）的会计分录。
   A. 一借一贷　　　B. 一借多贷　　　C. 一贷多借　　　D. 多借多贷
8. 采购员预借差旅费时，在账务处理上除了贷记"库存现金"账户外，其对应的借方账户应该是（　　）。
   A. "预付账款"　　B. "其他应收款"　　C. "应收账款"　　D. "管理费用"
9. 存在着对应关系的账户，称为（　　）。

A. 联系账户　　　B. 平衡账户　　　C. 对应账户　　　D. 恒等账户
10. 通过复式记账可以了解每一项经济业务的(　　)。
A. 来龙去脉　　　B. 合法性　　　C. 合理性　　　D. 经济业务类型

二、多项选择题

1. 通过账户的对应关系可以(　　)。
A. 了解经济业务事项的内容
B. 掌握资金增减变动的情况
C. 检查对经济业务事项的处理是否合理、合法
D. 进行账户记录的试算平衡

2. 在借贷记账法下,账户借方登记的内容有(　　)。
A. 资产的增加　　B. 负债的减少　　C. 收入的减少　　D. 费用成本的增加

3. 下列错误中,不能通过试算平衡发现的有(　　)。
A. 某项经济业务未入账
B. 应借应贷的账户中借贷方向颠倒
C. 借贷双方同时多记同样金额
D. 借贷方向正确,但有一方记错了账户

4. 下列账户中,与负债类账户结构相反的有(　　)账户。
A. 收入类　　　B. 资产类　　　C. 成本类　　　D. 费用类

5. 在借贷记账法下,账户贷方登记的内容有(　　)。
A. 资产的减少
B. 负债的增加
C. 成本费用的减少
D. 收入的增加

6. 复式记账法一般由(　　)四个相互联系的基本内容所组成。
A. 记账符号　　B. 账户设置　　C. 记账规则　　D. 试算平衡

7. 借贷记账法的记账规则为(　　)。
A. 有借必有贷
B. 借贷必相等
C. 资产＝负债＋所有者权益
D. 以"借""贷"为记账符号

8. 会计分录构成的三要素包括(　　)。
A. 应记入账户的名称
B. 借贷方向
C. 金额
D. 有借必有贷,借贷必相等

9. 会计分录按所涉及账户的多少,可分为(　　)两种。
A. 简单分录　　B. 复杂分录　　C. 复合分录　　D. 简明分录

10. 复合分录包括(　　)分录。
A. 一借一贷　　B. 一借多贷　　C. 一贷多借　　D. 多借多贷

三、判断题

1. 账户的基本结构分为左、右两个方向,左方登记增加,右方登记减少。(　　)
2. 会计账户各项金额的关系可用"本期期末余额＝本期期初余额＋本期增加发生额－本期减少发生额"。(　　)
3. 复式记账法要以资产与权益的平衡关系作为记账基础,对于每笔交易或事项,都要在两个或两个以上的相互联系的账户中进行登记。(　　)
4. 记账时,将借贷方向记错,不会影响借贷双方的平衡关系。(　　)
5. 如果试算平衡表借贷平衡,则可以肯定记账无错误。(　　)

6. 在借贷记账法中,贷方登记收入增加、费用减少和负债增加。   （   ）
7. 某企业"原材料"账户期初余额为 50 000 元,本期购入原材料 20 000 元,本期发出原材料 40 000 元,则"原材料"账户的期末余额应为 30 000 元。   （   ）
8. 在借贷记账法下,所有者权益账户与费用类账户的结构完全相反。   （   ）
9. 各种复式记账法的根本区别在于记账符号不同。   （   ）
10. 一笔会计分录主要包括三个要素,即会计科目、记账符号和金额。   （   ）

四、业务处理题

1. 甲公司 2019 年 12 月 31 日有关账户资料如表 3-7 所示。

表 3-7　　　　　　　　　　　有关账户资料　　　　　　　　　　　　单位:元

账户名称	期初余额		本期发生额		期末余额	
	借方	贷方	借方	贷方	借方	贷方
银行存款	220 000		120 000	( )	180 000	
原材料	190 000		( )	60 000	240 000	
库存商品	39 000		54 800	76 000	( )	
固定资产	( )		200 000	400 000	1 300 000	
短期借款		( )	80 000	120 000		50 000
应付票据		6 600	47 000	( )		3 100
应付账款		280 000	20 000	(此处)		190 000
其他应付款		50 000	30 000	10 000		( )
实收资本		250 000	( )	120 000		350 000
盈余公积		78 000	22 000	( )		
生产成本	21 000		34 000	( )	28 000	

要求:根据各账户期初余额、本期发生额和期末余额的关系,计算填列表中空格。

2. 甲公司 2019 年 12 月初总账账户余额如表 3-8 所示。

表 3-8　　　　　　　　　　总账账户期初余额
　　　　　　　　　　　　　2019 年 12 月 01 日　　　　　　　　　　单位:元

账户名称	期初余额	
	借方	贷方
库存现金	5 000	
银行存款	120 000	
应收账款	80 000	
原材料	90 000	
库存商品	80 000	
固定资产	600 000	
生产成本	30 000	
短期借款		90 000
应付账款		130 000

(续表)

账户名称	期初余额	
	借方	贷方
应交税费		8 000
长期借款		180 000
实收资本		400 000
资本公积		47 000
盈余公积		150 000
合计	1 005 000	1 005 000

该公司12月发生下列经济业务(假定不考虑相关税费)：
(1) 购进机器设备一台，价值20 000元，以银行存款支付。
(2) 投资者投入企业原材料一批，作价15 000元。
(3) 向某工厂购入A材料13 000元，材料已验收入库，货款尚未支付。
(4) 生产车间向仓库领用材料一批，价值30 000元，投入生产。
(5) 以银行存款20 000元偿还应付供货单位货款。
(6) 向银行取得长期借款80 000元，存入银行。
(7) 从银行提取库存现金2 000元备用。
(8) 以银行存款8 000元，上缴企业所得税。
(9) 采购员暂借差旅费3 000元现金。
(10) 以银行存款50 000元归还银行短期借款20 000元和应付供货单位账款30 000元。
(11) 收到购货单位前欠货款20 000元，其中18 000元存入银行，其余2 000元收到现金。
(12) 一批产品完工入库，完工产品成本为16 000元。

要求：
(1) 根据上述经济业务，编制会计分录。
(2) 根据期初余额资料，开设各总账T形账户，并登记期初余额。
(3) 根据上述会计分录，登记各相关总账T形账户。
(4) 计算各总账账户的本期发生额及期末余额，并登记在T形账户中。
(5) 根据上述资料编制"总分类账户发生额及余额试算平衡表"。

模块 4

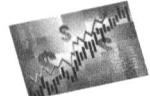

填制与审核会计凭证

[考核目标] 本模块主要介绍会计凭证的使用。通过学习,学生应了解会计凭证的分类方法、会计凭证的基本要素;掌握会计凭证的填写与审核会计凭证。本模块重点考核会计凭证的要素、会计凭证的基本要求、会计凭证的填写与审核。

[实践目标] 教师分别设置原始凭证及记账凭证的填写与审核的实践任务,分学习小组完成实践任务,实现模块教学目标。

[知识点思维导图]

```
                            ┌ 认识会计凭证及其种类 ┬ 会计凭证及其种类
                            │                     └ 填制与审核会计凭证的意义
                            │
                            │                     ┌ 原始凭证的基本内容
                            │                     │ 原始凭证的填制要求
                            │ 填制与审核原始凭证 ┤ 原始凭证的填制技术
                            │                     └ 原始凭证的审核技术
  填制与审核会计凭证 ┤
                            │                     ┌ 记账凭证的基本内容
                            │                     │ 记账凭证的填制要求
                            │ 填制与审核记账凭证 ┤ 记账凭证的填制技术
                            │                     └ 记账凭证的审核技术
                            │
                            │ 传递与保管会计凭证 ┬ 会计凭证的传递
                            └                     └ 会计凭证的保管
```

任务4.1　认识会计凭证及其种类

活动4.1.1　会计凭证及其种类

一、会计凭证的概念

会计凭证就是记录经济业务、明确经济责任和据以登记账簿的书面证明。各企业和行政、事业单位及其他经济组织发生的每一项经济业务事项都必须按照规定的程序和要求取得或填制会计凭证,以书面的形式来反映经济业务事项的发生或完成。

所有的会计凭证都要由财务部门审核无误后才能作为记账的依据。填制和审核会计凭证是会计核算方法之一,也是整个会计核算工作的起点和基础。

二、会计凭证的种类

会计凭证的种类很多,按照填制的程序和用途的不同,可以分为原始凭证和记账凭证两大类。

(一) 原始凭证

原始凭证又称为单据,是指在经济业务发生或完成时取得或填制的,用来记录或证明经济业务的发生或完成情况、明确经济责任,是具有法律效力的书面证明,如发票、借款单、差旅费报销单、入库单等。

(二) 记账凭证

记账凭证又称传票,是会计人员根据审核无误的原始凭证或汇总原始凭证,按照经济业务事项的内容加以归类,并据此反映会计要素增减变化,确定会计分录,作为记账依据的书面证明。它是登记账簿的直接依据,如收款凭证、付款凭证和转账凭证等。

原始凭证和记账凭证都称为会计凭证,但其性质却是截然不同的。从图4-1会计凭证传递流程图中可以看出,原始凭证是对经济业务信息的记录,记账凭证是根据审核无误的原始凭证来编制的,归集原始凭证是会计核算的基础;而记账凭证记录的是会计信息,它是会计核算工作的起点。

图4-1　会计凭证传递流程图

小李在某商场买了一双鞋子,当时他没有向销售人员索要发票,回家后鞋子才穿了1天就坏了,于是小李回到该商场要求退货,但商场销售人员却拒绝退货。这是为什么?

在日常生活中,你购物时有没有想过向商家索要发票呢？这可是你的合法权利哦!

活动 4.1.2　填制与审核会计凭证的意义

填制与审核会计凭证,对于保证会计核算的工作质量、有效地进行会计监督、提供真实可靠的会计信息等都具有十分重要的意义。其意义归纳起来主要有以下三个方面。

一、记录经济业务,提供记账依据

各企业和行政、事业单位及其他经济组织办理任何一项经济业务,都必须办理凭证手续,由执行和完成该项经济业务的人员取得或填制有关的会计凭证,如实地记录经济活动的内容、数量、金额和发生完成的时间,确认应记入的账户名称、方向及金额,使各种经济业务的发生和完成情况都通过会计凭证的记录真实地反映出来。例如,企业生产车间领用原材料,应填制领料单,在领料单上记录所领用原材料的时间、数量、金额;由相关人员签名或盖章,再交给财务部门审核并确认应记入的账户名称、方向及金额,这样就使领用材料的业务发生和完成的情况被真实地反映出来。

会计凭证只是对经济业务的初步归类和记录,要想全面地反映企业经济活动情况,还必须将经济业务登记入账簿,进行进一步的归类和系统的记录。任何单位都不能凭空登记会计账簿,必须以经过审核无误的会计凭证为依据。因此,会计凭证所反映的信息是否真实、可靠,对能否保证会计信息质量,具有重大的影响。

二、填制与审核会计凭证,可以监督经济活动,控制经济正常运行

由于各种经济业务的发生和完成情况都通过会计凭证记录下来,经济业务是否真实、正确、合法,都会在会计凭证中得到反映。记账前,必须对会计凭证进行严格的审核,通过审核会计凭证,可以检查企业的每一项经济业务是否符合国家有关政策、法律法规和制度,是否执行了企业的计划和预算,是否有铺张浪费、贪污盗窃等行为发生,是否有违法乱纪、损害公共利益的行为发生,可以监督经济活动的真实性、合法性、合理性,及时对经济活动进行控制,保证经济活动的正常进行,从而严肃财经纪律,加强经济管理,维护市场经济秩序,提高经济效益,有效地发挥会计的监督作用。

三、填制与审核会计凭证,可以明确经济责任,强化内部控制

由于每一项经济业务的发生,都要由经办人员填制或取得原始凭证,并由有关部门和人员在会计凭证上签字或盖章,这样就可以增强经办部门和有关人员的责任感,促使其严格地按照有关法律法规和制度的规定办事,在其职责范围内各负其责,相互控制,相互制约;同时,也有利于今后发现问题时弄清情况,分清责任,作出正确的裁决,从而能够强化内部控制,加强岗位责任制。

企业发生经济业务时,为什么要填制会计凭证?

任务4.2 填制与审核原始凭证

活动4.2.1 原始凭证的基本内容

一、原始凭证的概念

原始凭证又称单据,是指在经济业务发生或完成时取得或填制的,用来记录或证明经济业务的发生或完成情况、明确经济责任,具有法律效力的书面证明。凡不能证明经济业务发生或完成情况的各种单据,不能作为原始凭证据以记账,如银行对账单、购货申请表、购销合同等。因此,原始凭证是进行会计核算的原始资料。

二、原始凭证的种类

原始凭证的种类繁多,格式各异,可以根据不同的标准来进行分类。

（一）按照原始凭证来源渠道分类

按照来源渠道的不同,原始凭证可分为外来原始凭证和自制原始凭证两类。

1. 外来原始凭证

广西壮族自治区增值税专用发票   No. 23215896

4501171140   发票联

校验码 2618732845171368   开票日期：2019年09月16日

购买方	名称：南宁市鑫旺商场 纳税人识别号：450113859821653 地址、电话：南宁市秀秀区景秀路101号 0771-5478954 开户行及账号：工行南宁市景秀路支行 6224501012018785847	密码区	S454-+）4521〈〈5410001〈458 -265）+545110444140256210 50-+）400〈〈558000-〈212500 180〈4151240〈25486884589

货物或应税劳务、服务名称	规格型号	单位	数量	单价	金额	税率	税额
男西服	L	套	20	850.00	17 000.00	13%	2 210.00
男西服	XL	套	20	850.00	17 000.00	13%	2 210.00
合计					¥34 000.00		¥4 420.00

价税合计（大写）	⊗ 叁万捌仟肆佰贰拾元整	（小写）¥38 420.00

销售方	名称：广西美达服装有限责任公司 纳税人识别号：450113987654321 地址、电话：南宁市秀秀区工业园区118号 0771-5673858 开户行及账号：工行南宁市金湖路支行 6224501001201786868	备注	广西美达服装有限责任公司 450113987654321 发票专用章

收款人：   复核：   开票人：王红   销售方：（章）

第三联：发票联 购买方记账凭证

图4-2 增值税专用发票

外来原始凭证是指在经济业务发生或完成时，从外单位或个人处取得的原始凭证。例如，购买货物时取得的由供货单位开具的增值税专用发票（见图 4-2）或普通发票；职工出差取得的火车票、飞机票、住宿费单据等；税务机关开具的税收缴款书；对外支付款项时取得的由收款单位或个人开出的收据；银行转来的各种结算凭证（如银行进账单，见图 4-3）等，都属于外来原始凭证。

中国银行进账单(回单)1

2019 年 09 月 18 日

出票人	全称	深圳欣明经贸有限公司	收款人	全称	深圳双星股份有限责任公司
	账号	6223542687000987653		账号	6223200998765248756
	开户银行	中国银行深圳市福田支行		开户银行	中国银行深圳市东宝路支行

人民币（大写）	陆万捌仟元整	千	百	十	万	千	百	十	元	角	分
				¥	6	8	0	0	0	0	0
票据种类	转账支票										
票据张数	壹张										
备注 复核　记账		中国银行深圳市东宝路支行 2019.09.18 结算专用章 开户银行签章									

此联是开户银行交给持票人的回单

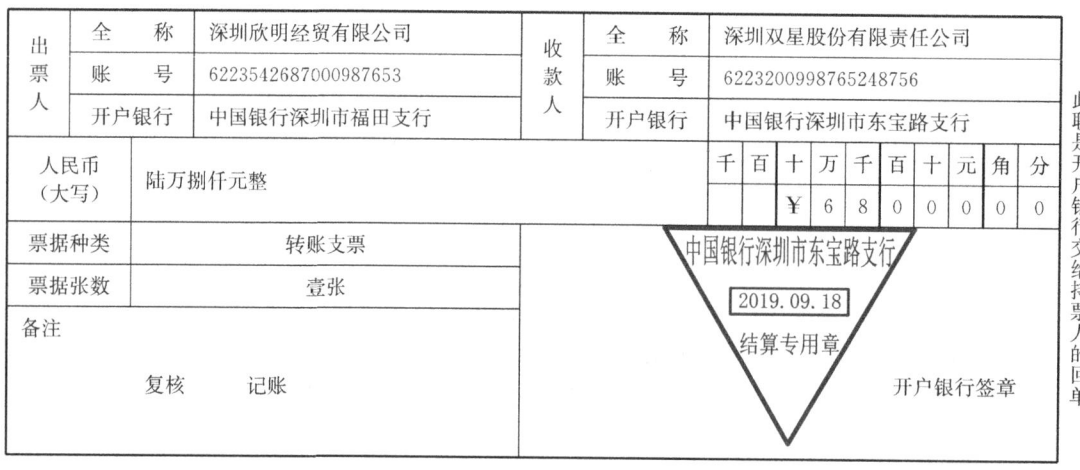

图 4-3　银行进账单回单

2. 自制原始凭证

自制原始凭证又称内部原始凭证，是指在本单位内部发生经济业务时，由本单位有关人员自行填制、仅供本单位内部使用的原始凭证。例如，验收材料入库时的收料单、领用材料时的领料单（见图 4-4）、差旅费报销单、产品入库单、产品出库单、借款单、工资发放明细表、折旧计算表等，都属于自制原始凭证。

领　料　单

领料单位：生产车间　　　　　　　　　　　　编　号：23456

用　途：生产散热器　　2019 年 09 月 24 日　　发料仓库：仓库

材料编号	名称及规格	计量单位	数量		单价	金额						
			请领	实发		万	千	百	十	元	角	分
234	烟叶	吨	2	2	800.00		1	6	0	0	0	0
备注					合计	¥	1	6	0	0	0	0

第二联　送交会计部门

仓库主管：张明　　领料人：李鹏　　发料人：王英　　会计：唐朝

图 4-4　领料单

(二) 按照原始凭证填制手续分类

按填制手续的不同,原始凭证可分为一次原始凭证、累计原始凭证和汇总原始凭证。

1. 一次原始凭证

一次原始凭证是一次填制完成,只记录一笔经济业务,不能重复使用的原始凭证。例如,借款单(见图4-5)、领料单、收据、购货发票、销货发票、税务机关开具的完税证明等都是一次凭证。一次凭证只需要填写一次即完成全部填写手续,作为记账凭证的原始依据。

借 款 单

2019年09月23日

借款部门	销售部门	借款人	周伟
借款理由	预借差旅费		
借款金额(大写)	⊗万壹仟陆佰零拾零元零角零分 (小写)¥1600.00		
部门领导批示	唐朝 2019年09月23日	部门负责人意见	张军 2019年09月23日

图4-5 借款单

2. 累计原始凭证

累计原始凭证是指在一张凭证中经多次填制,记录同类重复发生的经济业务的原始凭证。其特点是一张凭证内可以连续登记相同性质的经济业务,并随时结出累计数及结余数。只有完成全部填制手续后,才能作为原始凭证据以记账。最典型的累计凭证是限额领料单(见图4-6)。

限额领料单

领料单位:一车间　　　　　　　　　　　　　　　　　　　　　　　编　号:022
用　途:生产男西服　　　　　2019年09月　　　　　发料仓库:原料仓

材料类别	材料编号	材料名称及规格	单位	单价	领用限额	实际领用	金额
原材料	10101	黑色毛料	米	120.00	800	750	90 000.00

供应部门负责人:(签章) 权李印克			生产计划部门负责人:(签章) 强冯印立				
日期	请领数量	实发数量	发料人	领料人	限额结余	退料数量	退料经办人
9月03日	200	200	李莉	王晶晶	600		
9月15日	250	250	李莉	刘卫东	350		
9月22日	300	300	李莉	刘卫东	50		
合计	750	750			50		

图4-6 限额领料单

从图4-6的限额领料单中可以看出，该企业规定一车间在2017年1月领用"黑色毛料"的限额为800米。每次领料时，在限额领料单上逐笔登记，并随时结出限额结余，到月末时，结出本月实际耗用总量和限额结余，送交财务部门，作为会计核算的依据。这样不仅可以预先控制领料，而且还可以减少凭证的数量，简化凭证填制的手续。

3. 汇总原始凭证

汇总原始凭证又称原始凭证汇总表，是根据若干笔同类经济业务的原始凭证汇总编制而成的一种凭证。例如，发料凭证汇总表（见图4-7）、工资结算汇总表、差旅费报销单等，都属于汇总原始凭证。汇总原始凭证的优点是：合并了同类型经济业务，既可以提供经营管理所需要的总量指标，又可以大大简化记账工作量。汇总原始凭证的缺点是：只能将同类内容的经济业务汇总在一张汇总凭证上，不能汇总两类或两类以上的经济业务。

发料凭证汇总表

2019年09月01～10日　　　　　　　　　　　　　　　　　　　单位：元

会计科目	领料部门	A 材料	B 材料	合计
生产成本	甲产品	30 000.00	10 000.00	40 000.00
	乙产品	20 000.00	28 000.00	48 000.00
	小　计	50 000.00	38 000.00	88 000.00
制造费用	一车间	12 000.00		12 000.00
	二车间	8 000.00	23 000.00	31 000.00
	小　计	20 000.00	23 000.00	43 000.00
管理费用	厂　部	1 400.00	1 200.00	2 600.00
合　计		71 400.00	62 200.00	133 600.00

财会负责人：李强　　　　　　　　　复核：张军　　　　　　　　　制表：周伟

图 4-7　发料凭证汇总表

原始凭证的分类如图4-8所示。

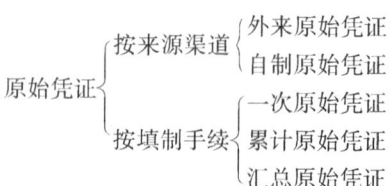

图 4-8　原始凭证的分类

三、原始凭证的基本要素

由于企业、事业单位的经济业务千差万别，记录经济业务的原始凭证的具体内容、格式也必然多种多样。但无论何种原始凭证都必须客观地记录和反映经济业务的发生和完成情况，必须明确有关单位、部门、人员的经济责任。因此原始凭证一般应具备一些基本内容（也称为原始凭证要素），如图4-9所示。

原始凭证的基本要素包括如下五项内容。

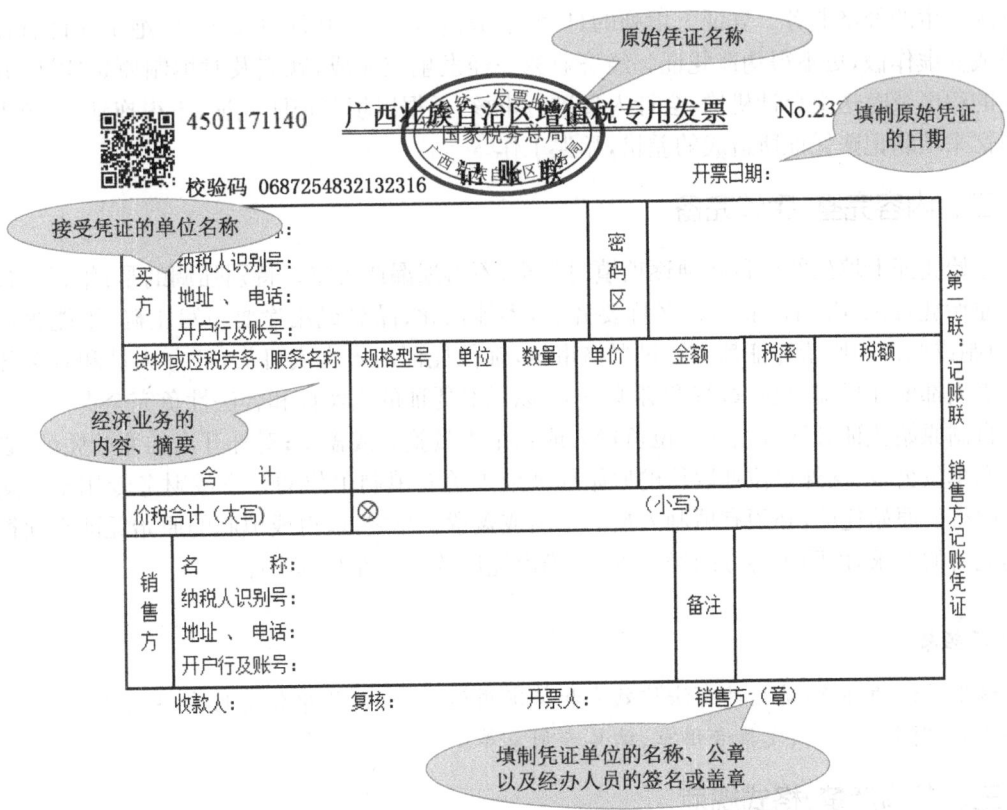

图 4-9　原始凭证的要素

(1) 原始凭证的名称。
(2) 填制原始凭证的单位(或部门)的名称、公章和有关人员的签名(或盖章)。
(3) 填制原始凭证的日期。
(4) 接受原始凭证的单位名称。
(5) 经济业务的内容、摘要(含数量、单价、金额等)。

1. 原始凭证的基本要素有哪些?
2. 按填制手续不同,原始凭证可以分为哪几类?

活动 4.2.2　原始凭证的填制要求

原始凭证是证明经济业务发生或完成情况的具有法律效力的书面证明,是会计核算的基础。为了保证原始凭证能够正确、及时、清晰地反映经济业务活动的真实情况,提高会计核算的质量,并真正具有法律效力,原始凭证的填写必须严格遵循以下规范。

一、记录要真实、合法,填制要及时

原始凭证所反映的经济业务必须符合国家有关政策、法规、制度的要求,同时又要如实反

映实际发生的经济业务。凭证上填列的日期、业务内容、数字必须真实可靠,绝不允许有任何歪曲或弄虚作假,更不得伪造凭证。经济业务一经发生或完成,就应及时填制原始凭证,并按规定的程序及时送交会计机构、会计人员进行审核,并据以填制记账凭证,不得拖延,避免事后靠回忆来填制记账凭证所造成的差错,贻误工作。

二、内容完整,手续完备

原始凭证上填列的项目必须逐项填写齐全,不得遗漏或省略。特别强调的是:年、月、日要按照原始凭证的实际日期填写;名称要齐全,不能简化;品名或用途要填写正确,不能含糊不清;填制或取得的原始凭证都要经过严格审核,确保凭证内容真实可靠,经办人员和有关部门的负责人都要在凭证上签章,签章必须齐全,以示对凭证的真实性和合法性负完全责任。

自制原始凭证必须有经办单位负责人或指定人员签名或盖章;对外开出的原始凭证,必须加盖本单位公章;从外单位处取得的原始凭证应加盖有填制单位的公章或财务专用章。从个人处取得的原始凭证,必须有填制人员的签名或盖章。总之,取得或填制的原始凭证必须符合手续完备的要求,以明确各方的经济责任,确保凭证的合法性和真实性。

这里所说的公章,是指具有法律效力和特定用途,能够证明单位身份和性质的印鉴,包括业务公章、财务专用章、发票专用章、结算专用章等。

三、书写清楚,格式规范

原始凭证的填写要按规定填写,应当做到文字简明,字迹清晰,书写规范,不得使用未经国务院公布的简化汉字。其具体包括如下填写要求:

(1) 原始凭证要按照规定使用蓝黑或碳素墨水书写,不得使用圆珠笔或铅笔书写,书写时字迹清晰、工整,易于辨认,错误需要更正时,应当采用正确、规范的更正方法。

(2) 小写金额用阿拉伯数字逐个填写,不得写连笔字。在小写金额前应当书写货币币种符号(如人民币符号"¥",美元符号"$"),币种符号与阿拉伯金额数字之间不得留有空格。凡阿拉伯数字前写有币种符号的,数字后面不再写货币单位。例如,人民币20 000元,应写成¥20 000.00;美元6 000元,应写成$6 000.00。

(3) 所有以"元"为单位的阿拉伯数字,除表示单价等情况外,一律填写到角、分;无角分的,角位和分位可写"00"或用符号"—"表示;有角无分的,分位应写上"0",不得用符号"—"代替。例如,人民币20 000元,可写为"¥20 000.00"或"¥20 000.—";人民币壹元伍角整的正确写法是"¥1.50",而"¥1.5—"是不正确的写法。

(4) 汉字大写金额一律用正楷或行书书写,如:壹、贰、叁、肆、伍、陆、柒、捌、玖、拾、佰、仟、万、亿、角、分、零、整(正)等。不得任意自造简化字,即不得用〇、一、二(两)、三、四、五、六、七、八、九、十、毛、另等简化字来代替。大写金额到元或角为止的,后面应写"整"或"正"字;如为"分"的,分字后面不写"整"或"正"字。例如,"¥16 000.00"的大写金额应写为"人民币壹万陆仟元整";"¥99.56"的大写金额应写为"人民币玖拾玖元伍角陆分"。

(5) 大写金额数字前未印有货币名称的,应当加填货币名称,如"人民币"字样,且其与金额数字之间不得留有空格。

（6）阿拉伯金额数字中间有"0"时，汉字大写金额要写"零"字，如小写金额为"￥506.00"，大写金额应写为"人民币伍佰零陆元整"；阿拉伯金额数字中间连续有几个"0"时，汉字大写金额中可以只写一个"零"字，如小写金额为"￥50 006.00"，大写金额应写为"人民币伍万零陆元整"；阿拉伯金额数字元位是"0"或者数字中间连续有几个"0"、元位也是"0"但角位不是"0"时，汉字大写金额可以只写一个"零"，也可以不写"零"字，如小写金额为"￥8 700.47"，大写金额可以写为"人民币捌仟柒佰元零肆角柒分"，也可以写为"人民币捌仟柒佰元肆角柒分"。

（7）原始凭证不得任意涂改或刮、擦、挖、补，否则为无效凭证，不能作为填制记账凭证或登记账簿的依据；原始凭证有错误的，应当由出具单位重开或者更正，更正处应当加盖出具单位印章；原始凭证金额有错误的，应当由出具单位重开，不得在原始凭证上直接更改。

（8）编号要连续。各类原始凭证要连续编号，以便查考。如果凭证已预先印定编号，如发票、收据、支票等，应按编号连续使用，在写错作废时，应加盖"作废"戳记，与存根一起妥善保管，不得撕毁。

1. 原始凭证的填制要求有哪些？
2. 从外单位取得的原始凭证应加盖有填制单位的公章，对外开出的原始凭证也应加盖本单位的公章。这里的"公章"指的是什么章？

活动 4.2.3　原始凭证的填制技术

一、自制原始凭证的填制技术

（一）一次凭证的填制

一次凭证应在经济业务发生或完成时，由相关人员一次填制完成。该凭证往往只能反映一项经济业务，或者同时反映若干项同一性质的经济业务。下面以收料单为例，介绍一次凭证的填制方法。

收料单是单位自制一次性原始凭证，联次和格式通常可根据本单位经济管理和业务流程的需要自行设计，通常是一料一单，一式三联。第一联为仓库联；由仓库留存备查。第二联为会计记账联，由会计部门作为材料验收入库的入账凭证；第三联为供应单位留存联，由供应单位保管并留存备查。

收料单的填制方法如下：

（1）年月日：时间以收到材料货物的当天日期为准。
（2）供应单位：供货商名称。
（3）材料类别：根据材料的性质填写，如原料及主要材料、辅料、劳保用品、低值易耗品等。
（4）编号：单位自行编号。
（5）收料仓库：按实际收料的仓库名称填写。
（6）材料名称、单位：根据供应商送货单上具体内容填写。
（7）数量：包括应收和实收，应收是单位的订单数量，实收是单位实际收到材料货物的数量。

(8) 买价:根据发票上的金额填写,不包括可抵扣的增值税。

(9) 采购费用:运输过程中的各种费用,包括运输费、装卸费、包装费、保险费等,不包括可抵扣的增值税。

(10) 其他:根据送货单据实填写。

(11) 总成本:计算公式为"总成本=买价+采购费用+其他费用"。

(12) 主管、仓管、采购、制单等:根据实际情况,由相关经办人员签章,以明确各自责任。

【例 4-1】 2019 年 9 月 12 日,南宁光明实业公司从南宁顺发公司购入防护手套 1 000 双,收料仓库为劳保仓,材料类别为劳保用品,收料单编号为收 10012,该批手套价格为 5 000 元,运输费为 150 元,仓库保管员为张翡翠,采购员为王美。该公司填制的收料单如图 4-10 所示。

收 料 单

供应单位:**南宁光明实业公司**　　　　　　　　　　　　　　　　编　号:10012
材料类别:**劳保用品**　　　　　2019 年 09 月 12 日　　　　　材料仓库:**劳保仓**

材料名称	单位	数量		实际成本			
		应收	实收	买价	采购费用	其他	总成本
防护手套	双	1 000	1 000	5 000.00	150.00		5 150.00
合计				¥5 000.00	¥150.00		¥5 150.00

主管:　　　会计:　　　仓库:**张翡翠**　　采购:**王美**　　制单:**张翡翠**

第二联　送交会计部门

图 4-10　收料单

(二) 累计凭证的填制

累计凭证是指在一定期间内,连续多次记载若干不断重复发生的同类经济业务,直到期末,凭证填制手续才算完成,以期末累计数作为记账依据的原始凭证。下面以限额领料单(见图 4-11)为例说明累计凭证的填制方法。

限额领料单

领料单位:**一车间**　　　　　　　　　　　　　　　　　　　　编　号:022
用　途:**生产男西服**　　　　2019 年 09 月　　　　　　　发料仓库:原料仓

材料类别	材料编号	材料名称及规格	单位	单价	领用限额	实际领用	金额
原材料	10101	黑色毛料	米	120.00	800	750	90 000.00
供应部门负责人:(签章)				生产计划部门负责人:(签章)			
日期	请领数量	实发数量	发料人	领料人	限额结余	退料人	退料经办人
01 月 03 日	200	200	李莉	王晶晶	600		
01 月 15 日	250	250	李莉	刘卫东	350		
01 月 22 日	300	300	李莉	刘卫东	50		
合计	750	750			50		

图 4-11　限额领料单

限额领料单是多次使用的累计领料凭证。在有效期间内(一般为 1 个月),只要领用数量不超过限额就可以连续使用。限额领料单由生产计划部门根据下达的生产任务和材料消耗定额按每种材料用途分别开出,一料一单,一式两联,一联交仓库据以发料,另一联交领料部门据以领料。领料单位领料时,在该单内填写请领数量,经负责人签章批准后,持往仓库领料。仓库发料时,根据材料品名、规格在限额内发料,同时将实发数量及限额结余填写在限额领料单内,领、发料双方在单内签章,月末在此单内结出实发数量和金额交会计部门,据以计算材料费用,并做材料减少的核算。

(三)汇总凭证的填制

汇总凭证应由相关人员在汇总一定时期内反映同类经济业务的原始凭证后填制完成,该凭证只能将类型相同的经济业务进行汇总,不能汇总两类或两类以上的经济业务。例如,发料凭证汇总表、收料凭证汇总表、现金收入汇总表等都是汇总原始凭证。下面以发料凭证汇总表(见图 4-12)为例说明汇总凭证的填制方法。

发料凭证汇总表

2019 年 09 月 01~10 日　　　　　　　　　　　　　　　　　单位:元

会计科目	领料部门	A 材料	B 材料	合计
生产成本	甲产品	30 000.00	10 000.00	40 000.00
	乙产品	20 000.00	28 000.00	48 000.00
	小计	50 000.00	38 000.00	88 000.00
制造费用	一车间	12 000.00		12 000.00
	二车间	8 000.00	23 000.00	31 000.00
	小计	20 000.00	23 000.00	43 000.00
管理费用	厂部	1 400.00	1 200.00	2 600.00
合计		71 400.00	62 200.00	133 600.00

财会负责人:李强　　　　　　　复核:张军　　　　　　　制表:周伟

图 4-12　发料凭证汇总表

发料凭证汇总表由会计部门根据各部门到仓库领用材料时填制的领料单,按照材料的用途定期汇总编制,编制时间根据业务量大小决定,可 5 天、10 天、15 天或 1 个月汇总编制一次。

二、外来原始凭证的填制要求

外来原始凭证应在企业同外单位发生经济业务时,由外单位的相关人员填制完成。外来原始凭证一般由税务局等部门统一印制,或经税务部门批准由经营单位印制,在填制时加盖出具单位公章方为有效,对于一式多联的原始凭证必须用复写纸套写或打印机套打。现以购货单位取得的增值税专用发票(见图 4-13)为例,增值税专用发票是一般纳税人于销售货物或提供劳务时开具的发票,一般为一式三联,分别为记账联、抵扣联和发票联。其中,第一联为记账联,是销售方的记账凭证,即开票方作为销货的原始凭证;第二联为抵扣联,是购买方扣税凭证,即购买方到税务部门抵扣进项税的依据;第三联为发票联,是购买方的记账凭证,即购买方作为购进货物的原始凭证。

广西壮族自治区增值税专用发票							No. 23215896		
4501171140 校验码 2618732845171368							开票日期：2019 年 09 月 16 日		
购买方	名　称：南宁市鑫旺商场 纳税人识别号：450113859821653 地址、电话：南宁市秀秀区景秀路101号 0771-5478954 开户行及账号：工行南宁市景秀路支行 62245010120187858847						密码区	S454－+〉4521〈〈5410001〈458 －265〉+545110444140256210 50－+〉400〈〈558000－〈212500 180〈4151240〈25486884589	
货物或应税劳务、服务名称	规格型号	单　位	数　量	单　价	金　额	税率	税　额		
男西服	L	套	20	850.00	17 000.00	13%	2 210.00		
男西服	XL	套	20	850.00	17 000.00	13%	2 210.00		
合　　计					￥34 000.00		￥4 420.00		
价税合计（大写）	⊗ 叁万捌仟肆佰贰拾元整					(小写)￥38 420.00			
销售方	名　称：广西美达服装有限责任公司 纳税人识别号：450113987654321 地址、电话：南宁市秀秀区工业园区118号 0771-5673858 开户行及账号：工行南宁市金湖路支行 62245010012011786868						备注	广西美达服装有限责任公司 450113987654321 发票专用章	
收款人：		复核：		开票人：王红			销售方：(章)		

图4-13　增值税专用发票

1. 什么是累计凭证？应以累计凭证上的哪个数据作为记账的依据？
2. 什么是汇总凭证？哪些凭证属于汇总凭证？

活动 4.2.4　原始凭证的审核技术

原始凭证的审核是保证会计信息真实正确和合法的前提，是充分发挥会计监督作用的重要环节。只有经过审核无误的原始凭证，才能作为记账的依据。原始凭证的审核一般包括以下几个方面的内容。

一、审核原始凭证的真实性

原始凭证的真实性对会计信息质量具有至关重要的影响。其真实性的审核包括审核凭证日期是否真实、摘要是否真实、业务内容是否真实、数据是否真实等。

二、审核原始凭证的完整性

审核原始凭证的完整性就是审核原始凭证基本内容的填写是否齐全，填制手续是否完备，有无遗漏的项目;有关单位和经办人员是否签章;是否经过主管人员审核批准。

三、审核原始凭证的正确性

审核原始凭证的摘要说明和各项金额的计算及填写是否正确,日期、数字是否正确,如阿拉伯数字不得连写,大小写金额是否相符,有无刮擦、涂改和挖补等现象;凭证联次是否正确等。

四、审核原始凭证的合法性

审核原始凭证所记载的经济业务是否符合国家有关政策、法令、规章和制度;有无弄虚作假、营私舞弊的现象,有无违法乱纪的行为,是否履行了规定的凭证传递和审核程序等。

五、审核原始凭证的合理性

审核原始凭证所记载的经济业务是否符合生产经营活动的需要,是否符合计划、预算的规定;有无不讲经济效益、铺张浪费的现象等。

六、审核原始凭证的及时性

审核时应注意审核原始凭证的填制日期,尤其是支票、银行汇票、银行本票等时效性较强的原始凭证,更应仔细验证其签发日期。

原始凭证的审核是一项严肃而细致的工作,会计人员必须坚持原则,履行会计人员的职责。在审核过程中,对于完全符合要求的原始凭证,会计人员应及时据以编制记账凭证登记入账;对于真实、合法、合理但内容不够完整、填写有错误的原始凭证,会计人员应将其退回给有关经办人员,由其负责将有关凭证补充完整、更正错误或重开后,再办理正式会计手续;对于不真实、不合法的原始凭证,会计机构和会计人员有权不予接受,并向单位负责人报告。

1. 原始凭证的审核内容包括哪些?
2. 对于不真实、不合法的原始凭证应该如何处理?

任务 4.3 填制与审核记账凭证

活动 4.3.1 记账凭证的基本内容

一、记账凭证的概念

记账凭证又称传票,是会计人员根据审核无误的原始凭证或汇总原始凭证,按照经济业务事项的内容加以归类,并据此反映会计要素增减变化,确定会计分录,作为记账依据的书面证明。它是登记账簿的直接依据。

原始凭证和记账凭证同属于会计凭证,但两者之间有以下的差别:

(1) 原始凭证由经办人员填制,而记账凭证一律由会计人员填制。

(2) 原始凭证是根据已经发生的经济业务填制的,而记账凭证则是根据审核无误的原始凭证填制的。

(3) 原始凭证是记账凭证的附件和填制记账凭证的依据,而记账凭证是登记账簿的依据。

(4) 原始凭证仅用于记录和证明经济业务已经发生、完成,而记账凭证是对这些已发生和完成的经济业务进行归纳整理。

二、记账凭证的种类

记账凭证按填制的方法分为单式记账凭证和复式记账凭证。

(一) 单式记账凭证

单式记账凭证也称单项记账凭证,即在一张凭证上只填写一个会计科目。填列借方科目的称为借项凭证,填列贷方科目的称为贷项凭证。如果一项经济业务涉及几个会计科目,就要填制几张凭证。

单式记账凭证便于分工记账,便于编制科目汇总表。但由于一张凭证只反映一项经济业务的一个会计科目,因而经济业务内容分散,凭证数量多,编制的工作量大,而且不能反映一项经济业务全貌和账户的对应关系,出现差错时不易查找。

【例 4-2】 2019 年 9 月 3 日,某企业从银行提取现金 1 000 元。

这笔经济业务涉及两个会计科目,因此就应填制两张单式记账凭证,即一张借项凭证(见图 4-14)和一张贷项凭证(见图 4-15)。

借 项 凭 证

对方科目:银行存款　　　　　2019 年 09 月 03 日

总号	
分号	

摘要	总账科目	明细科目	√	金额								
				千	百	十	万	千	百	十	元	角	分
提现	库存现金						1	0	0	0	0	0
合计				¥			1	0	0	0	0	0

图 4-14　借项凭证

【例 4-3】 2019 年 9 月 3 日,某企业购买原材料,货款为 1 000 元,增值税额为 130 元,用银行存款付款。

这笔经济业务涉及三个会计科目,就应填制三张单式记账凭证,即两张借项凭证和一张贷项凭证。

贷 项 凭 证

2019 年 09 月 03 日

对方科目：库存现金

总号	
分号	

摘要	总账科目	明细科目	√	金额 千 百 十 万 千 百 十 元 角 分
提现	银行存款			1 0 0 0 0 0
合计				¥ 1 0 0 0 0 0

图 4-15 贷项凭证

（二）复式记账凭证

复式记账凭证也称多项记账凭证，是指在一张记账凭证上记载一项会计事项涉及的全部会计科目。也就是说一笔会计事项不论涉及几个会计科目都填在一张记账凭证上。

复式记账凭证的优点在于：将一项经济业务完整地记录在一张凭证上，通过一张记账凭证便可以反映经济业务的全部内容和账户的对应关系，便于检查经济业务，减少记账凭证的数量。其不足之处在于：不便于分工记账和编制科目汇总表。

复式记账凭证按其用途不同，可分为专用记账凭证和通用记账凭证。

1. 专用记账凭证

专用记账凭证是指为记录专门类别的会计事项而设计的记账凭证。按照反映经济业务内容的不同，专用记账凭证又可分为收款凭证、付款凭证和转账凭证。

（1）收款凭证。收款凭证是专门用来记录、反映现金和银行存款收款业务的专用记账凭证。它是根据现金和银行存款收款业务的原始凭证填制的，如图 4-16 所示。

收 款 凭 证

借方科目：　　　　　　　　　年　月　日　　　　　　凭证编号：

摘　要	贷方科目		金　额	记账
	总账科目	明细科目	亿 千 百 十 万 千 百 十 元 角 分	√
合　计				

会计主管：　　　　　记账：　　　　　出纳：　　　　　审核：　　　　　制单：

图 4-16 收款凭证

(2) 付款凭证。付款凭证是专门用来记录、反映现金和银行存款付款业务的凭证。它是根据现金和银行存款付款业务的原始凭证填制的,如图4-17所示。

付 款 凭 证

贷方科目：　　　　　　　　　　年　月　日　　　　　　　　凭证编号：

摘　要	借方科目		金　额	记账 ✓
	总账科目	明细科目	亿 千 百 十 万 千 百 十 元 角 分	
合　计				

会计主管：　　　　记账：　　　　出纳：　　　　审核：　　　　制单：

附件　张

图4-17　付款凭证

(3) 转账凭证。转账凭证是专门用来记录、反映与现金、银行存款无关的转账业务的凭证。它一般根据有关转账业务的原始凭证填制,如图4-18所示。

转 账 凭 证

2019年09月28日　　　　　　　　　　　　　　凭证编号：

摘　要	总账科目	明细科目	借方金额	贷方金额	记账 ✓
			万 千 百 十 元 角 分	万 千 百 十 元 角 分	
合　计					

会计主管：　　　　记账：　　　　审核：　　　　制单：

附件　张

图4-18　转账凭证

2. 通用记账凭证

通用记账凭证是指对全部业务不再区分收款、付款及转账业务,而将所有经济业务统一编号,在同一格式的凭证中进行记录的凭证。通用记账凭证的格式与转账凭证基本相同,如图4-19所示。

通用记账凭证

年　月　日　　　　　　　　凭证编号：

摘　要	总账科目	明细科目	借方金额										贷方金额										记账✓
			千	百	十	万	千	百	十	元	角	分	千	百	十	万	千	百	十	元	角	分	
合计																							

附件　张

会计主管：　　　记账：　　　出纳：　　　审核：　　　制单：

图 4-19　通用记账凭证

将记账凭证分为收款凭证、付款凭证和转账凭证三种，便于按经济业务对会计人员进行分工，也便于提供分类核算数据，为记账工作带来方便，但工作量较大。此种方法适用于规模较大、收付款业务较多的单位。对于那些经济业务较简单、规模较小、收付款业务较少的单位，为了简化核算，常常采用通用记账凭证来记录所有的经济业务。

记账凭证的分类图如图 4-20 所示。

- 记账凭证
  - 单式记账凭证
  - 复式记账凭证
    - 专用记账凭证
      - 收款凭证
      - 付款凭证
      - 转账凭证
    - 通用记账凭证

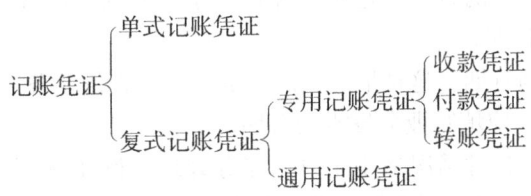

图 4-20　记账凭证的分类

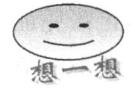

1. 原始凭证与记账凭证有何区别？
2. 单式记账凭证与复式记账凭证有何区别？

活动 4.3.2　记账凭证的填制要求

一、记账凭证的基本内容

记账凭证种类繁多，格式不一，但其主要作用都在于对原始凭证进行分类、整理，按照复式记账的要求，运用会计科目，编制会计分录，据以登记账簿。因此，各种记账凭证必须具备下列基本内容：

（1）记账凭证的名称。

（2）填制凭证的日期。

（3）记账凭证的编号。

(4) 经济业务的内容摘要。

(5) 经济业务应借、应贷的会计科目名称(包括一级、二级科目和明细科目)和金额。

(6) 所附原始凭证的张数。

(7) 凭证的填制、审核、记账、会计主管人员的签名或盖章。收、付款记账凭证还应由出纳人员签名或盖章。

二、记账凭证的填制

(一) 记账凭证填制的依据

必须根据审核无误的原始凭证填制记账凭证。记账凭证可根据每一张原始凭证填制，也可以根据若干张同类原始凭证汇总填制，还可以根据原始凭证汇总表填制。

(二) 选用记账凭证的种类

会计人员在取得审核无误的原始凭证后，应先根据业务的性质，确定应使用的记账凭证，如现金或银行存款收、付款业务，应使用收款凭证、付款凭证。经济业务不多，特别是收支业务不多的单位可以使用通用记账凭证。

(三) 准确填写记账凭证日期

日期的填写可以有以下三种情况：

(1) 填写记账凭证当天的日期。这种情况适用于一般的记账凭证，如报销差旅费的记账凭证应填写报销当日的日期。

(2) 填写业务发生的日期。这种情况适用于货币资金收付业务。例如，现金收、付款业务和银行存款收、付款业务，应填写业务发生的日期。

(3) 填写月末日期。这种情况适用于月末账务处理。例如，财会人员自制的计提和分配费用等业务的记账凭证，应当填写当月最后一天的日期。

(四) 正确填写编号

为了分清记账凭证的先后顺序，便于登记账簿，便于日后对账和查核，防止散失，记账凭证在1个月内应当连续编号，一张凭证编一个号，不得跳号、重号。记账凭证编号要根据不同情况采用不同的编号方法。

1. 通用记账凭证分类编号

通用记账凭证完全按照填制凭证顺序，从1开始按顺序编号。具体编为"记字第×号"。

2. 专用记账凭证分类编号

如果企业采用专用记账凭证，可采用三种字号编号法或五种字号编号法。即把不同类型的记账凭证用字加以区别，再把同类记账凭证顺序号加以连续。三种字号编号法具体编为"收字第×号""付字第×号""转字第×号"。五种字号编号法具体编为"现收字第×号""现付字第×号""银收字第×号""银付字第×号""转字第×号"。

3. 一笔会计事项使用两张或两张以上凭证的编号

如果一笔经济业务需要填制两张或两张以上的记账凭证时，可采用分数编号法。如某项经济业务需要两张转账凭证才能将会计科目写完，凭证的顺序号为9，则这两张记账凭证的编号应分别是"转字第 $9\frac{1}{2}$ 号""转字第 $9\frac{2}{2}$ 号"。其中，分数前的整数表示该笔转账业务的编号为9号，分母表示该笔业务填制的记账凭证的总张数，分子表示第几张凭证。

(五) 摘要简明扼要

记账凭证的摘要是对经济业务内容所作的简要说明,也是登记账簿的重要依据。在填写"摘要"栏时,一要真实准确,二要简明扼要,三要详略得当。对于经常发生的常规业务,摘要可以简略一些,如从银行提取现金,可简写为"提现";对于比较特殊的经济业务,摘要则要详尽一些,方便查考。摘要的填写没有统一格式,但对于同一类经济业务,摘要表述的基本内容是有一定规律的。

(六) 会计分录的编制

在记账凭证中,编制的会计分录必须正确。会计科目、子目、细目必须按照会计制度统一规定的会计科目全称填写,不得简化或只写科目的编号,不写科目的名称。账户对应关系要清晰,应先写借方科目,后写贷方科目。金额栏数字的填写必须规范、准确,与所附原始凭证的金额相等。合计金额的第一位数字前要填写币种符号,如人民币符号"¥"。

记账凭证应按行次逐项填写,不能跳行。如果在合计数与最后一笔数字之间有空行时,应在金额栏划斜线或"S"形线注销。

(七) 附件张数的计算和填写

除结账和更正错误的记账凭证可以不附原始凭证外,记账凭证必须附有原始凭证并注明所附原始凭证的张数。所附张数的计算方法有两种:一种是按所附原始凭证的实际张数计算;另一种是如果记账凭证中附有原始凭证汇总表,则应该把所附的原始凭证和原始凭证汇总表的张数一起计入附件的张数之内。

一张原始凭证如果涉及几张记账凭证的,可以将该原始凭证附在一张主要的记账凭证后面,并在其他记账凭证上注明附有该原始凭证的主要记账凭证编号或附上该原始凭证的复印件。

一张原始凭证所列的支出需要由两个以上的单位共同负担的,应当由保存该原始凭证的单位开具原始凭证分割单给其他应负担的单位。原始凭证分割单必须具备原始凭证的基本内容,包括:凭证的名称,填制凭证的日期,填制凭证单位的名称或填制人的姓名,经办人员的签名或盖章,接受凭证单位的名称,经济业务事项的内容、数量、单价、金额和费用的分担情况等。

(八) 记账凭证的签章

在记账凭证上,必须有填制人员、审核人员、记账人员和会计主管签名或盖章。对于发生的收款业务和付款业务必须坚持先审核后办理的原则,出纳人员要在有关收款凭证和付款凭证上签章,以明确经济责任。对已办妥的收款凭证、付款凭证及其所附的原始凭证,出纳人员要当即加盖"收讫"或"付讫"戳记,以避免重收重付或漏收漏付情况的发生。

(九) 填制错误的更正

会计人员在填制记账凭证时,若发生差错,应重新填制。若发现已登记入账的记账凭证有误,会计人员应按正确的方法进行更正。

1. 记账凭证包括哪些基本内容?
2. 记账凭证填写错误时,应该如何处理?

活动 4.3.3　记账凭证的填制技术

一、收款凭证的填制

在收款凭证左上角"借方科目"处,按照业务内容选填"银行存款"或"库存现金"科目;日期填写的是业务发生的日期;在凭证右上角的"　字第　号"处,填写编制记账凭证的顺序号;"摘要"栏填写能反映经济业务性质和特征的简要说明;"贷方科目"栏填写与"银行存款"或"库存现金"收入相对应的一级科目及其二级或明细科目;"金额"栏填写与同一行科目对应的发生额;"合计"栏填写各发生额的合计数;凭证右边"附件　张"处需填写所附原始凭证的张数;"记账"栏则应在已经登记账簿后划"√"符号,表示已经入账,以免发生漏记或重记错误。凭证最下方分别由有关人员签章,以明确经济责任。

【例 4-4】　腾达股份有限公司于 2019 年 9 月 14 日收到投资者张三按投资合同交来的资本金 500 000 元,已存入银行。

该公司填制相应的收款凭证如图 4-21 所示。

收 款 凭 证

借方科目:银行存款　　　　2019 年 09 月 14 日　　　　凭证编号:银收字第 08 号

摘　要	贷方科目		金　额										记账
	总账科目	明细科目	亿	千	百	十	万	千	百	十	元	角	分	√
收到投资款	实收资本	张三			5	0	0	0	0	0	0	0	0	√
合　　计				¥	5	0	0	0	0	0	0	0	0	

附件 1 张

会计主管:李强　　　记账:韦华　　　出纳:王红　　　审核:李强　　　制单:张军

图 4-21　收款凭证

二、付款凭证的填制

付款凭证的填制方法与收款凭证基本相同,只是左上角由"借方科目"换为"贷方科目",凭证中间的"贷方科目"栏换为"借方科目"栏。

【例 4-5】　美达服装责任有限公司于 2019 年 9 月 18 日开出现金支票,向银行提取现金 4 500 元备用。

该公司需填制一张银行存款付款凭证,如图 4-22 所示。

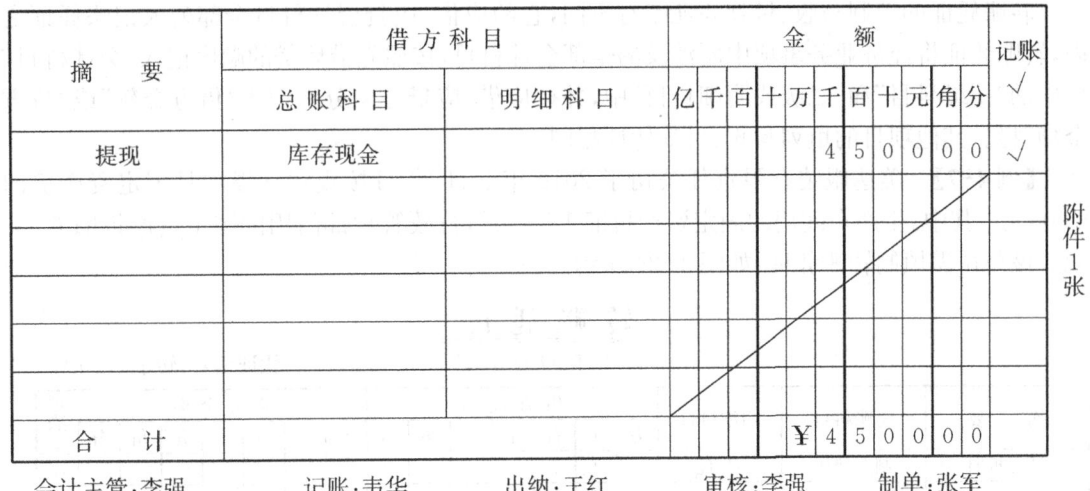

图 4-22 付款凭证

需要注意的是,对于同一笔经济业务同时涉及"库存现金"和"银行存款"之间的划转,为避免重复记账,一般只填制付款凭证,不填收款凭证。例如,某企业以现金存入银行。对于这笔经济业务,该企业只编制现金付款凭证。又如,某企业从银行提取现金备用,对于这笔经济业务,该企业只编制银行存款付款凭证。

【例 4-6】 2019 年 9 月 25 日,出纳人员将超出限额的现金 2 000 元存入银行。

这笔经济业务应编制现金付款凭证,如表 4-23 所示。

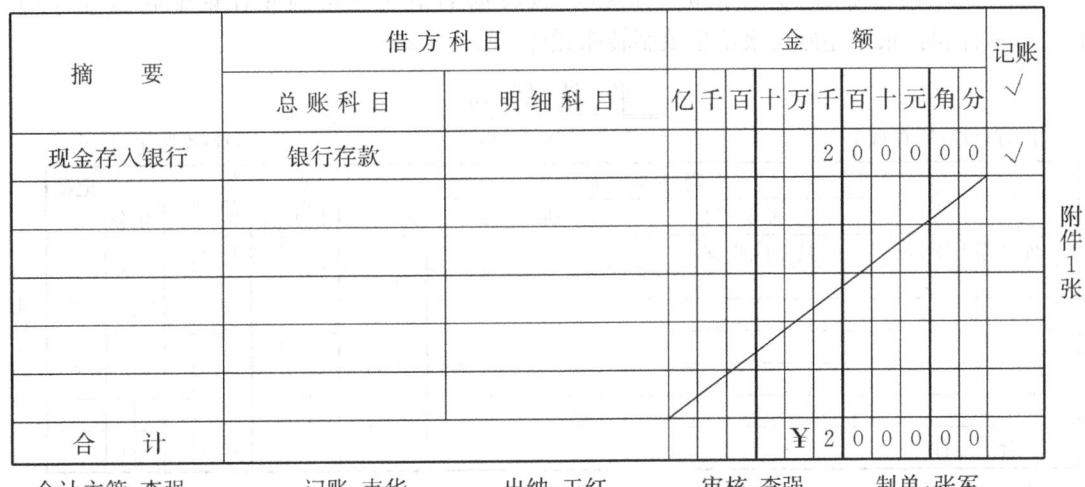

图 4-23 付款凭证

三、转账凭证的填制

转账凭证的填制与收、付款凭证略有不同,它的应借、应贷会计科目全部列入记账凭证之内,转账凭证将经济业务事项中所涉及的全部会计科目,按照先借后贷的顺序记入"会计科目"栏中的"一级科目"和"二级或明细科目"中,并按应借、应贷方向分别记入"借方金额"或"贷方金额"栏。其他项目的填列与收、付款凭证相同。

【例 4-7】 美达服装有限责任公司于 2019 年 9 月 31 日按规定计提本月固定资产折旧 8 000 元。其中,生产车间用的固定资产折旧 1 500 元,行政管理部门用的固定资产折旧 6 500 元。该公司需填制转账凭证,如图 4-24 所示。

转 账 凭 证

2019 年 09 月 31 日　　　　　　　　　　凭证编号:转字第 50 号

摘　要	总账科目	明细科目	借方金额							贷方金额							记账
			万	千	百	十	元	角	分	万	千	百	十	元	角	分	√
计提折旧	制造费用	折旧		1	5	0	0	0	0								√
	管理费用	折旧		6	5	0	0	0	0								√
	累计折旧										8	0	0	0	0	0	√
合　计			¥	8	0	0	0	0	0	¥	8	0	0	0	0	0	

会计主管:李强　　　记账:韦华　　　　　　审核:李强　　　　　制单:张军

图 4-24　转账凭证

在同一项经济业务中,如果既有现金或银行存款的收付业务,又有转账业务时,应分别填制收(或付)款凭证和转账凭证。

【例 4-8】 2019 年 9 月 28 日,陈达经理出差回来,报销差旅费 3 600 元,出差前预借 4 000 元,交回剩余款项 400 元现金。

对于这项经济业务,会计人员应根据收款收据的记账联填制库存现金收款凭证(见图 4-25);同时,根据差旅费报销单填制转账凭证(见图 4-26)。

收 款 凭 证

借方科目:库存现金　　　2017 年 09 月 28 日　　　凭证编号:现收字第 16 号

摘　要	贷方科目		金　额									记账
	总账科目	明细科目	亿	千	百	十	万	千	百	十	元	角	分	√
现金存入银行	其他应收款	陈达							4	0	0	0	0	√
合　计								¥	4	0	0	0	0	

会计主管:李强　　记账:韦华　　出纳:王红　　审核:李强　　制单:张军

图 4-25　收款凭证

转 账 凭 证

2019 年 09 月 28 日　　　　　　　　　　　凭证编号：转字第 65 号

摘　要	总账科目	明细科目	借方金额 万千百十元角分	贷方金额 万千百十元角分	记账 √
报销差旅	管理费用	差旅费	3 6 0 0 0 0		√
	其他应收款	陈达		3 6 0 0 0 0	√
	合　　计		¥ 3 6 0 0 0 0	¥ 3 6 0 0 0 0	

附件 7 张

会计主管：李强　　　记账：韦华　　　审核：李强　　　制单：张军

图 4-26　转账凭证

有 1 张原材料发料凭证汇总表（见图 4-27）和 15 张原材料领料单。

发料凭证汇总表

2019 年 09 月 01～31 日　　　　　　　　　　　　　单位：元

用　途	A 材料	B 材料	合　计
生产甲产品	10 000	27 000	37 000
生产乙产品	30 000	10 000	40 000
车间一般耗用	6 000	3 500	9 500
厂部耗用		4 500	4 500
合　计	46 000	45 000	91 000

图 4-27　发料凭证汇总表

对于采用专用记账凭证的企业，应填制何种记账凭证？请写出该笔经济业务的会计分录。

活动 4.3.4　记账凭证的审核技术

记账凭证是登记账簿的依据，记账凭证填制正确与否，直接影响会计核算资料的准确性。因此，在编制记账凭证后，必须指定专人对其进行审核。

记账凭证审核的内容主要有以下几方面。

一、审核内容是否真实

审核记账凭证是否附有原始凭证，所附原始凭证的内容是否与记账凭证的内容一致，记账凭证汇总表的内容与其所依据的记账凭证的内容是否一致等。

二、审核项目是否齐全

审核记账凭证各项目的填写是否齐全,内容是否相符,金额是否相等,摘要是否明确等。

三、审核科目是否正确

审核记账凭证应借、应贷的会计科目是否正确,是否有明确的账户对应关系,所使用的会计科目是否符合国家统一的会计制度的规定等。

四、审核金额是否正确

审核记账凭证所记录的金额与原始凭证的有关金额是否一致。记账凭证汇总表的金额与记账凭证的金额合计是否相符等。

五、审核书写是否正确

审核记账凭证中的记录是否文字工整、数字清晰,是否按规定进行更正等。

六、审核是否有签章

审核有关人员是否在记账凭证上签章,出纳人员在办理收款或付款业务后,是否在凭证上加盖"收讫"或"付讫"的戳记,以避免重收或重付。

在审核过程中,会计人员如发现差错或遗漏,应及时查明原因,按有关规定进行更正、补充或重制。只有审核无误的记账凭证,才能据以登记账簿。

1. 记账凭证审核的内容有哪些?
2. 在记账凭证审核的过程中,如果发现差错或遗漏,应该如何处理?

任务4.4 传递与保管会计凭证

活动4.4.1 会计凭证的传递

会计凭证的传递是指会计凭证从填制或取得时起,经过审核、记账、装订到归档保管为止,在单位内部有关部门和人员之间按规定的时间、程序办理业务手续和处理的过程。各种会计凭证,其所记载的经济业务不同,涉及的部门和人员不同,办理的业务手续不同,因此,应当为各种会计凭证规定一个合理的传递程序,即一张会计凭证填制后应交到哪个部门、哪个岗位、由谁办理业务手续等,直到归档保管为止。

正确、合理地组织会计凭证的传递,可以使经济业务得到及时的处理,对协调有关部门和人员完成本职工作,加强企业管理都有重要的意义。

会计凭证的传递主要包括凭证的传递路线、传递时间和传递手续三个方面的内容。

一、传递路线

各单位应根据经济业务的特点、机构设置、人员分工情况,以及经营管理上的需要,明确规定会计凭证的联次及其流程。既要使会计凭证经过必要的环节进行审核和处理,又要避免会计凭证在不必要的环节停留,从而保证会计凭证沿着最简捷、最合理的路线传递。

二、传递时间

会计凭证的传递时间是指各种凭证在单位内部各个经办部门停留的最长时间。各种会计凭证应根据其办理业务手续所需的时间,规定凭证在各部门的传递时间。一切会计凭证的传递和处理,都应在规定的时间内完成,不允许跨期,其目的是使各个工作环节环环相扣,相互督促,以提高工作效率,从而提高会计核算的正确性和及时性。

三、传递手续

会计凭证的传递手续是指凭证在传递过程中的衔接手续。其传递手续既应该完备严密,又简便易行。凭证的收发、交接都应按一定的手续制度办理,以保证会计凭证的安全和完整。

会计凭证的传递路线、传递时间和传递手续明确后,可以绘制会计凭证流程图,制定会计凭证传递程序,规定凭证传递路线、环节及在各个环节停留的时间、处理内容及交接手续等,以保证会计凭证传递工作有条不紊、迅速有效地进行。

1. 什么是会计凭证的传递?
2. 会计凭证的传递包括哪些内容?

活动 4.4.2 会计凭证的保管

会计凭证的保管是指会计凭证记账后的整理、装订、归档保存工作。会计凭证是企业重要的经济档案,为防止散失,必须装订成册,妥善保管。

对会计凭证的保管,既要做到完整无缺,又要便于翻阅查找,主要有以下要求:

(1) 会计凭证应定期装订成册,防止散失。会计部门在依据会计凭证记账后,应定期(每天、每旬或每月)对各种会计凭证进行归纳整理,将各种记账凭证按照编号顺序,连同所附的原始凭证一起加封面、封底,装订成册。

(2) 会计凭证封面应注明单位名称、凭证种类、凭证张数、所属时间、起讫日期、装订册次、起讫编号、年度等有关事项,会计主管人员和保管人员应在封面上签章。会计凭证封面的格式如图 4-28 所示。

(3) 原始凭证较多时,可单独装订,但应在凭证封面注明所属记账凭证的日期、编号和种类;同时,在所属的记账凭证上应注明"凭证另订"及原始凭证的名称和编号,以便查阅。对各种重要的原始凭证(如押金收据、提货单等),以及各种随时需要查阅和退回的单据,应另编目录,单独保管,并在有关的记账凭证和原始凭证上注明日期和编号。

(4) 会计凭证应加贴封条,防止抽换凭证。会计凭证装订成册后,应在装订线上加贴封

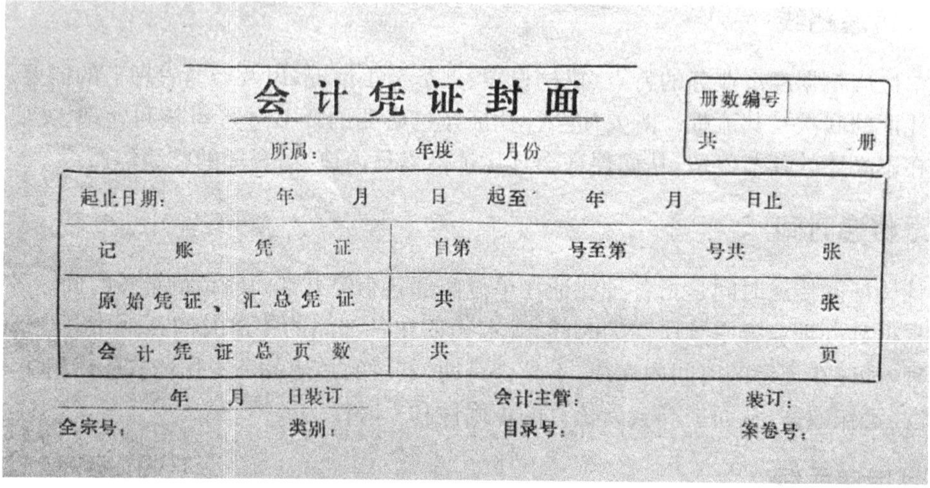

会计凭证封面

册数编号	
共	册

所属： 年度 月份

起止日期： 年 月 日 起至 年 月 日止	
记 账 凭 证	自第 号至第 号共 张
原始凭证、汇总凭证	共 张
会计凭证总页数	共 页

年 月 日装订 会计主管： 装订：

全宗号： 类别： 目录号： 案卷号：

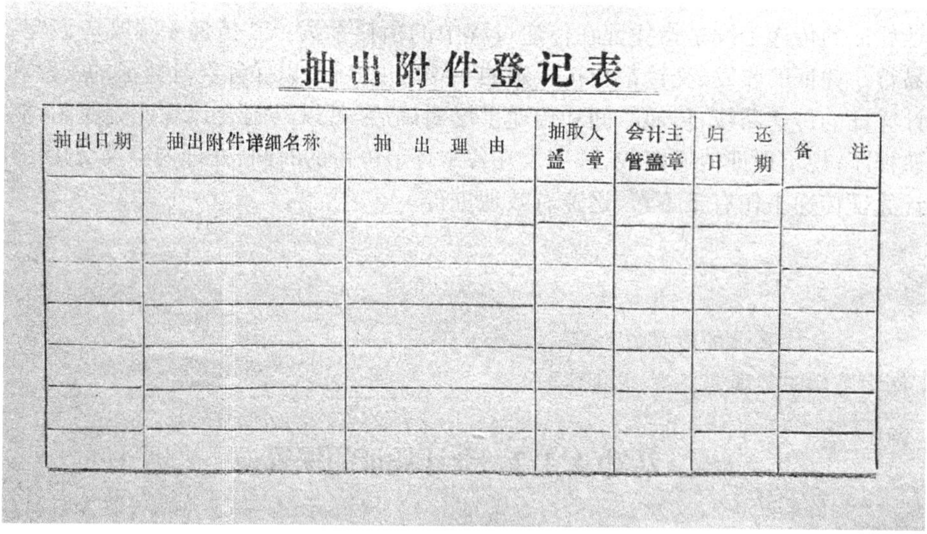

抽出附件登记表

抽出日期	抽出附件详细名称	抽出理由	抽取人盖章	会计主管盖章	归还日期	备注

图 4-28 会计凭证封面

签，由装订人员在装订线封签处签名或盖章，以防止抽换凭证。

（5）严格遵守会计档案保管、销毁的规定。会计凭证记载企业重要的经济信息，是企业重要的档案，经整理装订后应按照《会计档案管理办法》的规定由专人妥善保管，防止丢失，不得任意销毁，以便日后随时查阅。

原始凭证不得外借，其他单位如有特殊原因确实需要使用时，经本单位会计机构负责人、会计主管人员批准，可以复制。向外单位提供的原始凭证复印件，应在专设的登记簿上登记，并由提供人员和收取人员共同签名、盖章。

每年装订成册的会计凭证，在年度终了时可暂由单位会计机构保管1年，期满后应当移交本单位档案机构统一保管；未设立档案机构的，应当在会计机构内部指定专人保管。但出纳人员不得兼管会计档案。在保管中应保证会计凭证的安全和完整，防止霉烂破损、鼠咬虫蛀和遗失、被窃。

严格遵守会计凭证的保管期限的要求，在期满前不得任意销毁。保管期满的会计凭证应由本单位档案机构会同会计机构提出销毁意见,编制销毁清册,并由单位负责人在销毁清册上签署意见。保管期满但未结清债权债务的原始凭证和涉及其他未了事项的原始凭证,不得销毁,应当单独抽出立卷,保管到未了事项完结为止。

1. 会计凭证的封面应注明哪些内容?
2. 所有保管期满的会计档案都可以销毁吗?

模 块 测 试

参考答案

一、单项选择题

1. 下列原始凭证中,属于外来原始凭证的是(　　)。
   A. 出库单　　　　B. 银行付款通知书　C. 领料汇总表　　D. 入库单
2. "工资结算汇总表"是一种(　　)。
   A. 记账凭证　　　B. 复式凭证　　　C. 累计凭证　　　D. 汇总凭证
3. 原始凭证是由(　　)取得或填制的。
   A. 会计　　　　　　　　　　　　　B. 董事长
   C. 业务经办单位及有关人员　　　　D. 出纳
4. 销售产品收到银行转账支票一张,应该填制(　　)。
   A. 银收字记账凭证　　　　　　　　B. 现付字记账凭证
   C. 转账凭证　　　　　　　　　　　D. 单式凭证
5. B企业从A公司购进原材料,并签发了一张商业汇票交给A公司,B企业应该填制(　　)。
   A. 银收字记账凭证　　　　　　　　B. 现付字记账凭证
   C. 银付字记账凭证　　　　　　　　D. 转账凭证
6. 下列各项中,不能作为会计核算的原始凭证的是(　　)。
   A. 合同书　　　　　　　　　　　　B. 工资结算汇总表
   C. 领料单　　　　　　　　　　　　D. 发票
7. 货币资金之间的划转业务只编制(　　)。
   A. 单式凭证　　　B. 复式凭证　　　C. 付款凭证　　　D. 收款凭证
8. (　　)是会计工作的起点和基础。
   A. 编制财务会计报告　　　　　　　B. 编制记账凭证
   C. 登记会计账簿　　　　　　　　　D. 填制和审核会计凭证
9. 在实际工作中,规模小、收付款业务少且业务简单的单位,为了简化会计核算工作,可以使用的一种统一记账凭证格式是(　　)。
   A. 通用记账凭证　　　　　　　　　B. 专用记账凭证
   C. 银收字记账凭证　　　　　　　　D. 复式记账凭证
10. 下列经济业务中,应该填制银行付款凭证的是(　　)。

A. 从银行提取现金　　　　　　　　　B. 以现金发放职工薪酬
C. 出售原材料取得现金　　　　　　　D. 销售商品收到1张转账支票

二、多项选择题

1. 下列记账凭证中,其后可以不附原始凭证的有(　　)。
   A. 专用记账凭证　　　　　　　　　B. 用于结账的记账凭证
   C. 收款凭证　　　　　　　　　　　D. 更正错账的记账凭证
2. 下列各项中,属于外来原始凭证的有(　　)。
   A. 入库单　　　　　　　　　　　　B. 出差人员的飞机票
   C. 银行结算凭证　　　　　　　　　D. 购货发票
3. 原始凭证按填制方法不同,可分为(　　)。
   A. 收款凭证　　B. 汇总凭证　　C. 一次凭证　　D. 累计凭证
4. 对原始凭证审核的内容包括(　　)。
   A. 合理性　　　B. 完整性　　　C. 真实性　　　D. 及时性
5. "限额领料单"包括(　　)。
   A. 外来原始凭证　B. 一次凭证　　C. 累计凭证　　D. 自制原始凭证
6. "出库单"包括(　　)。
   A. 外来原始凭证　B. 一次凭证　　C. 累计凭证　　D. 自制原始凭证
7. 记账凭证必须具备的基本内容有(　　)。
   A. 经济业务的内容摘要　　　　　　B. 会计分录
   C. 记账凭证的名称　　　　　　　　D. 填制凭证的日期
8. 原始凭证应具备的基本内容有(　　)。
   A. 原始凭证的名称和填制日期　　　B. 客户名称
   C. 经济业务内容　　　　　　　　　D. 数量、单价和大小写金额
9. 下列经济业务中,应填制转账凭证的有(　　)。
   A. 甲企业以一台机器设备向乙公司投资　B. 张三以货币资金对丙企业进行投资
   C. 销售货物未收到货款　　　　　　D. 购买原材料签发商业汇票一张
10. 下列经济业务中,应填制付款凭证的有(　　)。
    A. 将现金存入银行
    B. 购买原材料,签发银行转账支票一张
    C. 购买机器设备,预付定金
    D. 以银行存款支付前欠货款

三、判断题

1. 所有的记账凭证都应附有原始凭证。　　　　　　　　　　　　　　　(　　)
2. 自制原始凭证应由会计人员来编制,以保证原始凭证填制的正确性。　(　　)
3. 出纳人员在办理收款或付款业务后,应在凭证上加盖"收讫"或"付讫"的戳记,以避免重收或重付。　　　　　　　　　　　　　　　　　　　　　　　　　　　(　　)
4. 从银行提取现金应同时编制银行存款付款凭证和现金收款凭证。　　(　　)
5. 会计部门在依据会计凭证记账后,应定期(每天、每旬或每月)对各种会计凭证进行归纳整理,将各种记账凭证按照编号顺序,连同所附的原始凭证一起加封面、封底,装订成册,并

在装订线上加贴封签,由装订人员在装订线封签处签名或盖章。   (   )

6. 付款凭证左上角"借方科目"处,应填写"库存现金"或"银行存款"科目。   (   )

7. 原始凭证可以由非会计人员填制,但记账凭证只能由会计人员填制。   (   )

8. 原始凭证所要求填列的项目必须逐项填列齐全,不得遗漏和省略。日期必须按照经济业务发生的实际日期来填写。   (   )

9. 记账凭证的编制依据是审核无误的原始凭证。   (   )

10. 通用记账凭证适用于规模较大、收付款业务较多的单位。   (   )

四、业务处理题

1. 2019年9月4日,某制造厂第一车间从二仓库领用了编号为124的原材料(煤)1吨,每吨煤单价是1 200元。

要求:

(1) 如果你是二仓库的仓库保管员,请填写这笔业务相关的领料单(见图4-29)。

领 料 单

领料车间:　　　　　　　　　　　　　年　月　日　　　　　　　　凭证编号:000123

用　　途:　　　　　　　　　　　　　　　　　　　　　　　　　　发料仓库:

材料编号	名称及规格	计量单位	数量		单价	金额							
			请领	实发		万	千	百	十	元	角	分	
备注					合计								

仓库主管:　　　　　　　　　领料人:　　　　　　　　发料人:　　　　　　　　会计:

图4-29　领料单

(2) 如果你是该制造厂的会计,当领料单传递到你手中时,你将如何编制会计分录?

(3) 请将你编制好的会计分录,登记入通用记账凭证(见图4-30)中。

通用记账凭证

年　月　日　　　　　　　　　　　　　　　凭证编号:

摘要	总账科目	明细科目	借方金额									贷方金额									记账√
			千	百	十	万	千	百	十	元	角	分	千	百	十	万	千	百	十	元	角	分	
		合计																				

会计主管:　　　　记账:　　　　出纳:　　　　审核:　　　　制单:

图4-30　记账凭证

2. 2019年9月10日,广西美达服装有限责任公司(开户银行:工商银行南宁市金湖路支行,账号:6224501001201786868)收到其客户广西南宁市双星有限公司(开户银行:工商银行南宁市建政支行;账号 6224501123400014322)交来的银行转账支票一张,支票上注明货款为67 000元。此为偿还前欠的货款。

要求:

(1) 如果你是广西美达服装有限责任公司的出纳,请你填写好银行进账单(见图4-31),将货款存入银行。

中国工商银行进账单(回单)1

年　月　日　　　　　　　　　　　　　　第　号

付款人	全称		收款人	全称	
	账号			账号	
	开户银行			开户银行	

人民币(大写)		千 百 十 万 千 百 十 元 角 分
票据种类		
票据张数		开户银行签章
备注		
	复核　　记账	

此联收款人开户行给收款人的收账通知

图4-31　银行进账单

(2) 如果你是广西美达服装有限责任公司的会计,请根据出纳传递来的进账单编制会计分录。

(3) 将你编制好的会计分录填入通用记账凭证(见图4-32)中。

通用记账凭证

年　月　日　　　　　　　凭证编号:

摘要	总账科目	明细科目	借方金额 千百十万千百十元角分	贷方金额 千百十万千百十元角分	记账 ✓
	合计				

会计主管:　　　　记账:　　　　出纳:　　　　审核:　　　　制单:

图4-32　记账凭证

3. 2019年9月2日,广西美达服装有限责任公司的业务员周林到财务部预支差旅费

2 500元。

要求：

(1) 请你以该公司出纳的身份指导周林编制借款单(见图4-33)。

借　款　单
　　　　　　　　　　　年　　月　　日　　　　　　　　　　　　　　　编号：

借款部门		借款人	
借款原因			
借款金额(大写)	万 仟 佰 拾 元 角 分	(小写)¥	
部门领导批示		部门负责人意见	

图4-33　借款单

(2) 如果你是广西美达服装有限责任公司的会计，请根据出纳传递来的借款单编制会计分录。

(3) 将你编制好的会计分录填入通用记账凭证(见图4-34)中。

通用记账凭证
　　　　　　　　　　　年　　月　　日　　　　　　　　凭证编号：

摘　要	总账科目	明细科目	借方金额									贷方金额									记账√
			千	百	十	万	千	百	十	元	角	分	千	百	十	万	千	百	十	元	角	分	
合计																						

会计主管：　　　　记账：　　　　出纳：　　　　审核：　　　　制单：

图4-34　记账凭证

模块 5

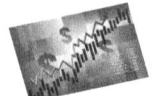

设置与登记会计账簿

[考核目标] 本模块主要介绍会计账簿的设置与使用。通过本模块的学习,学生应了解会计账簿的意义和会计账簿的种类;明确各种账簿的格式及使用范围,账簿登记的基本要求,以及结账、对账的目的与内容。

[实践目标] 教师设置序时账、分类账的实践任务,内容涵盖账簿的启用、设置、更换、交接,错账的更正,各种明细账及日记账的使用。学生分组或独立完成任务,实现教学目标。

[知识点思维导图]

设置与登记会计账簿
- 会计账簿的启用与登记要求
  - 会计账簿的概念与作用
  - 会计账簿的种类
  - 会计账簿的内容与设置原则
- 会计账簿的格式与登记方法
  - 记账规划
  - 日记账的设置与登记
  - 分类账的设置与登记
  - 总分类账与明细分类账的平行登记
- 对账与结账
  - 对账
  - 结账
- 错账的查找与更正方法
  - 查找错账的方法
  - 更正错账的技术方法
- 会计账簿的更换与保管
  - 更换账簿
  - 保管账簿

任务 5.1　账簿的启用与登记要求

活动 5.1.1　会计账簿的概念与作用

一、账簿的概念

会计账簿(简称账簿)是指由一定格式、相互联系的账页所组成,以会计凭证为依据,用于全面、系统、连续、综合地记录和反映各项交易或者事项的簿籍。设置和登记账簿是会计核算的方法之一。

在会计核算工作中,对每一项经济业务都必须取得和填制会计凭证,会计凭证有着重要的作用,通过填制和审核会计凭证,可以反映和监督每项经济业务的完成情况。但是,由于会计凭证零星分散、数量和种类较多,每张会计凭证只能各自反映其不同的经济业务,说明个别经济业务的内容,因此,还需要进一步的处理和加工。为了全面、系统、连续地反映和监督一个单位在一定时期内某一类或全部经济业务,就必须将有关的会计凭证进行分类、整理,登记到账簿中去,使之形成系统化的会计信息,以便以财务会计报告的形式提供给企业的管理者、投资人及有关方面。

二、会计账簿的作用

合理地设置和登记账簿,能系统地记录和提供企业经济活动的各种数据,是会计工作的重要环节,对于全面反映企业和行政、事业单位资产、权益的变动情况,提供真实、准确的会计核算资料,提高经营管理水平,具有重要作用。会计账簿的作用主要表现在以下四个方面。

(一) 会计账簿可以全面、系统、连续地反映一个单位的经济活动全貌

企业的会计凭证也可以提供会计信息,但会计凭证只能零散地记录和反映个别经济业务,不能全面、系统地反映经济业务的完成情况。只有通过账簿的设置与登记,才能把会计凭证所提供的大量核算资料归类到各种账簿中,提供总括指标和详细指标,并进行序时记录和反映。因此,通过设置和登记账簿,可以为经营管理者提供比较系统、完整和全面的会计核算资料。

(二) 会计账簿为定期编制财务会计报告提供数据资料

会计凭证所反映的经济业务通过账簿进行归类整理以后,就能提供一个单位在一定时期内的资产、负债和所有者权益的增减变化和结存情况,以及收入、费用和利润及其分配等的经营情况。而将这些日常的账簿核算资料再加以进一步地汇总、整理,就可以编制出财务会计报告。因此,及时、完整、正确的账簿记录成为定期编制财务会计报告必不可少的依据。

(三) 会计账簿为会计分析提供参考资料,为会计检查提供依据

会计账簿提供的核算资料比会计凭证提供的资料全面系统,又比财务会计报告提供的信息更具体、更丰富。因此,利用会计账簿资料能全面了解企业的财务状况和经营情况。通过计算费用、成本,能正确地确定和分析企业的经营成果,并通过与预算的比较,考核各种预算的执行情况,为加强经济管理提供重要会计信息资料。

(四) 会计账簿为会计资料的归档起到重要作用

会计账簿是重要的经济档案,它全面、系统地记录了一个单位的经济活动情况。与会计凭证相比,会计账簿更有利于保存,便于查阅使用。因此,会计账簿一般需长期保存,以备查考。

如果某企业在1月份发生了很多的经济业务,会计人员根据经济业务都分别填制了记账凭证。月底,经理问:"这个月企业的银行存款余额有多少?企业的销售收入有多少?"对于这类问题,你该怎样回答呢?你应该从哪里取得这些数据资料呢?

活动 5.1.2　会计账簿的种类

各单位的经济业务和生产、经营、管理的要求不同,所设置的账簿也是多种多样。会计账簿体系中有各种不同功能和作用的账簿,它们各自独立,又互相补充。为了便于理解和使用,可以从不同的角度对会计账簿进行分类。

一、按用途分类

会计账簿按其用途不同,可分为序时账簿、分类账簿和备查账簿三种。

(一) 序时账簿

序时账簿也称日记账,是按各项经济业务发生时间的先后顺序,逐日逐笔登记经济业务的账簿。按其登记的内容不同,又可以分为普通日记账和特种日记账。

1. 普通日记账

普通日记账又称分录簿,是按照时间顺序将所有交易或者事项在账簿中记录的一种账簿。由于普通日记账不利于记账分工,也不利于账簿登记,工作量较大,难以清晰地反映各类经济业务的情况,故我国各单位一般都不设置普通日记账。

2. 特种日记账

特种日记账是用来专门序时登记某一类经济业务的一种账簿。利用这种日记账,可以较清晰、完整地反映、监督某一类经济业务的完成情况。目前,我国大多数单位一般只设现金日记账和银行存款日记账两种特种日记账。

(二) 分类账簿

分类账簿是对全部经济业务事项按照会计要素的具体类别而设置的分类账户进行登记的账簿。分类账簿按其提供核算指标的详细程度不同,又分为总分类账和明细分类账。

1. 总分类账

总分类账简称总账,是根据总分类科目开设账户,用来登记全部经济业务,进行总分类核算,提供总括核算资料的分类账簿。

2. 明细分类账

明细分类账简称明细账,是根据明细分类科目开设账户,用来登记某一类经济业务,进行明细分类核算,提供明细核算资料的分类账簿。

总账提供总括会计信息,对核算资料起着统驭作用;明细账提供详细会计信息,是对总账的补充和具体化。在实际工作中,序时账簿和分类账簿还可以结合为一本,既进行序时登记,又进行总分类登记的联合账簿,称为"日记账"。

(三) 备查账簿

备查账簿简称备查簿,又称辅助账簿,是指对某些不能在序时账簿和分类账簿等主要账簿中进行登记或者登记不够详细的经济业务事项进行补充登记时使用的账簿。这些账簿可以对某些经济业务的内容提供必要的参考资料,但是它记录的信息不需编入财务会计报告中,所以也称表外记录。备查账簿没有固定格式,可由各单位根据管理的需要自行设置与设计,如租入固定资产登记簿、应收票据备查簿、代销商品登记簿和受托加工来料登记簿等。

二、按外形特征分类

会计账簿按其外形特征不同,可分为订本式账簿、活页式账簿和卡片式账簿三种。

(一) 订本式账簿

订本式账簿也称订本账,是指在账簿启用前就把具有账户基本结构并连续编号的若干张账页固定地装订成册的账簿。这种账簿的优点是:可以避免账页散失,防止账页被随意抽换,比较安全。其缺点是:由于账页固定,不能根据需要增加或减少,不便于按需要调整各账户的账页;同一账簿在同一时间只能由一人登记,不便于记账人员分工记账。这种账簿一般适用于总分类账、现金日记账和银行存款日记账。

(二) 活页式账簿

活页式账簿也称活页账,是指年度内账页不固定装订成册,而是将其放置在活页账夹中的账簿。当账簿登记完毕之后(通常是一个会计年度结束之后),才能将账页予以装订,加具封面,并给各账页连续编号。这种账簿的优点是:随时取放,便于账页的增减或重新排列,使用灵活,便于分工记账和记账工作电算化。其缺点是:账页容易散失和被抽换。在使用活页式账簿时,在年度终了时,应及时装订成册,并由有关人员盖章,妥善保管。各种明细分类账一般采用活页式账簿。

(三) 卡片式账簿

卡片式账簿又称卡片账,是指由许多具有一定格式的卡片组成,存放在卡片箱内的账簿。卡片式账簿的卡片一般装在卡片箱内,不用装订成册,随时可存放,也可跨年度长期使用。这种账簿的优点是:便于随时查阅,也便于按不同要求归类整理,不易损坏。其缺点是:账页容易散失和随意抽换。因此,在使用时应对账页连续编号,并加盖有关人员图章,卡片箱应由专人保管,更换新账后也应封扎保管,以保证其安全。在我国,单位一般只对固定资产和低值易耗品等资产的明细账采用卡片式账簿。

三、按账页的格式分类

会计账簿按其账页的格式不同,可以分为两栏式账簿、三栏式账簿、多栏式账簿、数量金额式账簿和横线登记式账簿。

（一）两栏式账簿

两栏式账簿是指只有借方和贷方两个基本金额栏目的账簿。普通日记账一般为两栏式账簿。

（二）三栏式账簿

三栏式账簿是指其账页的格式主要部分为借方、贷方和余额三栏或者收入、支出和余额三栏的账簿。三栏式账簿又可分为设对方科目和不设对方科目两种。区别是在摘要栏和借方科目栏之间是否有一栏"对方科目"栏。有"对方科目"栏的，称为设对方科目的三栏式账簿；不设"对方科目"栏的，称为不设对方科目的三栏式账簿。它主要适用于各种日记账、总分类账和资本、债权债务明细账等。

（三）多栏式账簿

多栏式账簿是指根据经济业务的内容和管理的需要，在账页的"借方"和"贷方"栏内再分别按照明细科目或某明细科目的各明细项目设置若干专栏的账簿。这种账簿可以按"借方"和"贷方"分设专栏，也可以只设"借方"专栏，"贷方"的内容在相应的借方专栏内用红字登记，表示冲减。收入、费用明细账一般均采用这种格式的账簿。

（四）数量金额式账簿

数量金额式账簿是指在账页中分设"借方""贷方""余额"（或者"收入""发出""结存"）三大栏，并在每一大栏内分设"数量""单价""金额"三小栏的账簿。数量金额式账簿能够反映出财产物资的实物数量和价值量。原材料、库存商品、产成品等明细账一般采用数量金额式账簿。

（五）横线登记式账簿

横线登记式账簿是指账页分为借方和贷方两个基本栏目，每一个栏目再根据需要分设若干栏次，在账页两方的同一行记录某一经济业务自始至终所有事项的账簿。它主要适用于需要逐笔结算的经济业务的明细账，如"材料采购""应收账款"等明细账。

会计账簿的总体分类情况如图 5-1 所示。

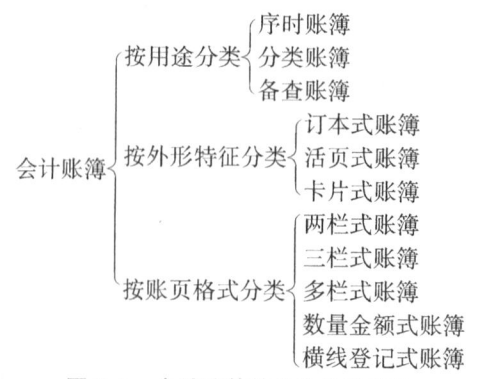

图 5-1　会计账簿的总体分类情况

1. 如果你到企业去实习，做会计工作，要开始学做账了，在动笔之前，你知道一个企业需要设置哪些账簿吗？

2. 总分类账、库存商品明细分类账、管理费用明细分类账分别使用什么账页格式的账簿?

活动 5.1.3　会计账簿内容及设置的原则

设置和登记账簿,是会计核算的重要方法之一,是编制会计报表的基础。在会计核算过程中,在完成会计凭证的填制和审核之后,将会计凭证中记录的内容登记到相应的账簿中,通过账簿记录将会计凭证提供的经济信息资料进行整理、归纳、分类和汇总,实现了同类经济业务连续、系统、全面、综合地记录反映。

依法建账是会计核算的最基本要求之一。《会计基础工作规范》第五十六条规定:"各单位应当按照国家统一会计制度的规定和会计业务的需要设置会计账簿。"根据我国《会计法》的规定,不依法设置会计账簿的行为和私设会计账簿的行为,都应当承担相应的法律责任。

一、会计账簿的内容

会计账簿格式多种多样,总账、明细账和日记账等主要账簿一般由封面、扉页和账页等构成。

(一) 封面

封面主要用来载明账簿的名称和会计年度。

(二) 扉页

扉页主要用来登载账簿的使用情况,其主要内容包括:①单位名称。②账簿名称。③起止页数。④启用日期。⑤单位领导人。⑥会计主管人员。⑦经管人员。⑧移交人和移交日期。⑨接管人和接管日期。

(三) 账页

账页是账簿的主体,具有专门的格式,是用来具体记录经济业务内容的部分。在每张账页上,应载明的事项有:①账户名称(即会计科目或明细科目)。②记账日期栏。③记账凭证的种类和号数。④摘要栏。⑤金额栏。⑥总页次和分页次。

二、会计账簿的设置原则

会计账簿的设置和登记,包括确定账簿的种类、设计账页的格式和内容、规定账簿登记的方法等。各单位应根据经济业务的特点和管理要求,科学、合理地设置账簿。会计账簿的设置原则具体表现在如下方面:

(1) 账簿的设置必须保证能够全面、系统地核算和监督各项经济活动,为经济管理提供必要的考核指标。

(2) 账簿的设置要从各单位经济活动和业务工作特点出发进行设置,以有利于会计分工和加强岗位责任制。

(3) 账簿结构要求科学严密,有关账簿之间要有统驭关系或平行制约关系,并应避免重复记账或遗漏。

(4) 账簿的格式要力求简明实用,既要保证会计记录的系统和完整,又要避免过于繁琐,以便于日常使用和保存。

《会计基础工作规范》第五十六条规定："会计账簿包括总账、明细账、日记账和其他辅助性账簿。"这是会计核算自身内在规律的要求。

1. 会计账簿的内容包括哪些？
2. 会计账簿的设置原则是什么？

任务5.2 会计账簿的格式与登记方法

活动5.2.1 记 账 规 则

一、会计账簿的启用规则

为了保证会计账簿记录的合法性和会计资料的真实性、完整性，明确经济业务，会计账簿应由专人负责登记。启用会计账簿应遵守以下规则。

（一）认真填写封面和账簿启用及交接表（见图5-2）

账 簿 启 用 及 交 接 表

机构名称	广西美达服装有限责任公司							
账簿名称	总分类账				（第 一 册）			
账簿编号	01							
账簿页数	本账簿共计 100 页		本账簿页数检点人盖章	韦 华				
启用日期	公元 2019 年 09 月 01 日							
经营人员	负责人		主办会计		复核		记账	
	姓名	盖章	姓名	盖章	姓名	盖章	姓名	盖章
	李强	李强	张军	张军	韦华	韦华	张军	张军
接交记录	经管人员			接管			交出	
	职别	姓名	年	月	日	盖章	年 月 日	盖章
备注								

图5-2 账簿启用及交接表

启用会计账簿时应在账簿的封面上写明单位名称和账簿名称,并在账簿扉页附账簿启用及交接表。账簿启用及交接表的内容主要包括:账簿名称、启用日期、账簿页数、记账人员和会计机构负责人、会计主管人员姓名,并加盖名章和单位公章。

启用订本式账簿,应当从第一页到最后一页顺序编定页数,不得跳页、缺页。使用活页式账簿,应当按账户顺序编号,并要定期装订成册;装订后再按实际使用的账页顺序编定页码,另加目录,记录每个账户的名称和页次。

(二) 严格交接手续

记账人员或者会计机构负责人、会计主管人员调动工作时,必须办理账簿交接手续,在账簿启用及交接表中注明交接日期、交接人员和监交人员姓名,并由双方交接人员签名或者盖章,以明确有关人员的责任,增强有关人员的责任感,维护会计记录的严肃性。

(三) 及时结转旧账

每年年初启用新账时,应将旧账的各账户余额过入新账的余额栏,并在摘要栏中注明"上年结转"字样。

二、会计账簿的登记规则

《会计基础工作规范》第六十条对在登记会计账簿时所应遵循的基本要求作了具体的规定。

(一) 准确完整

登记会计账簿时,应当将会计凭证日期、编号、业务内容摘要、金额和其他有关资料逐项记入账内,做到数字准确、摘要清楚、登记及时、字迹工整。每一项会计事项,一方面要记入有关的总账,另一方面要记入该总账所属的明细账。账簿记录中的日期,应该填写记账凭证上的日期;以自制的原始凭证(如收料单、领料单等)作为记账依据的,账簿记录中的日期应按有关自制凭证上的日期填列。

登记账簿要及时,但对各种账簿的登记间隔应该多长,《会计基础工作规范》未作统一规定。一般说来,这要看本单位所采用的具体会计核算形式而定。

(二) 注明记账符号

登记完毕后,要在记账凭证上签名或者盖章,并注明已经登账的符号,表示已经记账。在记账凭证上设有专门的栏目供注明记账的符号,以免发生重记或漏记。

(三) 书写留空

账簿中书写的文字和数字上面要留有适当空格,不要写满格,一般应占格距的1/2。这样,一旦发生登记错误,能比较容易地进行更正,同时也方便查账工作。

(四) 正常记账使用蓝黑墨水

登记账簿要用蓝黑墨水或者碳素墨水书写,不得使用圆珠笔(银行的复写账簿除外)或者铅笔书写。在会计上,数字的颜色是重要的语素之一,它同数字和文字一起传达出会计信息。如同数字和文字错误会表达错误的信息,书写墨水的颜色用错了,其导致的概念混乱也不亚于数字和文字错误。

(1) 按照红字冲账的记账凭证,冲销错误记录。

(2) 在不设借贷等栏的多栏式账页中,登记减少数。

(3) 在三栏式账户的余额栏前,如未印明余额方向的,在余额栏内登记负数余额。

(4) 根据国家统一会计制度的规定可以用红字登记的其他会计记录。

（五）顺序连续登记

各种账簿按页次顺序连续登记,不得跳行、隔页。如果发生跳行、隔页,应当将空行、空页划线注销,或者注明"此行空白""此页空白"字样,并由记账人员签名或者盖章。这对堵塞在账簿登记中可能出现的漏洞,是十分必要的防范措施。

（六）结出余额

凡需要结出余额的账户,结出余额后,应当在"借或贷"等栏内写明"借"或者"贷"等字样。没有余额的账户,应当在"借或贷"等栏内写"平"字,并在余额栏内用"Q"表示。现金日记账和银行存款日记账必须逐日结出余额。一般来说,对于没有余额的账户,在余额栏内标注的"Q"应当放在"元"位。

（七）过次承前

每一账页登记完毕结转下页时,应当结出本页合计数及余额,写在本页最后一行和下页第一行的有关栏内,并在摘要栏内注明"过次页"和"承前页"字样;也可以将本页合计数及金额只写在下页第一行有关栏内,并在摘要栏内注明"承前页"字样。也就是说,"过次页"和"承前页"的方法有两种:一是在本页最后一行内结出发生额合计数及余额,然后过次页并在次页第一行承前页;二是只在次页第一行承前页写出发生额合计数及余额,不在上页最后一行结出发生额合计数及余额后过次页。

1. 如果你到企业去实习,做会计工作,你知道应如何启用账簿吗?
2. 在什么情况下可以使用红色墨水登记账簿?

活动5.2.2　日记账的设置与登记

日记账需逐日、逐笔、序时地反映全部经济业务,并需逐笔过账,工作量相当大,也不便于会计人员的分工记账。随着管理上对会计所提供的信息和分工记账的要求不断提高,在会计实务中,日记账也经历了一个由简单到复杂的发展过程,即从普通日记账发展到专栏式日记账,进而又发展到特种日记账。因此,现在常见的日记账簿有普通日记账和特种日记账两类。

一、普通日记账

普通日记账是逐日登记一般经济业务的序时账簿。在不设特种日记账的企业,则要序时地逐笔登记企业的全部经济业务。因其主要内容是会计分录,因此普通日记账也称分录簿。

经济业务发生时,应按先后顺序将会计处理结果逐日记入普通日记账,再根据日记账过入分类账,并在"过账"栏内注明"√"符号,表示已经过账(这样就可使记账的错误和遗漏减到最少限度,并便于事后根据业务发生的时间次序进行查账)。

普通日记账设有借方和贷方两个金额栏,所以又称两栏式日记账。这种日记账的优点是可以将每天发生的经济业务逐笔加以反映,但不结出余额。由于不便于分工记账,而且又不能将经济业务加以分类归集,所以过账的工作量会比较大。其格式如图5-3所示。

普通日记账   第　　页

年		会计科目	摘　要	借方金额	贷方金额	过账
月	日					

图 5-3　普通日记账

二、特种日记账

特种日记账是用来专门记录某一类经济业务的日记账。企业最常见的特种日记账有现金日记账和银行存款日记账,根据格式的不同又可以分为三栏式和多栏式两种形式。在企业和行政、事业单位中,进行现金日记账和银行存款日记账的登记,有利于加强货币资金的日常核算和监督,更好地贯彻执行国家规定的货币资金管理制度。

(一) 现金日记账

现金日记账是用来核算和监督库存现金每日的收入、支出和结存状况的账簿。它由出纳人员根据现金收款凭证、现金付款凭证和银行存款付款凭证,按经济业务发生时间的先后顺序,逐日逐笔进行登记。

现金日记账的结构一般采用"借方""贷方""余额"三栏式。现金日记账中的"年、月、日""凭证字号""摘要""对方科目"等栏根据有关记账凭证登记;"借方"栏根据现金收款凭证和引起现金增加的银行存款付款凭证登记(从银行提取现金,只编制银行存款付款凭证);"贷方"栏根据现金付款凭证登记。每日终了,出纳人员应计算全日的现金借方、贷方合计数,并逐日结出现金余额,与库存现金实存数核对,以检查每日现金收付是否有误。每月末,出纳人员应结出当期"借方"栏和"贷方"栏的发生额和期末余额,并与"库存现金"总分类账户核对一致,做到日清月结,账实相符。如账实不符,应查明原因。现金日记账的格式如图5-4所示。

现 金 日 记 账

年		凭证		摘要	对方科目编码	借　方									√	贷　方									√	余　额								
月	日	种类	号数			千	百	十	万	千	百	十	元	角	分	千	百	十	万	千	百	十	元	角	分	千	百	十	万	千	百	十	元	角	分

图 5-4　现金日记账

(二)银行存款日记账

银行存款日记账用来核算和监督银行存款每日的收入、支出和结存情况的账簿。它是由出纳人员根据银行存款收款凭证、银行存款付款凭证和现金付款凭证按经济业务发生时间的先后顺序,逐日逐笔进行登记的序时账簿。银行存款日记账应按企业在银行开立的账户和币种分别设置,每个银行存款账户设置一本银行存款日记账。

银行存款日记账的结构一般也采用"借方""贷方""余额"三栏式,由出纳人员根据银行存款的收、付款凭证,逐日逐笔按顺序登记。对于将现金存入银行的业务,因习惯上只填制现金付款凭证,不填制银行存款收款凭证,所以此时的银行存款收入数,应根据相关的现金付款凭证登记。另外,因在办理银行存款收付业务时,均根据银行结算凭证办理,为便于和银行对账,银行存款日记账还设有"结算凭证种类和号数"栏,单独列出每项存款收付所依据的结算凭证种类和号数。银行存款日记账和现金日记账一样,每日终了时要结出余额,做到日清月结,以便检查监督各项收支款项,避免出现透支现象,同时也便于同银行对账单进行核对。银行存款日记账的格式同现金日记账的格式相似,如图 5-5 所示。

银行存款日记账

分页____ 总页____

子目、户名编号_____

年		凭证		摘要	凭证		借方	贷方	借或贷	余额	
月	日	种类	号数		种类	号数	千百十万千百十元角分	千百十万千百十元角分		千百十万千百十元角分	√

图 5-5 银行存款日记账

现金日记账和银行存款日记账都必须使用订本账。

1. 什么是日记账?日记账有哪两类?
2. 现金日记账、银行存款日记账由谁负责登记?其登记账簿的依据分别是什么?

活动 5.2.3 分类账的设置与登记

分类账有总分类账和明细分类账两类。

一、总分类账

总分类账也称总账,是按总分类科目开设账页、进行分类登记,总括地反映和记录具体经济业务内容的增减变动情况的账簿。总分类账簿是编制会计报表的重要依据,一般采用三栏式账页格式。由于总分类账能全面地、总括地反映和记录经济业务引起的资金运动和财务收支情况,并为编制会计报表提供数据。因此,任何单位都必须设置总分类账。

总分类账一般采用订本式账簿的形式,按照会计科目的编码顺序分别开设账户,并为每个账户预留若干账页。由于总分类账只进行货币度量的核算,因此最常用的格式是三栏式,在账页中设置"借方""贷方""余额"三个基本金额栏。总分类账中的对应科目栏,可以设置也可以不设置。"借或贷"栏是指账户的余额在借方还是在贷方。

总分类账的登记,可以根据记账凭证逐笔登记,也可以通过一定的方式分次或按月一次汇总编制汇总记账凭证或科目汇总表,然后据以登记,还可以根据多栏式现金日记账、银行存款日记账在月末汇总登记。总分类账登记的依据和方法,取决于企业采用的账务处理程序。总分类账的格式见图 5-6。

总 分 类 账

页码_____
会计科目及编号_____

年		凭证		摘要	借 方									贷 方									借或贷	余 额									✓
月	日	种类	号数		千	百	十	万	千	百	十	元	角	分	千	百	十	万	千	百	十	元	角	分		千	百	十	万	千	百	十	元	角	分	

图 5-6 总分类账

二、明细分类账

明细分类账是根据明细科目开设账页,分类地登记经济业务具体内容,以提供明细资料的账簿。根据实际需要,各种明细分类账分别按二级科目或明细科目开设账户,并为每个账户预留若干账页,用来分类、连续记录有关资产、负债、所有者权益、收入、费用和利润等详细资料。设置和运用明细分类账,有利于加强对各会计要素的管理和使用,并为编制会计报表提供必要的资料。因此,各单位在设置总分类账的基础上,还要根据经营管理的需要,对部分总账科目设置相应的明细分类账,以形成既能提供经济活动总括情况,又能提供详细数据的账簿体系。

明细分类账的格式应根据它所反映经济业务的特点,以及财产物资管理的不同要求来设计,一般有三栏式明细分类账、数量金额式明细分类账、多栏式明细分类账和横线登记式明细分类账四种。

(一)三栏式明细分类账

三栏式明细分类账的账页格式同总分类账的账页格式基本相同,它只设借方、贷方和余额三个金额栏,不设数量栏。所不同的是,总分类账为订本账,而三栏式明细分类账多为活页账。三栏式明细分类账的账页适用于采用金额核算的"应收账款""应付账款"等账户的明细核算(见图 5-7)。

应收账款明细分类账

分页_____ 总页_____

一级科目:应收账款　　　　二级科目:大光公司

2019年		凭证		摘要	日页	借方								贷方								借或贷	余额								√
月	日	种类	号数			百	十	万	千	百	十	元	角	分	百	十	万	千	百	十	元	角	分		百	十	万	千	百	十	元	角	分	
04	01			承前页			5	6	0	0	0	0	0	0		5	3	6	0	0	0	0	0	借			7	0	0	0	0	0	0	
04	12	转	12	销售二丙烯基醚产品				4	6	8	0	0	0	0										借		1	1	6	8	0	0	0	0	
04	15	收	13	收到上月欠款													4	0	0	0	0	0	0	借				7	6	8	0	0	0	0	
04	16	转	17	销售二丙烯基醚产品					2	3	4	0	0	0										借		1	0	0	2	0	0	0	0	
04	30			本月合计				7	0	2	0	0	0	0				4	0	0	0	0	0	借		1	0	0	2	0	0	0	0	
04	30			本年累计			6	3	0	2	0	0	0	0		5	7	0	0	0	0	0	0	借		1	0	0	2	0	0	0	0	

图 5-7　三栏式明细分类账

（二）数量金额式明细分类账

数量金额式明细分类账账页格式在收入、发出、结存三栏内,再分别设置"数量""单价""金额"等栏目,以分别登记实物的数量和金额。其格式如图 5-8 所示。

原材料明细分类账

分页____ 总页____

产地_____　单位__千克__　规格_____　编号_____　品名__甲材料__　存放地点:__原料仓__

2019年		凭证		摘要	增(借方)加									减(贷方)少									余额									√
					数量	单价	金额							数量	单价	金额							数量	单价	金额							
月	日	种类	号数				十	万	千	百	十	元	角	分			十	万	千	百	十	元	角	分			十	万	千	百	十	元	角	分	
04	01			期初余额																				2 000	5.00		1	0	0	0	0	0	0	
	02	转	1	购入材料	500	5			2	5	0	0	0	0										2 500	5.00		1	2	5	0	0	0	0	

图 5-8　数量金额式明细分类账

数量金额式明细分类账适用于既要进行金额明细核算,又要进行实物数量核算的财产物资项目,如"原材料""库存商品"等账户的明细核算。它能提供各种财产物资收入、发出、结存等的数量和金额资料,便于开展业务和加强管理的需要。

（三）多栏式明细分类账

多栏式明细分类账是根据经济业务的特点和经营管理的需要,在一张账页的借方栏或贷方栏设置若干专栏,集中反映有关明细项目的核算资料。它主要适用于只记金额、不记数量,而且在管理上需要了解其构成内容的费用、成本、收入、利润类账户,如"生产成本""制造费用""管理费用""主营业务收入"等账户的明细分类账。"本年利润""利润分配""应交税费——应交增值税"等账户所属明细账户则需采用借、贷方均为多栏式的明细账。

多栏式明细账的格式视管理需要而呈多种多样。它在一张账页上,按明细科目分设若干专栏,集中反映有关明细项目的核算资料。例如,制造费用明细分类账在借方栏下,可分设"工资和福利费""折旧费""修理费""办公费"等专栏。多栏式明细账格式见图5-9。

生产成本明细分类账

产品名称:男西服　　　　　　　　　　　　　　　　　　　　　　　产量:2 000 套

2019年		凭证		摘要	合计									成本项目																		
														直接材料								直接人工							制造费用转入			
月	日	种类	号数		千	百	十	万	千	百	十	元	角	分	万	千	百	十	元	角	分	万	千	百	十	元	角	分	万	千	百	十	元	角	分
07	01			期初余额			4	5	3	0	0	0				3	7	0	0	0	0			5	1	0	0	0			3	2	0	0	0
	02	转	4	生产领料			6	0	0	0	0	0				6	0	0	0	0	0													
	06	转	12	生产领料			1	0	0	0	0	0				1	0	0	0	0	0													
	08	转	20	生产领料			1	0	0	0	0	0				1	0	0	0	0	0													
	11	转	33	生产领料			1	0	0	0	0	0				1	0	0	0	0	0													
	13	转	36	生产领料		1	0	6	0	0	0	0			1	0	6	0	0	0	0													
	20	转	50	生产领料			6	0	0	0	0	0				6	0	0	0	0	0													
	24	转	56	生产领料		1	1	0	0	0	0	0			1	1	0	0	0	0	0													
	31	转	67	分配工资			5	1	3	0	0	0												5	1	3	0	0	0						
	31	转	72	分配制造费用			3	6	0	0	0	0																			3	6	0	0	0
07	31			本月合计		4	4	4	3	0	0	0				3	5	7	0	0	0			5	1	3	0	0	0		3	6	0	0	0
	31	转	73	完工产品入库		4	4	2	0	0	0	0				3	5	6	8	7	0	0		5	1	0	0	0	0		3	6	3	0	0
	31			月末在产品成本			4	5	3	6	0	0				3	7	1	3	0	0			5	4	0	0	0			2	8	3	0	0

图5-9　多栏式明细分类账

多栏式明细分类账是由会计人员根据审核无误的记账凭证或原始凭证,按照经济业务发生的时间先后顺序逐月逐笔进行登记的,对于成本、费用类账户,只在借方设专栏,平时在借方登记成本和费用的发生额,贷方登记月末分配转出的数额。但对于贷方发生额,在登记明细账时,由于明细分类账未设置贷方栏,所以要用红字金额在借方有关栏内登记,表示应从借方发生额中冲减。同样,对于收入、成果类账户,其明细账只在贷方设专栏,平时在贷方登记收入和成果的发生额。对于借方发生额或转出额,则要用红字金额在贷方有关栏内登记。

(四)横线登记式明细分类账

横线登记式明细分类账也称平行式明细分类账,其格式如图5-10所示。它的账页结构特点是,将前后密切相关的经济业务在同一横行内进行详细登记,以检查每笔经济业务的完成及变动情况。该种账页一般用于"材料采购""一次性备用金业务"等明细分类账。

其他应收款——备用金明细分类账

2019年		凭证		户名	摘要	借方金额（借支）	贷方金额(报销与收回)					报销金额	收回金额	备注
							2019年		凭证号数					
月	日	种类	号数				月	日	种类	号数				
04	02	现付	10	刘丽	借支差旅费	2 000.00	04	20	现收	21			160.00	
							04	20	转	34		1 840.00		

图5-10　横线登记式明细分类账

横线登记式明细分类账的借方一般在购料付款或借出备用金时按会计凭证的编号顺序逐日逐笔登记,其贷方则不要求按会计凭证编号逐日逐笔登记,而是在材料验收入库或者备用金使用后报销和收回时,在与借方记录的同一行内进行登记。同一行内借方、贷方均有记录时,表示该项经济业务已处理完毕,若一行内只有借方记录而无贷方记录的,表示该项经济业务尚未结束。

各种明细账的登记方法,应根据本单位业务量的大小和经营管理上的需要,以及所记录的经济业务内容而定,可以根据原始凭证、汇总原始凭证或记账凭证逐笔登记,也可以根据这些凭证逐日登记或定期汇总登记。

1. 分类账有哪两类?
2. 三栏式明细分类账、数量金额式明细分类账、多栏式明细分类账和横线登记式明细分类账分别适用于哪些明细账户的核算?

活动 5.2.4 总分类账与明细分类账的平行登记

总分类账与明细分类账是既有内在联系,又有区别的两类账户。总分类账和明细分类账之间的联系表现为:两者所反映的经济业务的内容相同,登记账簿的原始依据相同。总分类账和明细分类账之间的区别表现为:总分类账户反映资金增减变化的总括情况,提供总括指标,明细分类账户反映资金运动的详细情况,提供明细指标;总分类账对所属明细分类账起着统驭作用,明细分类账是对有关总分类账的补充。为了使总分类账与其所属的明细分类账之间能够起到控制与被控制、补充与被补充的作用,并便于账户核对,确保会计核算资料的真实与完整,总分类账与其所属的各明细分类账必须采用平行登记的方法进行记录。所谓平行登记,是指经济业务发生后,应根据有关会计凭证(包括原始凭证和记账凭证),一方面要登记有关的总分类账户;另一方面要登记该总分类账户所属的各有关明细分类账户。平行登记法的要点可概括为以下四点。

一、依据相同

凡是在总分类账户下设有明细分类账户的,对于发生的经济业务事项,要依据相同的会计凭证,一方面要在有关的总分类账户中登记,另一方面又要在该总分类账户所属明细分类账户中登记。

二、会计期间相同

对于发生的每一项经济业务,都应根据审核无误的记账凭证,既登记某一总分类账户,又登记其所属明细账户。在记入总分类账户和明细分类账户过程中,可以有先有后,但必须在同一会计期间全部登记入账。即一项经济业务发生后,必须在记入总分类账户进行总括登记的同一会计期间,在其所属明细分类账户进行明细分类登记。

三、借贷方向相同

对于发生的每一项经济业务,记入某一总分类账户和其所属明细分类账户的方向必须相同。如果总分类账户登记在借方,那么其所属的明细分类账户也应该登记在借方;相反,如果总分类账户登记在贷方,那么其所属明细分类账户也应该登记在贷方。

四、金额相等

总分类账户提供总括信息,明细分类账户提供总分类账户所记录内容的具体指标,所以对于发生的每一项经济业务,记入总分类账户的金额必须等于所属明细分类账户的金额之和。因而,总分类账户本期发生额与其所属明细分类账户本期发生额合计数相等;总分类账户期初余额与其所属明细分类账户期初余额合计数相等;总分类账户期末余额与其所属明细分类账户期末余额合计数相等。

【例 5-1】 鑫源公司 2019 年 9 月 "应收账款" 总分类账借方期初余额为 150 000 元,该总分类账下有 "甲公司" 和 "乙公司" 两个明细分类账户。其中, "甲公司" 明细账借方余额为 60 000 元, "乙公司" 明细账借方余额为 90 000 元。该公司 9 月发生下列有关应收账款的经济业务:

(1) 10 日,接银行通知,收到乙公司前欠货款 50 000 元。

借:银行存款　　　　　　　　　　　　　　　　　　　　　　　　50 000
　　贷:应收账款——乙公司　　　　　　　　　　　　　　　　　　　　50 000

(2) 12 日,销售给甲公司 60 000 元产品,增值税为 10 200 元,价税款尚未收到。

借:应收账款——甲公司　　　　　　　　　　　　　　　　　　　　70 200
　　贷:主营业务收入　　　　　　　　　　　　　　　　　　　　　　60 000
　　　　应交税费——应交增值税(销项税额)　　　　　　　　　　　　10 200

根据上述资料及会计分录对 "应收账款" 总分类账(见图 5-11)及其所属的 "乙公司"(见图 5-12)和 "甲公司" 两个明细分类账(见图 5-13)进行平行登记。

总 分 类 账

会计科目及编号　应收账款　　页码

2019年		凭证		摘 要	借 方	贷 方	借或贷	余 额	
月	日	种类	号数		千百十万千百十元角分	千百十万千百十元角分		千百十万千百十元角分	√
09	01			上年结转			借	1 5 0 0 0 0 0 0	
09	10	记	16	收到前欠货款		5 0 0 0 0 0 0 0	借	1 0 0 0 0 0 0 0	
09	12	记	20	销售产品,货款未收	7 0 2 0 0 0 0 0		借	1 7 0 2 0 0 0 0	

图 5-11　"应收账款" 总分类账

应收账款明细账　　分页：＿＿＿　总页：＿＿＿

一级科目：＿＿＿＿　二级科目：乙公司

2019年		凭证		摘要	日页	借方									贷方									借或贷	余额									√
月	日	种类	号数			百	十	万	千	百	十	元	角	分	百	十	万	千	百	十	元	角	分		百	十	万	千	百	十	元	角	分	
09	01			上年结转																				借			9	0	0	0	0	0	0	
09	10	记	16	收到前欠货款													5	0	0	0	0	0	0	借			4	0	0	0	0	0	0	

图 5-12 "应收账款——乙公司"明细分类账

应收账款明细账　　分页：＿＿＿　总页：＿＿＿

一级科目：＿＿＿＿　二级科目：甲公司

2019年		凭证		摘要	日页	借方									贷方									借或贷	余额									√
月	日	种类	号数			百	十	万	千	百	十	元	角	分	百	十	万	千	百	十	元	角	分		百	十	万	千	百	十	元	角	分	
09	01			上年结转																				借			6	0	0	0	0	0	0	
09	12	记	20	销售产品、货款未收				1	0	2	0	0	0	0										借			7	0	2	0	0	0	0	

图 5-13 "应收账款——甲公司"明细分类账

从图 5-11 至图 5-13 中可以看出，"应收账款"总分类账户及其所属明细分类账户实现了依据相同、会计期间相同、借贷方向相同、金额相等的平行登记要求。

1. 总分类账与明细分类账有何联系和区别？
2. 总分类账与明细分类账平行登记的要点包括哪些？

任务 5.3　对账与结账

活动 5.3.1　对　账

为保证账簿记录的完整和正确，从而为编制会计报表提供真实可靠的数据资料，会计人员在登记账簿时，一定要有高度的责任心，切不可马虎从事。在每一个会计期间终了，编制会计报表之前，必须做好对账工作。所谓对账，简单地说就是核对账目，是把账簿上记载的资料进行核对，以保证账证相符、账账相符、账实相符。会计对账工作主要内容包括如下方面。

一、账证核对

账证核对是指核对会计账簿记录与原始凭证、记账凭证的时间、凭证字号、内容、金额是否一致，记账方向是否相符。这种核对主要是在日常记账和编制凭证时进行的。月终，如果发现账账不符，就回过头来对账簿记录与会计凭证进行核对，以保证账证相符。会计凭证是登记账簿的依据，账证核对主要检查登账中的错误。核对时，将凭证和账簿的记录内容、数量、金额和会计科目等相互对比，保证两者相符。

二、账账核对

各个会计账簿是一个有机的整体，既有分工，又有衔接，总的目的就是为了全面、系统、综合地反映企业及各单位的经济活动与财务收支情况。各种账簿之间的这种衔接依存关系就是常说的钩稽关系，利用这种关系进行账簿的相互核对。账账核对是指各种账簿之间有关数字的核对，以保证账账相符。其具体核对内容主要包括如下方面。

（一）核对总分类账簿的记录

按照"资产＝负债＋所有者权益"的会计等式和"有借必有贷，借贷必相等"的记账规则，总分类账簿各账户的期初余额、本期发生额和期末余额之间存在对应关系，借方期末余额合计数与贷方期末余额合计数核对相符。

（二）核对总分类账簿与所属明细分类账簿

总分类账各账户发生额（期末余额）与其所属各明细分类账户的发生额之和（期末及余额之和）应分别核对相符。

（三）核对总分类账簿与序时账簿

我国企业、事业单位必须设置现金日记账和银行存款日记账。现金日记账必须每天与库存现金核对相符，银行存款日记账也必须定期与银行对账。在此基础上，还应检查总分类账的期末余额与现金日记账、银行日记账的期末余额是否相符。

（四）明细分类账簿之间的核对

例如，会计部门各种财产物资明细分类账的发生额和余额与财产物资保管部门和使用部门的有关财产物资保管账目的发生额和余额核对相符。

三、账实核对

账实核对是指各种财产物资的账面余额与实存数进行核对，以保证账实相符。其具体核对内容如下：

（1）现金日记账的账面余额与现金实际库存数逐日核对相符。由出纳人员将库存现金日记账账面余额与库存现金实际金额进行逐日核对，检查是否相符，单位会计主管每月也要进行抽查。

（2）银行存款日记账的余额应定期与开户银行对账单核对相符。由出纳人员将银行存款日记账的账面余额与开户银行送来的对账单余额进行定期核对，通过逐笔核对双方记录，将未达账项编制银行存款余额调节表,以便检查银行存款日记账记录是否有误。

(3) 各种财产物资明细分类账的账面余额定期与实存数量核对相符。

(4) 各种债权债务明细分类账的余额应经常或定期与有关的债务人和债权人核对相符。

账实核对一般是通过实地盘点的方法来进行的。

1. 什么是对账？会计对账工作的主要内容是什么？
2. 什么是账实核对？账实核对的工作内容是什么？账实核对一般采用什么方法？

活动 5.3.2　结　账

一、结账的概念与要求

（一）结账的概念

结账是一项将账簿记录定期结算清楚的账务工作。企业把一定时期（月份、季度、年度）发生的经济业务全部登记入账以后,定期计算和登记本期发生额和期末余额,这就是结账。为了了解某一会计期间（月份、季度、年度）的经济活动情况,考核经营成果,必须在每一会计期间终结时进行结账,结账工作也是编制会计报表的先决条件。每个单位都必须按照有关规定定期做好结账工作。

结账的内容通常包括两个方面：一是结清各种损益类账户,并据以计算确定本期利润；二是结清各项资产、负债类和所有者权益类账户,分别结出本期发生额合计和余额。

（二）结账的要求

各单位结账时要做好以下工作：

(1) 明确结算期内发生的各项经济业务要全部入账,不能提前也不得延时结账。

(2) 对企业已实现而尚未获得的利润、应计提的折旧、应摊销和预提费用、应交税费等,应按权责发生制原则进行计算,编制记账凭证,记入有关账簿。

(3) 对于各种费用、收益类账户的余额要在有关账户间进行结转。例如,"制造费用"账户的期末余额,要按一定的比例分配后,转入"生产成本"账户；将"主营业务收入""主营业务成本""销售费用""税金及附加""管理费用""投资收益""财务费用"等有关账户的期末余额,转入"本年利润"账户。

(4) 对于现金日记账、银行存款日记账、总分类账和各明细分类账户,结出本期发生额和期末余额,并按规定在账簿上作出结账的手续。

二、结账的方法

（一）日结账

每日业务终了,出纳人员逐笔、序时地登记现金日记账和银行存款日记账后,应结出本日结余额,现金日记账应与当日库存现金核对。在设置"收入日记账"和"支出日记账"的情况下,出纳人员在每日终了按规定登记入账后,结出当日收入合计数和当日支出合计数,然后将支出日记账中当日支出合计数转记入收入日记账中的当日支出合计数栏内,在此基础上再结出当日账面余额。

(二) 月结账

月结账是以1个月为结账周期,每个月末对本月内的经济业务情况进行总结。在每个月末,要采用划线结账的方法进行结账,即在各账户的最后一笔账的下一行结出"本期发生额"和"期末余额",在"摘要"栏内注明"本月合计"字样。月末如无余额,应在"借或贷"一栏中注明"平",并在"余额"栏中记"Q"后,划上一条红线。对需逐月结算本年累计发生额的账户,应逐月计算自年初至本月份止的累计发生额,并登记在月结的下一行。在"摘要"栏内注明"本年累计"字样。

(三) 季结账

办理季结,应在各账户本季度最后1个月的月结下面划一通栏红线,表示本季结束;当然,在红线下结算出本季发生额和季末余额,并在摘要栏内注明"本季合计"字样,最后,再在"摘要"栏下面划一通栏红线,表示完成季结工作。

(四) 年结账

年结账是以1年为周期,对本年度内各经济业务情况及结果进行总结。在年末,将全年的发生额累计,登记在12月份的合计数的下一行,在"摘要"栏内注明"本年合计"字样,并在下面划双红线。对于有余额的账户,应把余额结转下1年,在年结数的下一行的"摘要"栏内注明"结转下年"字样。在下1年的新账页的第一行的"摘要"栏内注明"上年结转"字样,并把上年年末余额数填写在"余额"栏内。

《会计基础工作规范》第六十一条对实行会计电算化的单位提出了打印上的要求:"实行会计电算化的单位,总账和明细账应当定期打印。发生收款和付款业务的,在输入收款凭证和付款凭证的当天必须打印出现金日记账和银行存款日记账,并与库存现金核对无误。"

1. 什么是结账?结账的基本要求是什么?
2. 如何进行年度结账?

任务5.4 错账的查找与更正方法

活动5.4.1 查找错账的方法

在日常的会计核算中,可能发生各种各样的差错,产生错账,如重记、漏记、数字颠倒、数字错位、数字记错、科目记错、借贷方向记反等,为保证会计信息的准确性,应及时找出差错,并予以更正。

查找错账的方法很多,主要有以下几种。

一、除二法

记账时稍有不慎,很容易发生借、贷方记反或红蓝字记反(简称为"反向")。它有一个特定的规律就是错账差数一定是偶数,只要将差数用2除得的商就是错账数。所以称这种查账方法为除二法,它是一种最常见而简便的查找错账的方法。

例如,某月资产负债表借贷的两方余额不平衡,其错账差数是3 750.64元,这个差数是偶数,它就存在"反向"的可能,那么我们可以将3 750.64用2除,得的商为1 875.32元,这样只要去查找1 875.32元这笔账是否记账反向就可以了。

如错误差数是奇数,那就没有记账反向的可能,就不适用于除二法来查。

二、除九法

在日常记账中常会发生前后两个数字颠倒、三个数字前后颠倒和数字移位等情况。它们的共同特点是错账差数一定是9的倍数、差数每个数字之和也是9的倍数,因此,这类情况均可用除九法来查找。除九法适用于以下三种情况。

(一) 将数字写小

例如,将300元误记为30元。查找错误的方法是:以差数除以9后得出的商即为写错的数字,商乘以10即为正确的数字。本例中,差数270(300-30)除以9,商为30元,这30元为错数,扩大10倍后即可得出正确的数字300元。

(二) 将数字写大

例如,将50写成500,错误数字大于正确数字9倍。查找错误的方法是:以差数除以9后得出的商即为正确的数字,商乘以10即为错误的数字。本例中,差数450(500-50)除以9,商为50元,这50元为正确的数字,扩大10倍后即可得出错误的数字500元。

(三) 邻数颠倒

在记账时,如果将相邻的两位数或者三位数的数字记颠倒,如将95记为59或将123记为321,无论是两位数字颠倒还是三位数字颠倒,其不平衡的差额都能被9除尽。本例中,59与95的差数为36,36除以9商为4,123与321的差数为198,198除以9商为22。

三、差数法

差数法是指按照错账的差数查找错账的方法。这种方法主要用来查明是否有重记或漏记。例如,在记账过程中只登记了会计分录的借方或贷方,漏记了另一方,从而使得试算平衡中借方合计数与贷方合计数不等,其表现是:借方金额遗漏,会使该金额的贷方超出;贷方金额遗漏,会使该金额的借方超出。对于这样的差错,可由会计人员通过回忆和相关金额的记账核对来查找。

四、象形法

在核对账目表时较多的遇到仅相差几分钱的错账,这类错账最头疼。这类错账一般来说是数字形状相像而发生差错,因而将这种根据其数字形状象形的规律去查找错账的方法命名

为象形法。象形法按其差数一般有如下规律:

(1) 如差数是1,可能是3与2、5与6之误。
(2) 如差数是2,可能是3与5、7与9之误。
(3) 如差数是3,可能是3与6、6与9之误。
(4) 如差数是4,可能是1与5、4与8之误。
(5) 如差数是5,可能是1与6、2与7、3与8之误。
(6) 如差数是6,可能是0与6、1与7之误。
(7) 连续同数字的账,容易发生少计或多计一位同数。例如,833 330 容易误记为 833 333 或误记为 833 300,如差数是3或30而有了连续数字的账,就可重复查找一下。这里仅举几个例子说明,是因为个人书写数字因形状、字体不同而有区别。

五、追根法

若为了一笔错账已查了半天,对本期发生额都查得正确无误,但就是不平衡,在这种情况下不妨运用"追根法"去追查一下上期结转数字进行逐笔核对一下是否结转差错,很可能问题恰恰出在那个"源头"。

这是因为会计账表的平衡关系是绝对的,假如本期发生额确实查明是正确无误的,那么必然是期初数(上期结转数)在结转记账时有差错。

六、母子法

在核对明细分类账户与总分类账户余额发生不符时,用以上有关方法查找也无着落,即可用"母子法"来查找。就是以记入总账借贷数额为母数,本账户记入各明细分类账户的借贷数字为子数,各子数相加必等于母数。若不相等,说明有差错就在此了,必有漏记、错记或重记。

七、顺查法

当错账发生笔数较多,各种错账混杂一起时,不能用一种方法查出,那就必须用顺查法来查找,从原始凭证到记账凭证,再到账簿顺次查找,这是查找错账的最后绝招。查账程序基本上与记账程序一样,每查对一笔就必须在账的后端做一个记号,这样一笔笔查下去,就一定能查出错账。在顺查时一定要仔细认真,必须结合以上方法同时应用。总之,不要被错账的假象所蒙蔽而滑过去,如有滑过去又必须从头查起,对此,只要仔细认真去查,错账一定会暴露出来的。

采用上述方法进行检查后,如果查出是账簿登记错误,应按规定的更正方法进行更正。如差错确实不属于账簿登记、计算等问题,应及时向有关负责人汇报,同时认真回忆发生的经济业务,仔细检查办理的每一张记账凭证,分析差额出现的原因,直至查出所有差错。

当你正在登记账簿或已经登记完账簿时,发现账簿记录有错误,你该怎么办呢?你能像平常改错那样,随便涂改、挖补、刮擦、重写吗?

活动 5.4.2　更正错账的技术方法

对于账簿记录中所发生的错误,应采用正确的方法予以更正。由于记账差错的具体情况不同,更正错误的方法也不同,一般常用的更正错误的方法有划线更正法、红字更正法和补充登记法三种。

一、划线更正法

(一) 适用范围

(1) 登账时,因笔误或计算错误而造成记账方向、金额和账户登记等发生差错。

(2) 在结账时,发现记账凭证正确而账簿记录中文字、数字有错误。

(二) 更正方法

(1) 先在错误的文字或数字(整个数字)上划一条红线注销,并使原来的字迹仍可辨认,以备查考。

(2) 然后将正确的文字或数字用蓝字写在划线上方,并由记账人员在更正处签章,以明确责任(见图 5-14)。

应付账款明细账

2019年		凭证		摘　要	借　方									贷　方								
月	日	字	号		千	百	十	万	千	百	十	元	角	分	千	百	十	万	千	百	十	元	角	分
06	01			期初余额																				
	02	付	1	支付前欠货款				1 1	1 2	2 1	0 0	0 0	0 0	0 0										

图 5-14　划线更正法

(3) 对于文字的错误,可以只划去错误的部分,并更正错误的部分;对于数字的错误,应当全部划红线更正,不能只更正其中的个别错误数字。

二、红字更正法

(一) 适用范围

(1) 登账后,发现记账凭证借、贷方会计科目错误,导致登账错误。

(2) 登账后,发现记账凭证借、贷方会计科目无误,但金额大于正确金额,导致登账错误。

(二) 更正方法

其更正方法分以下两种情况。

【例 5-2】2019 年 9 月 10 日,某企业车间领用 A 材料一批,价值 5 600 元,用于制造甲产品。填制记账凭证时,误写应借科目为"制造费用",并已登记入账。错误记账凭证如图 5-15 所示。

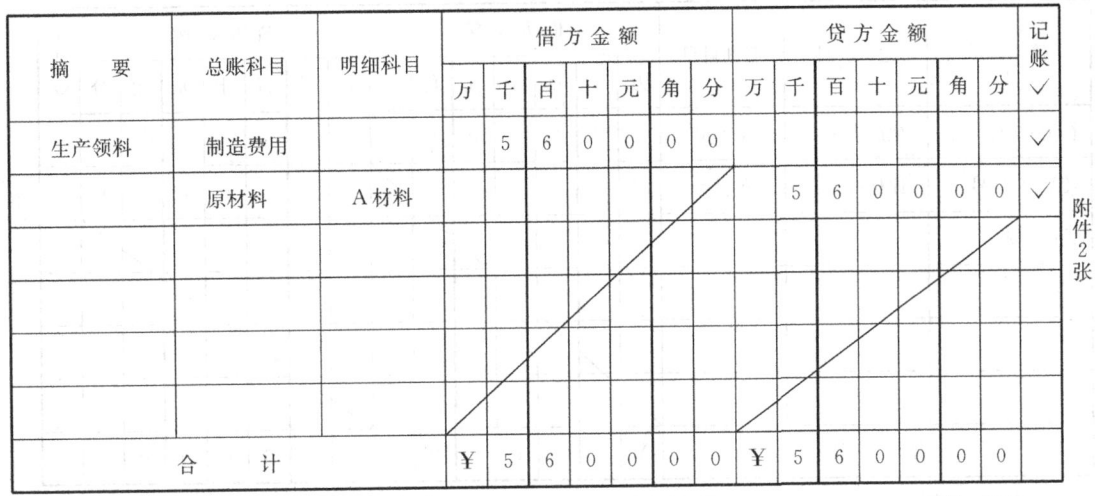

图 5-15　错误记账凭证

第一种更正方法:红字更正法分为以下几步:

(1) 用红字填制一张与错误凭证完全相同的凭证,在摘要栏内注明"冲销某月某日第×号凭证错误"并据以红字登记入账,以注销原错误凭证(见图 5-16)。

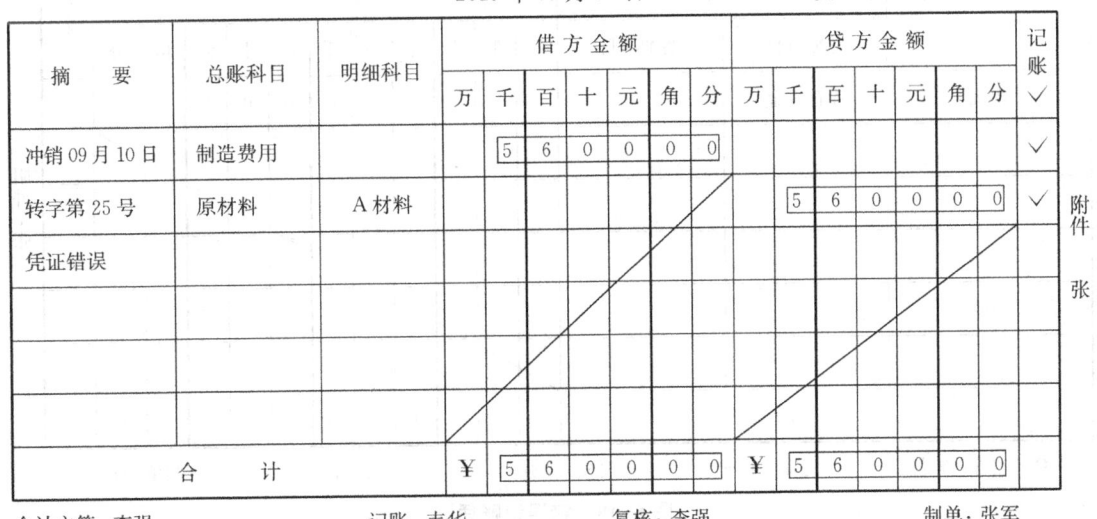

图 5-16　冲销错账凭证

(2) 用蓝字填制一张正确凭证,在摘要栏内注明"补记某月某日第×号凭证的账"并据以登账,如图 5-17 所示。

转 账 凭 证

2019 年 09 月 30 日　　　　　　　　　凭证编号：转字第 46 号

摘　要	总账科目	明细科目	借方金额							贷方金额							记账
			万	千	百	十	元	角	分	万	千	百	十	元	角	分	√
补记 09 月 10 日	生产成本	甲产品	5	6	0	0	0	0	0								√
转字第 25 号	原材料	A 材料								5	6	0	0	0	0	0	√
凭证的账																	
合　　　计			¥	5	6	0	0	0	0	¥	5	6	0	0	0	0	

会计主管：李强　　　　记账：韦华　　　　复核：李强　　　　制单：张军

图 5-17　更正记账凭证

【例 5-3】 2019 年 9 月 5 日，某企业从银行领取备用金 3 000 元。填制记账凭证时，将金额误记为 30 000 元，并已登记入账。错误记账凭证如图 5-18 所示。

付 款 凭 证

贷方科目：银行存款　　　　2019 年 09 月 05 日　　　　凭证编号：银付字第 6 号

摘　要	借方金额		金　　　额									记账
	总账科目	明细科目	亿	千	百	十	万	千	百	十	元	角	分	√
提现	库存现金						3	0	0	0	0	0	0	√
合　　计							¥	3	0	0	0	0	0	

会计主管：李强　　记账：韦华　　复核：李强　　审核：李强　　制单：张军

图 5-18　错误记账凭证

第二种更正方法：红字更正只需一步，将多记金额用红字编制一张与原记账凭证应借、应贷科目完全相同的记账凭证，在"摘要"栏内注明"冲销某月某日第×号凭证多记金额"，以冲销多记的金额，并据以登账（见图 5-19）。

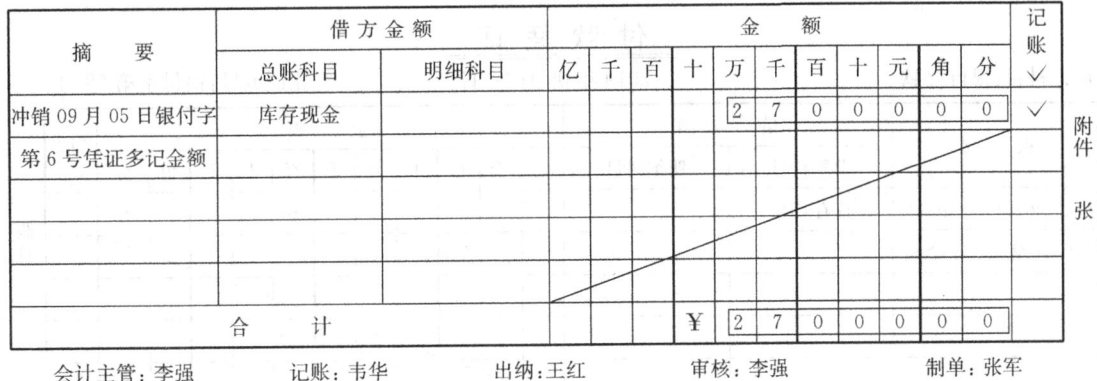

图 5-19 冲销记账凭证

注意:采用红字更正法时,不得以蓝字或黑字金额填制与原错误凭证记账方向相反的记账凭证来冲销错误记录或错误金额。

三、补充登记法

(一) 适用范围

登账后,发现记账凭证借、贷方会计科目无误,但金额小于正确金额,导致登账错误。

(二) 更正方法

用蓝字按原记账凭证借、贷会计科目填制一张记账凭证,补足少记金额,并据以登账。

【例 5-4】 2019 年 9 月 5 日,从银行领取备用金 4 000 元。填制记账凭证时,将金额误记为 400 元,并已登记入账。错误记账凭证如图 5-20 所示。

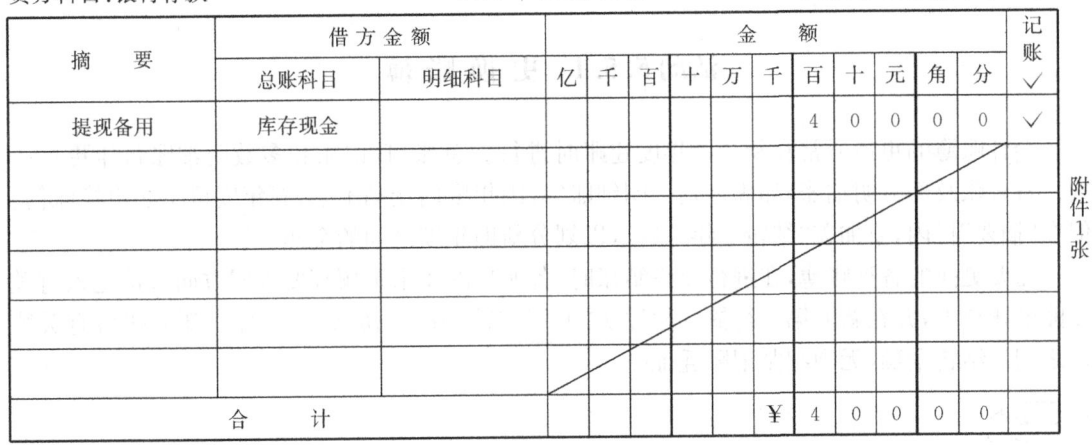

图 5-20 错误记账凭证

更正方法:补充登记只需一步,按少记的金额用蓝字编制一张与原记账凭证应借、应贷科目完全相同的记账凭证,在摘要栏内注明"补记某月某日第×号凭证少记金额",以补充少记的金额,并据以登账(见图 5-21)。

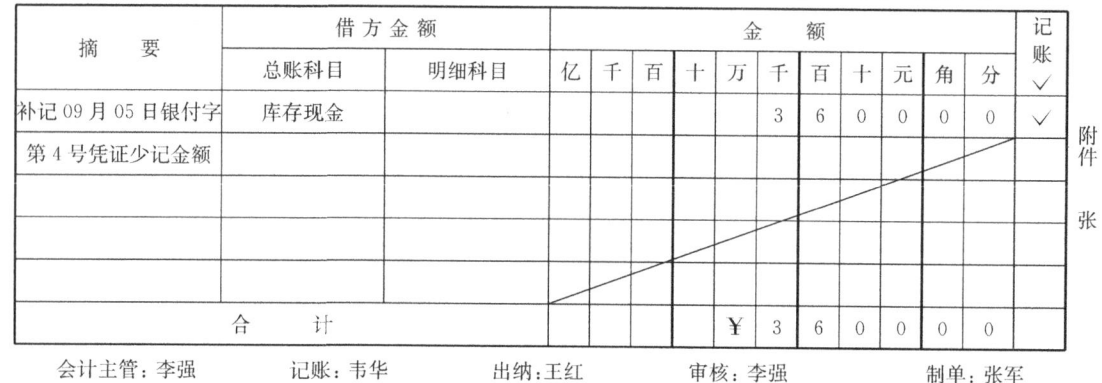

图 5-21 更正记账凭证

1. 常用的错账更正方法有哪些?
2. 登账后,发现记账凭证借、贷方会计科目错误,导致登账错误,对于这类错误,应该采用什么方法进行更正?

任务 5.5 会计账簿的更换与保管

活动 5.5.1 更换账簿

会计账簿的更换通常在新会计年度建账时进行。总账、日记账和多数明细账每年更换一次。备查账及部分明细账,如固定资产明细账等,因年度内变动不多,新年度可不必更换账簿。但在"摘要"栏内,要加盖"结转下年"戳记,以划分新旧年度之间的金额。

需要更换的各种账簿,在进行年终结账时,各账户的年末余额都要以同方向直接记入有关新账的账户中,并在新账第一行摘要栏注明"上年结转"或"年初余额"字样。新旧账簿有关账户之间的结转余额,无须编制记账凭证。

1. 哪些账簿需要每年更换?
2. 更换账簿时,如何进行余额的结转?

活动 5.5.2 保管账簿

会计账簿是各单位重要的经济资料,必须建立管理制度,妥善保管。账簿管理分为平时管理和归档保管两部分。

一、账簿平时管理的具体要求

各种账簿要分工明确,指定专人管理,账簿经管人员既要负责记账、对账、结账等工作,又要负责保证账簿安全。会计账簿未经领导和会计负责人或者有关人员批准,非经管人员不能随意翻阅查看会计账簿。会计账簿除需要与外单位核对外,一般不能携带外出,对携带外出的账簿,一般应由经管人员或会计主管人指定专人负责。会计账簿不能随意交与其他人员管理,以保证账簿安全和防止任意涂改账簿等问题发生。

二、旧账归档保管

年度终了更换并启用新账后,对更换下来的旧账要整理装订,造册归档。归档前旧账的整理工作包括:检查和补齐应办的手续,如改错盖章、注销空行及空页、结转余额等。活页账应抽出未使用的空白账页,再装订成册,并注明各账页号数。旧账装订时应注意:活页账一般按账户分类装订成册,一个账户装订成一册或数册;某些账户账页较少,也可以合并装订成一册;装订时应检查账簿扉页的内容是否填写齐全;装订后应由经办人员及装订人员、会计主管人员在封口处签名或盖章。旧账装订完毕后,会计人员应编制目录和编写移交清单,然后按期移交档案部门保管。各种账簿同会计凭证和会计报表一样,都是重要的经济档案,必须按照制度统一规定的保存年限妥善保管,不得丢失和任意销毁。根据《会计档案管理办法》的规定,总分类账、明细分类账、辅助账、日记账均应保存 15 年。其中,现金、银行存款日记账要保存 25 年,涉外和对私改造账簿应永久保存。账簿保管期满后,应按照规定的审批程序报经批准后才能销毁。

1. 账簿可以携带外出吗?
2. 上年度更换下来的旧账簿应如何归档保管?

模块测试

参考答案

一、单项选择题

1. 登记日记账的方式是按照经济业务发生的时间先后顺序进行(　　)。
   A. 逐日逐笔登记　　　　　　B. 逐日汇总登记
   C. 逐笔定期登记　　　　　　D. 定期汇总登记
2. 明细账从账簿的外表形式上看一般采用(　　)账簿。
   A. 订本式　　B. 活页式　　C. 卡片式　　D. 多栏式

3. 在结账以前,如发现账簿记录有文字或数字错误,而记账凭证没有错,应采用(　　)进行错账更正。
   A. 划线更正法　　B. 红字更正法　　C. 补充登记法　　D. B 或 C 都行

4. 记账以后,如发现记账错误是由于记账凭证所列会计科目或记账方向有误引起的,应采用(　　)进行错账更正。
   A. 划线更正法　　　　　　　　B. 红字更正法
   C. 补充登记法　　　　　　　　D. B 或 C 都行

5. 记账以后,如发现记账凭证和账簿记录的金额有错误(所记金额大于应记的正确金额),而应借、应贷的会计科目没有错误,应采用(　　)进行错账更正。
   A. 划线更正法　　B. 红字更正法　　C. 补充登记法　　D. B 或 C 都行

6. 记账以后,如发现记账凭证和账簿记录的金额有错误(所记金额小于应记的正确金额),而应借、应贷的会计科目没有错误,应采用(　　)进行错账更正。
   A. 划线更正法　　B. 红字更正法　　C. 补充登记法　　D. B 或 C 都行

二、多项选择题

1. 总分类账和明细分类账平行登记的要点有(　　)。
   A. 登记的依据相同　　　　　　B. 期间相同
   C. 方向相同　　　　　　　　　D. 金额相等

2. 会计账簿按其用途不同可以分为(　　)。
   A. 序时账簿　　B. 分类账簿　　C. 备查账簿　　D. 卡片账簿

3. 会计账簿按其外表形式不同可分为(　　)。
   A. 总账账簿　　B. 明细账簿　　C. 订本式账簿　　D. 活页式账簿

4. 下列情况中,登账时应用红色墨水书写的有(　　)。
   A. 在不设余额方向的三栏式账户的余额栏中,登记负数余额
   B. 在不设减少金额栏的多栏式账页中,登记减少数
   C. 月末结账计算合计数
   D. 补充登记漏记的金额

5. 对账包括(　　)。
   A. 各种账簿的记录与有关会计凭证进行核对
   B. 各种财产物资的账面余额与实存数额相核对
   C. 各种账簿之间的有关数字进行核对
   D. 企业与税务部门进行核对

三、判断题

1. 所有账簿都必须直接根据记账凭证入账。　　　　　　　　　　　　　　(　　)
2. 现金日记账和银行存款日记账都是出纳人员登记。　　　　　　　　　　(　　)
3. 各种账本月末结账、转账之后,一般应无余额。　　　　　　　　　　　(　　)
4. 红字更正法适用于记账凭证无错误,仅是账簿记录有错误的情况。　　　(　　)
5. 各种日记账、总账、明细账一般都需保管 15 年。　　　　　　　　　　(　　)

四、业务处理题

1. ABC 日用品制品厂 2019 年 5 月末资料如下(假定下列错误都在登记账簿后,结账前

发现)：

(1) 以现金600元支付车间零星修理费，编制会计分录如下：

借：制造费用 6 000
　　贷：库存现金 6 000

(2) 以银行存款1 900元购买材料，并已验收入库，编制以下分录，并已登记入账：

借：原材料 190
　　贷：银行存款 190

(3) 本月生产产品领用材料32 500元，编制以下分录，并已登记入账：

借：生产成本 35 200
　　贷：原材料 35 200

(4) 本月应计提车间固定资产折旧20 000元，编制以下分录，并已登记入账：

借：生产成本 2 000
　　贷：累计折旧 2 000

(5) 以现金301元购文具用品，编制会计分录如下：

借：管理费用 310
　　贷：库存现金 310

要求：根据上述资料，按规定的错账更正方法进行更正。

2. 某企业2019年9月30日现金日记账的余额为1 200元，银行存款日记账的余额为195 600元。该企业10月发生下列有关经济业务(假设不考虑相关税费)：

(1) 2日，职工李林出差借差旅费1 000元，经审核开出现金支票。
(2) 3日，行政管理部门报销购买零星办公用品费650元，经审核以现金付讫。
(3) 4日，签发现金支票5 000元，从银行提取现金，以备日常开支需要。
(4) 5日，用银行存款20 000元偿还上月所欠天星公司货款。
(5) 7日，签发现金支票35 000元，从银行提取现金，以备发放工资。
(6) 8日，以现金35 000元发放本月职工工资。
(7) 10日，购入材料一批，用银行存款支付货款及运费27 500元，材料已验收入库。
(8) 11日，用银行存款偿还到期的短期借款100 000元和利息3 750元(利息已按月预提)。
(9) 12日，销售产品一批，货款共计55 000元，已收到并将其存入银行。
(10) 26日，收到华夏公司前欠的货款18 000元，并将其存入银行。
(11) 25日，生产车间报销日常开支费用1 650元，经审核以现金付讫。
(12) 26日，以现金600元支付职工困难补助费。
(13) 27日，用银行存款12 000元支付广告费。
(14) 28日，用银行存款8 000元缴纳上月增值税。
(15) 29日，接到银行通知，支付本月生产用电费6 000元。

要求：

(1) 编制会计分录,并按经济业务顺序编号。
(2) 设置现金日记账和银行存款日记账,登记并结出发生额和余额。

3. 某企业在账证核对过程中,发现账簿出现下列错误:

(1) 车间计提折旧 20 000 元。记账凭证记录如下,记账时,制造费用账簿记录为 200 000 元:

借:制造费用　　　　　　　　　　　　　　　　　　　　　　　20 000
　　贷:累计折旧　　　　　　　　　　　　　　　　　　　　　　　　20 000

(2) 生产领用材料 10 000 元。记账凭证记录如下,并已登记入账:

借:生产成本　　　　　　　　　　　　　　　　　　　　　　　　1 000
　　贷:原材料　　　　　　　　　　　　　　　　　　　　　　　　　1 000

(3) 发放工资 50 000 元。记账凭证记录如下,并已登记入账:

借:应付职工薪酬　　　　　　　　　　　　　　　　　　　　　58 000
　　贷:库存现金　　　　　　　　　　　　　　　　　　　　　　　58 000

(4) 销售产品 100 000 元,款项收回。记账凭证记录如下,并已登记入账:

借:主营业务收入　　　　　　　　　　　　　　　　　　　　100 000
　　贷:银行存款　　　　　　　　　　　　　　　　　　　　　　100 000

(5) 企业管理部门领用维修用材料 1 000 元。记账凭证记录如下,并已登记入账:

借:制造费用　　　　　　　　　　　　　　　　　　　　　　　 1 000
　　贷:原材料　　　　　　　　　　　　　　　　　　　　　　　　 1 000

要求:分别采用适当的更正错账方法予以更正。

模块 6

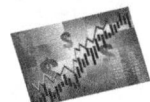

企业主要经济业务的账务处理

[考核目标] 本模块主要是阐述借贷记账法和会计凭证在制造业企业会计工作中的应用。通过学习,学生应重点学会运用借贷记账法核算企业各种会计业务。本模块重点考核学生对制造业企业在资金运动过程中的资金筹集、供应过程、生产过程、销售过程、经营成果业务的账务处理能力。

[实践目标] 学生通过独立完成分项设定的实训任务,根据企业发生的经济业务会填制与审核原始凭证、会填制与审核记账凭证;能够根据原始凭证和记账凭证登记明细账、总账和日记账。

[知识点思维导图]

```
                          ┌─ 企业的主要经济业务 ┬─ 主要经济活动
                          │                     └─ 账务处理程序
                          │
                          ├─ 资金筹集业务的账务处理 ┬─ 账户设置
                          │                         └─ 账务处理
                          │
                          │                       ┌─ 核算内容
                          ├─ 供应过程业务的账务处理 ┼─ 账户设置
                          │                       └─ 账务处理
                          │
                          │                       ┌─ 核算内容
企业主要经济业务的核算 ────┼─ 生产过程业务的账务处理 ┼─ 账户设置
                          │                       └─ 账务处理
                          │
                          │                       ┌─ 核算内容
                          ├─ 销售过程业务的账务处理 ┼─ 账户设置
                          │                       └─ 账务处理
                          │
                          │                       ┌─ 核算内容
                          ├─ 其他经济业务的账务处理 ┼─ 账户设置
                          │                       └─ 账务处理
                          │
                          └─ 财务成果业务的账务处理 ┬─ 账务成果的结构
                                                    └─ 账户设置
```

任务6.1 企业的主要经济业务

活动6.1.1 主要经济业务

不同企业的经济业务各有特点,其生产经营业务流程也不尽相同,本模块的主要经济业务如图6-1所示。

经济业务 = 资金筹集 + 设备购置 + 材料采购 + 产品生产 + 商品销售 + 利润分配

图6-1 企业的主要经济业务

会计对象是会计核算和监督的内容,具体是指社会再生产过程中能以货币表现的经济活动,即资金运动或价值运动。企业的资金运动表现为资金的投入、资金的运用和资金的退出整个过程,制造业企业的资金运动如图6-2所示。

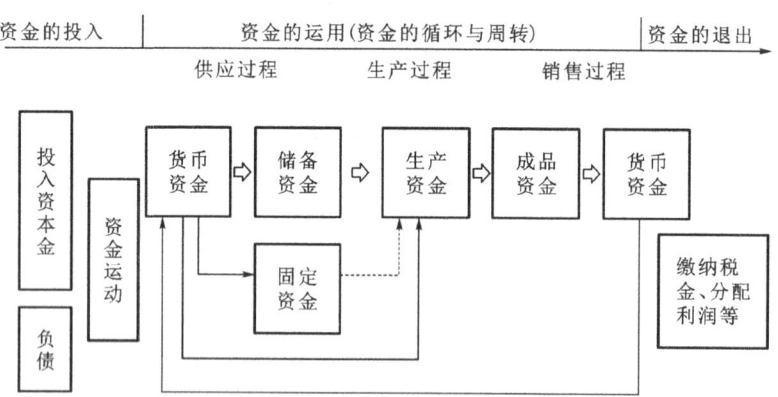

图6-2 制造业企业的资金运动

一、资金的投入

任何单位从设立开始,需要有资金的投入。资金的投入主要来源于企业所有者(投资者)投入的资金和债权人投入的资金两部分。前者形成所有者权益;后者形成债权人权益(即负债)。它们共同构成了企业的资产。资金的投入是企业获取资金的过程,是资金运动的起点。

二、资金的运用(资金的循环与周转)

企业将资金运用于生产经营过程就意味着资金的循环与周转。制造业企业的经营过程包括供应、生产、销售等环节的不断循环与周转。

(一)供应过程

企业利用投入或借入的资金,根据企业的生产经营计划进行采购,如建造或购置厂房、购买机器设备、购买原材料、购买办公用品等。供应过程要为生产产品做好充分的物资储备。

(二) 生产过程

生产工人借助机器设备对原材料进行加工、生产出产成品;同时,也在消耗一定材料,支付生产工人的工资,发生机器折旧费、水电费等车间间接费用。

(三) 销售过程

在销售过程,企业将生产的产品进行对外销售,在取得销售收入的同时,还需要支付必要的销售费用,如销售人员的工资、包装、运输、广告等费用及销售货款的结算等。

三、资金的退出

资金的退出是资金运动的终点,企业的资金退出主要是偿还债务,缴纳各项税费,向投资者分配利润,经法定程序减少资本等方式。

制造业企业与商品流通企业的资金运动主要有什么区别?

活动 6.1.2 账务处理内容

针对企业生产经营过程中发生的上述经济业务,其账务处理的主要内容有七个方面(见图 6-3)。

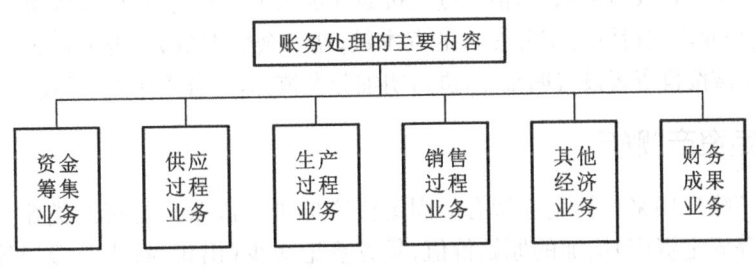

图 6-3 企业账务处理的主要内容

企业账务处理的内容与企业的资金运动有何关系?

任务 6.2 资金筹集业务的账务处理

活动 6.2.1 资金筹集业务核算的账户设置

投资者投入资本的形式包括现金、银行存款等货币资金,存货、固定资产等实物资产,以及专利权、土地使用权等无形资产,设置的主要账户有"库存现金""银行存款""实收资本""固定资产""无形资产""短期借款""长期借款"等账户。

一、"库存现金"账户

"库存现金"账户用来核算企业库存现金增减变动和结存情况。该账户是资产类账户,借方登记企业增加的库存现金;贷方登记企业减少的库存现金;期末余额在借方,反映企业持有的库存现金。企业应当设置"库存现金日记账",应采用专用的"库存现金日记账",账页格式一般为"三栏式",根据收、付款记账凭证或通用记账凭证,按照业务发生的顺序逐日逐笔登记。

二、"银行存款"账户

"银行存款"账户用来核算企业存放在银行或其他金融机构的各种款项。该账户是资产类账户,借方登记增加的银行存款数;贷方登记减少的银行存款数;期末余额在借方,反映企业存在银行或其他金融机构的各种存款的结存数。企业应当设置"银行存款日记账",应采用专用的"银行存款日记账",账页格式一般为"三栏式",根据收、付款记账凭证或通用记账凭证,按照业务发生的顺序逐日逐笔登记。

三、"实收资本"账户

实收资本是指企业实际收到投资者投入的资本,是企业所有者权益中的主要组成部分。"实收资本"账户用来核算企业实收资本的增减变动及结果。股份有限公司应将该账户改为"股本"账户。该账户是所有者权益类账户,借方登记按照规定减少注册资本金、投资协议期满退还的资本金;贷方登记企业收到投资者实际投入的资本数;期末余额在贷方,表示企业实收资本或股本总额。该账户应该按投资者设置明细账,进行明细分类核算,适合采用"三栏式"明细账。

四、"固定资产"账户

"固定资产"账户用来核算企业持有的固定资产原价。该账户是资产类账户,借方登记企业(购入、建造等固定资产)增加的原始价值;贷方登记减少(出售、报废及毁损等)减少固定资产的原始价值;余额在借方,表示企业实际持有的固定资产的原始价值。该账户按固定资产的类别和项目设置明细账,进行明细分类核算,适合采用专用的"固定资产及折旧明细账"。

五、"无形资产"账户

"无形资产"账户用来核算企业持有的无形成本(包括专利权、非专利技术、商标权、著作权、土地使用权等)。该账户是资产类账户,借方取得的无形资产的实际成本;贷方登记减少无形资产的实际成本;期末余额在借方,表示企业实际持有的无形资产成本。该账户按无形资产项目设置明细账,进行明细分类核算,适合采用"三栏式"明细账。

六、"短期借款"账户

"短期借款"账户用来核算企业向银行或其他金融机构等借入的期限在1年内(含1年)的各种借款。该账户是负债类账户,贷方登记企业借入的各种短期借款数额;借方登记归还的借款数额;期末余额在贷方,表示期末尚未偿还的短期借款。该账户应按借款种类、债权人、币种设置明细账,进行明细分类核算,适合采用"三栏式"明细账。

七、"长期借款"账户

"长期借款"账户用来核算企业、事业单位向银行或其他金融机构等借入的期限在1年以上(不含1年)的各种借款。该账户是负债类账户,贷方登记企业借入的各种长期借款数额(包含本金和利息);借方登记归还的各种长期借款数额(包含本金和利息);期末余额在贷方,表示期末尚未偿还的长期借款本金和利息数。该账户按债权人设置明细账,分别通过"本金""利息调整"等进行明细分类核算,适合采用"三栏式"明细账。

1. "实收资本"账户与"股本"账户有何不同?
2. "长期借款"账户与"短期借款"账户有何不同?

活动 6.2.2　筹资业务的账务处理

为了使本书的使用者更加直观具体地掌握制造业企业会计核算内容与方法,本书以"广西美达服装有限公司"为模拟企业,基于会计工作过程详尽讲解借贷记账法在会计工作中的具体运用。

广西美达服装有限责任公司是一般纳税人,增值税税率为13%,企业所得税税率为20%。该公司2019年11月末成立,注册资本金为500万元,其中陈美投资300万元,陈达投资100万元,南宁市星光股份有限责任公司投资100万元。

企业法人:董事长陈美,负责企业全面工作;总经理:陈达,负责企业生产经营。会计部共4人,其中:经理李强,会计主管,全面负责会计部工作;副经理张军,负责制单、登记总账、编制报表等工作;出纳王红,负责出纳岗位各项工作;记账韦华,负责登记明细账工作。

公司开户银行:工行南宁市金湖路支行;账号:6224501001201786868;纳税识别号:450113987654321;地址:南宁市表秀区工业园区118号;电话0771-5673858。

广西美达服装有限责任公司(以下简称本公司)与其原投资者之一的南宁市星光股份有限责任公司达成增补投资协议如图6-4所示。

投资协议书(摘录)

投出单位:南宁市星光股份有限责任公司

投入单位:广西美达服装有限责任公司

……

第三,南宁市星光股份有限责任公司向广西美达服装有限责任公司投资1 000 000元,其中人民币700 000元,机器设备200 000元,专利权100 000元。

第四,南宁市星光股份有限责任公司增加投资后占广西美达服装有限责任公司股份的33.33%。

第五,南宁市星光股份有限责任公司必须在2019年12月6日前向广西美达服装有限责任公司出资。

……

图6-4　投资协议书

广西美达服装有限责任公司2019年12月发生的经济业务如下:

【例6-1】 6日,收到南宁市星光股份有限责任公司投资款700 000元,出纳王红收到对方转账支票,开具收款收据交给对方公司。出纳王红填写银行进账单连同支票送交开户银行,银行受理并办妥入账手续。银行进账单、收款收据见图6-5和图6-6。

中国工商银行进账单(收账通知)3

2019年12月06日　　　　　　　　　　　第　号

付款人	全　称	南宁市星光股份有限责任公司	收款人	全　称	广西美达服装有限责任公司	此联是收款人开户行给收款人的收账通知
	账　号	6222450050101666666		账　号	6224501001201786868	
	开户银行	工行南宁江南营业部		开户银行	工行南宁市金湖路支行	
人民币(大写)		柒拾万元整		千 百 十 万 千 百 十 元 角 分 ¥ 7 0 0 0 0 0 0 0		
票据种类		支票				
票据张数		壹张				
投资款						
复核		记账		收款人开户行盖章		

图6-5　银行进账单

收 款 收 据

收款日期 2019年12月06日　　　　　　　　　　　　No. 0002221

付款单位(交款人)	南宁市星光股份有限责任公司	收款单位(交款人)	广西美达服装有限责任公司	收款项目	投资款							
人民币(大写)	柒拾万元整			千	百	十	万	千	百	十	元 角 分	
						¥	7	0	0	0	0 0 0	
收款事由	星光股份公司投资款			经办	部门		办公室					
					人员		王　均					
上述款项照数收讫无误 收款单位财务专用章 (领款人签章)				会计主管	稽核		出纳	交款人				
				李　强			王　红	陈峰				

注:使用范围及规定:①本收据只能用于本单位内部和单位与单位、单位与个人之间的非经营性的经济往来,不可代替发票、行政事业性收费用(基金)等政府非税收入收据和罚没收据。②结算方式按库存现金结算、银行结算和转账等方式分别填列。③作废时,应加盖作废戳记,并同存根一起保存,不得自行销毁。

图6-6　收款收据

这项业务涉及"实收资本"和"银行存款"两个账户,一方面投资者投入资本,使所有者权益增加,应记入"实收资本"账户贷方;另一方面企业收到货币资金,银行存款增加,应记入"银行存款"账户借方。本公司编制的记账凭证见图6-7。

模块 6　企业主要经济业务的账务处理 | 125

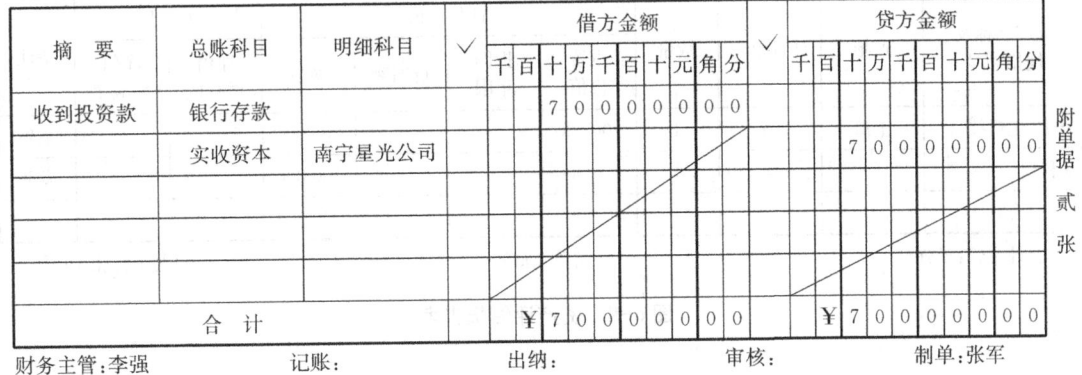

图 6-7　记账凭证

【例 6-2】 7 日,收到南宁市星光股份有限责任公司按投资协议向本公司投入的新设备一台,价值 200 000 元;投入专利一项,双方约定价格为 100 000 元。产权转移书、资产评估报告表、投入固定资产验收单见图 6-8 至图 6-10。

产权转移书

　　南宁市星光股份有限责任公司将价值 200 000 元全新制衣生产线以投资方式转让给广西美达服装有限责任公司,从即日起,该生产线所有权由南宁市星光股份有限责任公司转移给广西美达服装有限责任公司,特此说明。

投资方	接受投资方
单位名称:南宁市星光股份有限责任公司	单位名称:广西美达服装有限责任公司
法人代表:李星光	法人代表:陈美
单位地址:南宁市江南区星光大道 18 号	单位地址:南宁市青秀区工业园区 118 号
联系电话:3267895	联系电话:5673858
开户银行:工行南宁市江南营业部	开户银行:工行南宁市金湖路支行
账　　号:6222450050101666666	账号:6224501001201786868
邮政编码:543211	邮政编码:543200
签字日期:2019 年 12 月 07 日	签字日期:2019 年 12 月 07 日

李星光

陈美

图 6-8　产权转移书

资产评估报告表

2019 年 12 月 07 日　　　　　　　　　　　金额单位:元

资产名称及规格型号	产地	计量单位	数量	评估价值				差异		备注
				重置价值	折旧年限	折旧额	净值	净值增减额	净值增减率	
A-12生产线	上海	条	1	200 000			200 000			全新
专利权		项	1	100 000			100 000			发明
合计				300 000			300 000			

会计主管:李强　　　　　　　制单:陈峰　　　　　　　复核:张立卫

图 6-9　资产评估报告表

投入固定资产验收单

2019 年 12 月 07 日　　　　　　　　　　　金额单位:元

固定资产名称	规格及型号	单位	数量	预计使用年限(年)	尚可使用年限(年)	投出单位账面价值			评估净值	备注
						原值	已提折旧	净值		
A-12生产线	A-12	条	1	10	10	200 000	0	200 000	200 000	全新
使用单位	广西美达服装有限责任公司									

设备科:韦坚　　　　　　　负责人:莫剑　　　　　　　经办人:张明

图 6-10　投入固定资产验收单

这项业务涉及"实收资本""固定资产""无形资产"三个账户,一方面投资者投入资本,使所有者权益增加,应记入"实收资本"账户贷方;另一方面本公司收到一条生产线,使资产增加,记入"固定资产"账户借方,收到一项专利,使资产增加,记入"无形资产"账户借方。本公司编制的记账凭证见图 6-11。

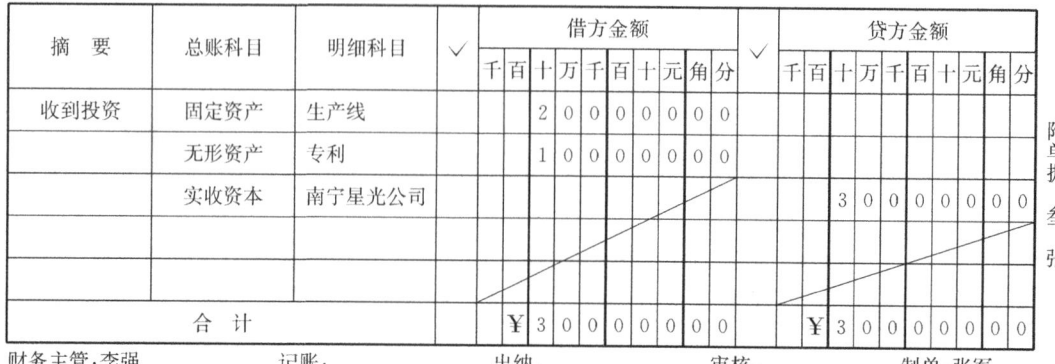

图 6-11　记账凭证

【例 6-3】 7 日,向工商银行申请期限 6 个月的流动资金贷款 500 000 元,已存入银行。贷款转存凭证(借款借据)和贷款合同副本见图 6-12 和 图 6-13。

中国工商银行贷款转存凭证(借款借据)

编号:0025968

账别:临时　　　　　　　　2019 年 12 月 07 日　　　　　　　　贷款种类:短期

借款人	全称	广西美达服装有限责任公司	收款人	全称	广西美达服装有限责任公司
	账号	6224501001201786868		账号	6223959017806432101
	开户银行	工行南宁市金湖路支行		开户银行	工行南宁市金湖路支行

大写金额	(币种)人民币伍拾万元整	千 百 十 万 千 百 十 元 角 分
		¥　　　5　0　0　0　0　0　0　0

委托你行将上述款项金额转存/支付工行金湖路支行账户

业务主管:黄飞　　经办人:张平

合同号:20170107000021

（借款人盖章 财务专用章 2019 年 12 月 07 日）
（业务清讫 2019 年 12 月 07 日 信贷部门盖章）
（印 陈达）
（20191207 贷款专用章）

第四联　收款收账通知

会计主管:李强　　　　复核:　　　　记账:

图 6-12　贷款转存凭证(借款借据)

中国工商银行贷款合同

立合同单位:中国工商银行南宁市金湖路支行(以下简称贷款方)
　　　　　　广西美达服装有限责任公司(以下简称借款方)

为明确责任,恪守合同,特签订本合同,共同信守。

一、贷款种类:短期流动资金借款。

二、借款金额:人民币伍拾万元整。

三、借款用途:进口材料。

四、借款利率:年利率为 5.70%,利随本清。如遇到国家调整利率,按调整后的利率计算。

五、贷款期限:借款时间自 2019 年 12 月 07 日至 2020 年 06 月 07 日止。

六、还款资金来源:产品销售收入。

七、还款方式:转账。

图 6-13　贷款合同(副本)

这项业务涉及"短期借款"和"银行存款"两个账户,一方面向银行借入贷款,使负债增加,应记入"短期借款"账户贷方;另一方面企业收到银行发放的贷款转存银行存款账户,使资产增加,记入"银行存款"账户借方。本公司编制的记账凭证如图 6-14 所示。

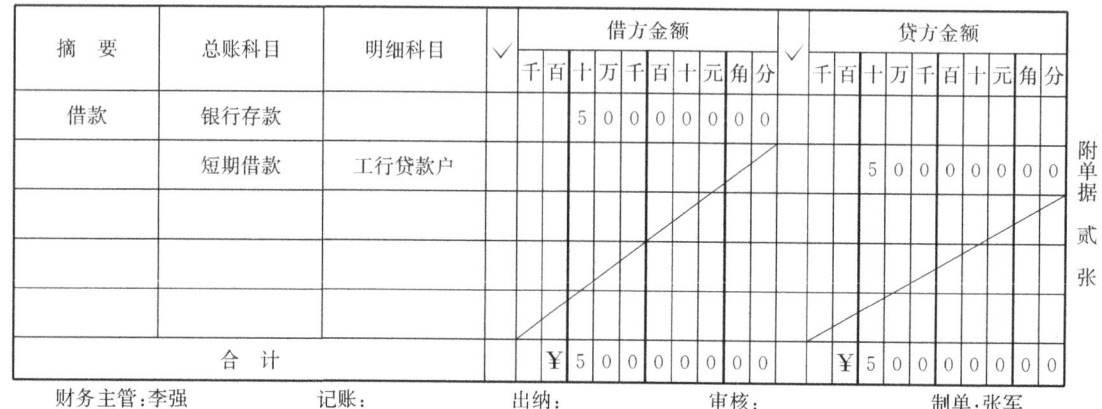

图 6-14 记账凭证

【例 6-4】 8日,接银行通知,从工行申请借款 1 000 000 元(借款期限 3 年)已到账,由于贷款转存凭证(借款借据)和贷款合同(副本)样式与[例 6-3]相同,故此处省略。

这项业务涉及"长期借款"和"银行存款"两个账户,一方面向银行借入贷款,使负债增加,还款期限为 3 年,应记入"长期借款"账户贷方;另一方面本公司收到银行发放的贷款转存银行存款账户,使资产增加,记入"银行存款"账户借方。本公司编制的记账凭证如图 6-15 所示。

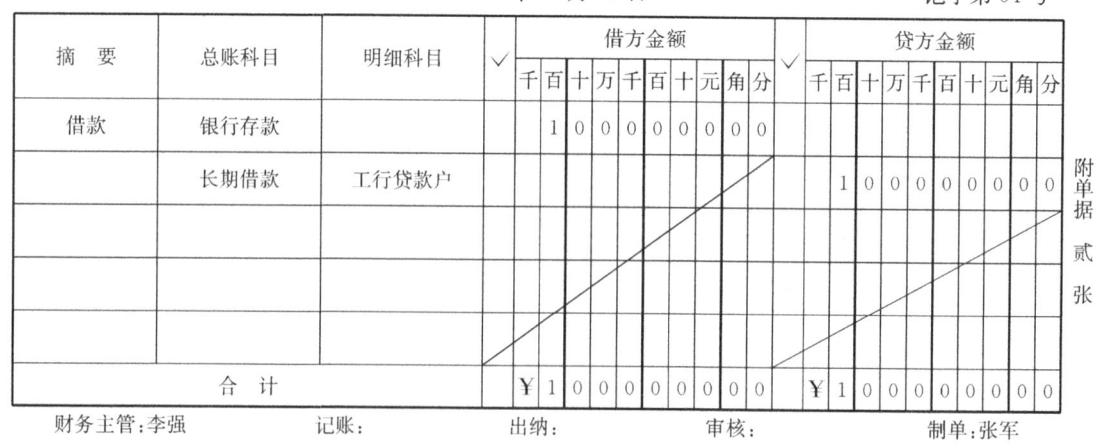

图 6-15 记账凭证

1. 投资者对企业的投资除了货币资金投资以外,还可能有哪些投资?
2. 投资者投入的资本金可以随时退出企业吗?

任务6.3 供应过程业务的账务处理

活动6.3.1 供应过程核算的工作内容

供应过程是生产的准备阶段。在这个过程中,企业一方面要从供应单位购进各种材料物资,形成生产储备;另一方面要支付材料物资的买价、采购费用和增值税,与供应单位发生结算关系。因此,核算和监督材料的买价和采购费用,确定材料采购成本,考核有关采购计划的执行情况,核算和监督与供应单位的货款结算,以及核算和监督供应阶段材料储备资金的占用,就构成了供应过程业务核算的主要工作内容。

材料采购成本主要由以下项目构成。

一、材料买价

材料买价即供货单位发票上开具的金额(企业如为增值税一般纳税人,增值税税率为13%,购买材料支付的增值税不能计入采购成本,应记入"应交税费"账户单独核算;企业如为小规模纳税人,增值税税率为3%和6%;购买材料时支付的增值税应计入采购成本,本书如无特殊提示,涉及的企业均为一般纳税人)。

知识拓展

营改增后,小规模纳税人税率(或称征收率)再也不是只有3%了,而是有两种:3%和5%,小规模纳税人的征收率为3%和5%(原建筑业、文化体育业营业税税率为3%,金融业、销售不动产、转让无形资产营业税税率为5%,娱乐业营业税税率为5%~20%)。

一、小规模纳税人适用5%征收率的情况

(1) 小规模纳税人销售其取得(不含自建)的不动产(不含个体工商户销售购买的住房和其他个人销售不动产),应以取得的全部价款和价外费用减去该项不动产购置原价或者取得不动产时的作价后的余额为销售额,按照5%的征收率计算应纳税额。纳税人应按照上述计税方法在不动产所在地预缴税款后,向机构所在地主管税务机关进行纳税申报。

(2) 小规模纳税人销售其自建的不动产,应以取得的全部价款和价外费用为销售额,按照5%的征收率计算应纳税额。纳税人应按照上述计税方法在不动产所在地预缴税款后,向机构所在地主管税务机关进行纳税申报。

(3) 房地产开发企业中的小规模纳税人,销售自行开发的房地产项目,按照5%的征收率计税。

(4) 其他个人销售其取得(不含自建)的不动产(不含其购买的住房),应以取得的全部价款和价外费用减去该项不动产购置原价或者取得不动产时的作价后的余额为销售额,按照5%的征收率计算应纳税额。

(5) 小规模纳税人出租其取得的不动产(不含个人出租住房),应按照5%的征收率计算应纳税额。纳税人出租与机构所在地不在同一县(市)的不动产,应按照上述计税方法在不动产所在地预缴税款后,向机构所在地主管税务机关进行纳税申报。

(6) 其他个人出租其取得的不动产(不含住房),应按照5%的征收率计算应纳税额。

(7) 个人出租住房,应按照5%的征收率减按1.5%计算应纳税额。

(8) 个人将购买不足2年的住房对外销售的,按照5%的征收率全额缴纳增值税;个人将购买2年以上(含2年)的住房对外销售的,免征增值税。上述政策适用于北京市、上海市、广州市和深圳市之外的地区。

二、小规模纳税人适用3%征收率的情况

(1) 纳税人中的小规模纳税人跨县(市)提供建筑服务,应以取得的全部价款和价外费用扣除支付的分包款后的余额为销售额,按照3%的征收率计算应纳税额。纳税人应按照上述计税方法在建筑服务发生地预缴税款后,向机构所在地主管税务机关进行纳税申报。

(2) 其他服务中的小规模纳税人(除其他个人以外,下同)销售自己使用过的固定资产和旧货适用3%的征收率并减按2%计算缴纳增值税,只能开具普通发票,不得由税务机关代开增值税专用发票。

二、外地运杂费

外地运杂费包括采购材料时发生的运输费、装卸费、保险费、包装费和仓储费等(外地采购材料的运杂费,应按照运杂费的9%抵扣增值税;采购人员的差旅费,以及市内的零星运杂费不计入材料采购成本,作为管理费用列支)。

三、运输途中的合理损耗

运输途中的合理损耗,要计入入账价值,不从采购成本中扣除。

四、入库前的加工整理挑选费等

入库前的加工整理挑选费等,按挑选整理中发生的人工费用和必要损耗,扣除回收的下脚料废料价值计入外购存货的成本中。

五、应负担的其他费用

应负担的其他费用,如进口关税等。

上述项目中,第二项至第五项构成采购费用,材料的买价和采购费用构成材料采购成本。

哪些费用可以计入材料采购成本?

活动6.3.2 供应业务核算的账户设置

一、"原材料"账户

"原材料"账户用来核算企业各种库存的材料(包括原材料及主要材料、辅助材料、外购半成品、修理用备件、燃料等)的增减变化及其结存情况。该账户是资产类账户。借方登记验收入库的各种材料的实际成本；贷方登记发出材料的实际成本；期末余额在借方，表示各种库存材料的实际成本。该账户应按材料的类别、品种、规格设置明细账进行明细分类核算，适合采用"数量金额式"明细账。

二、"在途物资"账户

"在途物资"账户用来核算企业已购买尚未验收入库的材料物资实际采购成本。该账户属于资产类账户，借方登记购入材料物资成本的增加数；贷方登记已收到验收转入"原材料"账户的实际成本；余额在借方，表示已购买但尚未入库的材料物资的实际成本。该账户按购入材料的品种或种类设置明细账，进行明细分类核算，适合采用专用的"在途物资"明细账，用横线登记法。

三、"应交税费"账户

"应交税费"账户用来核算企业按照税法规定计算应缴纳的各种税费，包括增值税、消费税、所得税、资源税、土地增值税、城市维护建设税、房产税、土地使用税、车船税、教育费附加、矿产资源补偿费等。该账户是负债类账户，贷方登记按规定计算的各种应交税费和增值税销项税；借方登记实际缴纳税费及增值税进项税；期末如为贷方余额，则表示应交未交的税费；期末如为借方余额，则表示多交的税费。该账户应按照应交税费的种类设置明细账，进行明细账分类核算。

"应交税费——应交增值税"账户用来核算和监督企业应交和实交增值税的结算情况。企业购买材料物资时缴纳的增值税进项税额记入该账户的借方；企业销售产品时向购买方代收的增值税销项税额记入该账户的贷方；该账户期末如为贷方余额，表示应交而未交的增值税，转入"应交税费——转出未交增值税"账户的贷方，结转后增值税余额为零；如为借方余额，则表示尚未抵扣的增值税，转入"应交税费——转出多交增值税"账户的借方，结转后增值税余额为零。该明细账适合采用"应交增值税"明细账，属于"借贷双方多栏式"明细账。

四、"应付账款"账户

"应付账款"账户用来核算企业因购买材料、商品和接受劳务供应等经营活动应向供应商支付而未支付的款项。该账户属于负债类，贷方登记因购买材料、商品和接受劳务供应等业务而发生的应付未付的款项；借方登记已经支付或已出开承兑商业汇票抵付的应付款项；余额一般在贷方，表示尚未偿还的款项。该账户应当按照供应商（债权）设置明细账，进行明细分类核算，适合采用"三栏式"明细账。

五、"预付账款"账户

"预付账款"账户用来核算企业按照合同规定预先支付给供应商的款项。该账户属于资产类，借方登记向供应商预付或补付的款项；贷方登记收到供应商发来的物资或退回的预付款项；期末余额一般在借方，表示企业预付的款项；如期末余额在贷方，则表示尚未补付的款项，属于应付账款。该账户按供应商设置明细账，进行明细分类核算，适合采用"三栏式"明细账。

如果企业预付款不多，可以不设"预付账款"账户，发生预付账款时，企业可在"应付账款"

账户的借方登记预付的款项;若"应付账款"账户期末为借方余额,则表示预付账款。

六、"应付票据"账户

"应付票据"账户用来核算企业购买材料物资、商品及接受劳务等应支付的款项而开出、承兑的商业汇票(包括银行承兑汇票和商业承兑汇票)。该账户属于负债类。贷方登记企业开出、承兑商业汇票抵付的货款、应付账款;借方登记到期兑付的票据款项;期末余额在贷方,表示企业签发的尚未到期兑付的商业汇票的金额。该账户可按债权人进行明细核算,适合采用"三栏式"明细账。

"应交税费"账户下设哪几个明细账户?各自的核算内容是什么?

活动 6.3.3 供应业务的账务处理

广西美达服装有限责任公司 2019 年 12 月发生的经济业务如下:

【例 6-5】 7 日,从深圳工贸公司购入原材料 01#牛仔布 20 捆,单价为 3 000 元,增值税税率为 13%,货款通过银行电汇,原材料验收入库。增值税专用发票的抵扣联和发票联、汇款业务委托书、原材料入库单见图 6-16 至图 6-19。

图 6-16 增值税专用发票(抵扣联)

注:增值税专用发票的抵扣联和发票联必须盖章,记账联不用盖章。

广西增值税专用发票

No 4500000000

45000572650

校验码 0333268754921798

发 票 联

开票日期：2019 年 12 月 07 日

购买方	名　　称：广西美达服装有限责任公司 纳税人识别号：450113987654321 地　址、电　话：南宁市青秀区工业园区118号 0771-5673858 开户行及账号：工行南宁市金湖路支行 6224501001201786868	密码区	（略）

货物或应税劳务、服务名称	规格型号	单位	数量	单价	金额	税率	税额
01#牛仔布		捆	20	3 000.00	60 000.00	13%	7 800.00
合　　计					￥60 000.00		￥7 800.00

价税合计（大写）	⊗ 陆万柒仟捌佰元整	（小写）￥67 800.00

销售方	名　　称：深圳工贸公司 纳税人识别号：440132170666666 地　址、电　话：深圳宝安区上水路36号 0755-58210000 开户行及账号：工行深圳市宝安支行 6221022002000000001	备注	（深圳工贸公司 发票专用章 440132170666666）

收款人：李力　　复核人：　　开票人：莫兰　　销售方：（章）

图 6-17 增值税专用发票（发票联）

中国工商银行　业务委托书（回单）

委托日期　2019 年 12 月 07 日　　　　桂 A　11284568

业务类型	☑电汇 T/T　☐信汇 M/T　☐汇票申请书 D/D　☐本票申请书 Promissory Note			
付款人 Applicant	全称 Full Name	广西美达服装有限责任公司	收款人 Payee	全称 Full Name	深圳工贸公司
	账号或地址 A/C No. or Address	6224501001201786868		账号或地址 A/C No. or Address	6221022002000000001
	开户银行 A/C Bank	工行南宁市金湖路支行		开户银行 A/C Bank	工行深圳市宝安支行

金额（大写） Amount in Words	人民币陆万柒仟捌佰元整	亿 千 百 十 万 千 百 十 元 角 分 ￥　　　　6　7　8　0　0　0

密码 S.C		加急汇款签字 Signature For Express Payment	付出行盖章 （工行南宁市金湖路支行 20191207 业务专用章）

用途 In Payment of	支付货款		

单位主管　　会计　　复核　　记账

事后监督　　　　会计主管　　　　复核　　　　记账

图 6-18 业务委托书

原材料入库单

供货单位：深圳工贸公司 会计科目：原材料 仓库：1号库
发票号码：(略)   2019年12月07日   材料类别：主要材料 编号：(略)

| 材料编号 | 材料规格及名称 | 计量单位 | 数量 | | 实际成本 | | | | | |
| | | | 应收 | 实收 | 买价 | | 采购费用 | 其他 | 总成本 | 单位成本 |
					单价	金额				
01#	牛仔布	捆	20	20	3 000.00	60 000.00			60 000.00	3 000.00
合 计			20	20	3 000.00	60 000.00			60 000.00	

仓库保管员：宋强   经手人：李健

第三联 记账凭证

图 6-19　原材料入库单

这项业务涉及"原材料""应交税费""银行存款"三个账户，一方面本公司购入材料入库，使资产增加，应记入"原材料"账户借方；同时缴纳了增值税进项税，使负债减少，应记入"应交税费——应交增值税(进项税额)"账户贷方；另一方面本公司委托用电汇方式支付货税款，使资产减少，记入"银行存款"账户贷方。根据上述分析结果，财会人员根据增值税专用发票、汇款业务委托书、原材料入库单、填制记账凭证(见图 6-20)。

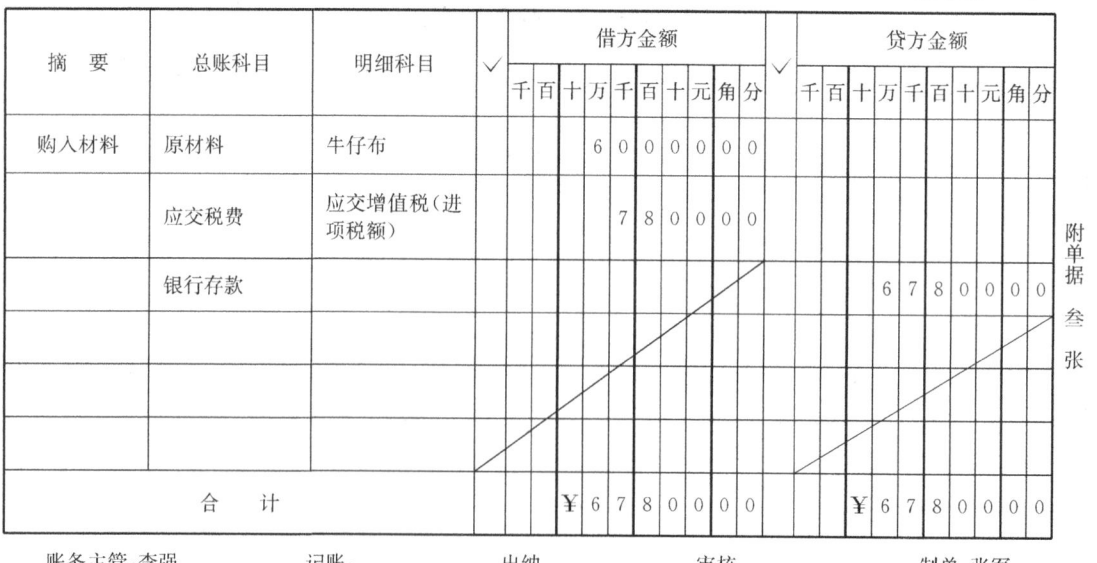

图 6-20　记账凭证

【例 6-6】　8日，因订购专用成套配件而开出转账支票预付南宁市百货公司款项 150 000 元，转账支票正联交南宁市百货公司，收到对方开具的专用收款收据一张。专用收款收据和转账支票存根见图 6-21 和图 6-22。

专用收款收据

收款日期 2019 年 12 月 08 日　　No 0002222

付款单位 （交款人）	广西美达服装有限责任公司	收款单位 （交款人）	南宁市百货公司		收款项目			预付定金				
人民币 （大写）	壹拾伍万元整			千	百	十	万	千	百	十	元	角	分
				￥		1	5	0	0	0	0	0	0
收款事由	订购配套材料定金			经办	部门		销售科					
					人员		吴江					
上述款项照数收讫无误 收款单位财务专用章 （领款人签章）		会计主管 李 强		稽 核		出 纳 王 红		交款人 陈 峰				

图 6-21　专用收款收据

图 6-22　转账支票存根

　　该项业务发生后，引起公司资产要素一增一减。一方面南宁市百货公司开具的"专用收款收据"表明本公司因预付定金而使自身索取货物或定金的权利增加，即资产要素中的预付账款增加了 150 000 元，应记入"预付账款"账户借方；另一方面"转账支票存根"表明公司通过转账付款，银行存款减少了 150 000 元，记入"银行存款"账户贷方。根据上述分析，财会人员应根据专用收款收据和转账支票存根填制记账凭证（见图 6-23）。

记 账 凭 证

2019 年 12 月 08 日　　　　　　　　　　　　　　记字第 04 号

摘　要	总账科目	明细科目	√	借方金额 千百十万千百十元角分	√	贷方金额 千百十万千百十元角分
预付购材料定金	预付账款	南宁百货公司		1 5 0 0 0 0 0 0		
	银行存款					1 5 0 0 0 0 0 0
合　计				￥1 5 0 0 0 0 0 0		￥1 5 0 0 0 0 0 0

附单据 贰 张

财务主管：李强　　　记账：　　　出纳：　　　审核：　　　制单：张军

图 6-23　记账凭证

【例 6-7】 9 日，从柳州彩棉纺织厂采购 01 棉布 10 000 米，单价为 12 元；02 棉布 5 000 米，单价为 26 元，增值税税率为 13%。本公司开出银行承兑汇票一张，期限为 3 个月、票面金额为 282 500 元的银行承兑汇票用来支付货款，原材料尚未验收入库。原始凭证中的增值税专用发票的抵扣联、发票联和业务委托书与前述相同，此处省略；银行承兑汇票见图 6-24。

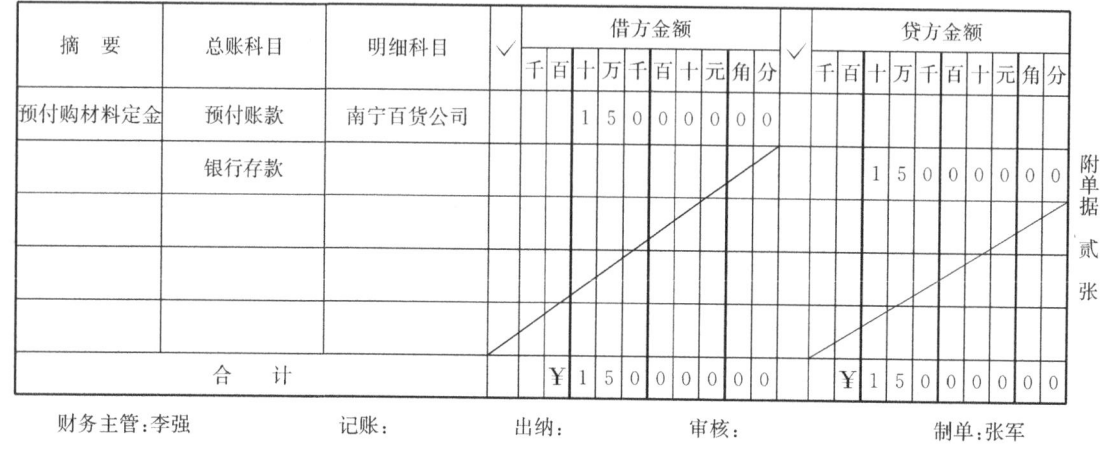

图 6-24　银行承兑汇票

该项业务发生后，引起公司资产和负债要素发生变化。一方面，根据增值税专用发票，由 01 棉布买价 120 000 元、02 棉布 130 000 构成的原材料增加 250 000 元，由于材料尚未入库，应记入"在途物资"账户借方,同时,应交增值税 32 500 元由卖方代收代缴,应记入"应交税费——应交增值税(进项税额)"账户借方;另一方面,根据业务委托书和银行承兑汇票确定本公司负债增加,应记入"应付票据"账户贷方。因此该业务应编制分录如下:

借:在途物资——01 棉布   120 000
          ——02 棉布   130 000
    应交税费——应交增值税(进项税额)   32 500
  贷:应付票据——柳州彩棉纺织厂   282 500

根据上述分析,财会人员应根据有关原始凭证,填制记账凭证(此处略)。

使用银行承兑汇票进行结算,银行要依照相关规定按照票面金额 0.5‰ 向承兑申请人收取承兑手续费。承兑申请人支付手续费列作财务费用。如果汇票到期承兑申请人无力支付或不足支付票款,付款行见票无条件支付票款,但付款银行对该笔票款将转入承兑申请人逾期贷款账户,要加收利息。所以,企业应将"银行承兑汇票"登记在备查账上,在票据到期前将足额款项存入银行备付。

【例 6-8】 9 日,用电汇方式支付从柳州彩棉纺织厂购入原材料的运费 3 073.80 元,原材料验收入库,公司开具了业务委托书委托银行电汇汇款。业务委托书、增值税专用发票的样式同前,此处省略。原材料入库单如图 6-25 所示。

原材料入库单

供货单位:柳棉   会计科目:原材料   仓库:21 号库
发票号码:(略)   2019 年 12 月 09 日   材料类别:主要材料   编号:(略)

材料编号	材料规格及名称	计量单位	数量		实际成本					
			应收	实收	买价		采购费用	其他	总成本	单位成本
					单价	金额				
01	棉布	米	10 000	10 000	12.00	120 000.00	1 880.00		121 880.00	12.188
02	棉布	米	5 000	5 000	26.00	130 000.00	940.00		130 940.00	26.188
合计			15 000	15 000		250 000.00	2 820.00		252 820.00	

仓库保管员:宋强   经手人:李健

图 6-25 原材料入库单

(1) 该项经济业务发生后,根据增值税专用发票金额运费 2 820 元,可计算进项税 253.80 元(2 820×9‰),记入"应交税费——应交增值税"账户借方,计入材料的采购费用为 2 820 元,这样材料成本除了买价外又增加了 2 820 元,应记入"在途物资"账户借方;同时,通过电汇 3 073.80 元,使银行存款减少,应记入"银行存款"账户贷方。另外,在材料采购过程中,购买一种材料发生买价和采购费用,购成该种材料的实际成本;当购买两种或两种以上的材料,共同支付一笔采购费用时,则需要将该笔采购费用按照一定的标准分配计入所购材料的实际成本。共同费用的分配标准,可以选择运输材料的重量、数量、体积等。涉及采购费用分配的计算公式如下：

$$采购费用分配率＝共同发生采购费用÷分配标准总额$$
$$某种材料应负担的采购费用＝某种材料分配标准数量×分配率$$

本公司应计入采购成本的运费为 2 820 元，并按照两种材料的数量分配采购费用，计算过程如下：

$$采购费用分配率＝2\,820÷(10\,000＋5\,000)＝0.188$$
$$01\ 棉布应负担的运费＝10\,000×0.188＝1\,880(元)$$
$$02\ 棉布应负担的运费＝5\,000×0.188＝940(元)$$

若采购费用分配率除不尽时，通常保留 2 位小数，尾差由排列在末尾的材料负担，计算方法如下：

$$01\ 棉布应负担的运费＝10\,000×0.188＝1\,880(元)$$
$$02\ 棉布应负担的运费＝计入成本的运杂费－已分配的运费$$
$$＝2\,820－1\,880＝940(元)$$

因此，支付并分配采购费用应编制会计分录如下：

借：在途物资——01 棉布　　　　　　　　　　　　　　　　　　1 880.00
　　　　　　——02 棉布　　　　　　　　　　　　　　　　　　　940.00
　　应交税费——应交增值税（进项税额）　　　　　　　　　　　　253.80
　贷：银行存款　　　　　　　　　　　　　　　　　　　　　　　　　　　3 073.80

根据上述分析结果，财会人员应根据有关原始凭证，填制记账凭证。

（2）根据原材料入库单分析，由于原材料验收入库，在途材料的核算任务已经完成，引起本公司资产要素中的两项目发生此增彼减变化。一方面，资产要素中库存材料的增加，应记入"原材料"账户的借方；另一方面，随着原材料验收入库，资产要素中的在途材料减少，应记入"在途物资"账户的贷方。因此，该笔经济业务应作会计分录如下：

借：原材料——01 棉布　　　　　　　　　　　　　　　　　　121 880
　　　　——02 棉布　　　　　　　　　　　　　　　　　　　　130 940
　贷：在途物资——01 棉布　　　　　　　　　　　　　　　　　　　121 880
　　　　　　——02 棉布　　　　　　　　　　　　　　　　　　　　130 940

根据上述分析结果，财会人员应根据有关原始凭证，填制记账凭证（此处略）。

【例 6-9】 10 日，从南宁市商贸公司购入拉链 500 条，单价为 2 元；纽扣 20 包，单价 50 元。价款共计 2 000 元，对方公司为小规模纳税人，增值税征收率为 3%，增值税为 60 元，价税合计 2 060 元。双方约定 3 天内付款，用现金支付市内运杂费 20 元，材料运达企业并验收入库。原始凭证中的增值税专用发票（代开）、原材料入库单的式样同前，运杂费为市内出租车票（此处略）。

（1）该项业务发生后，用现金支付运杂费 20 元，一方面，市内运杂费应在管理费用中核

算,记入"管理费用"账户借方;另一方面,库存现金减少20元,记入"库存现金"账户贷方。该笔经济业务应作会计分录如下:

  借:管理费用——运杂费 20
    贷:库存现金 20

  根据上述分析结果,财会人员应根据有关原始凭证,填制记账凭证。

  (2) 该项业务发生后,材料入库引起资产负债要素发生变化。一方面,材料入库,原材料增加2 000元,应记入"原材料"账户借方;同时,缴纳增值税60元,记入"应交税费——应交增值税"账户借方(增值税由卖方代收代缴,本公司虽然没有付款,但只欠南宁市商贸公司的全部款项,而不欠国家税款);另一方面,双方约定3日内付款,导致本公司债务增加2 060元,记入"应付账款"账户贷方。因此,该笔经济业务应作会计分录如下:

  借:原材料——拉链 1 000
     ——纽扣 1 000
    应交税费——应交增值税(进项税额) 60
    贷:应付账款——南宁市商贸公司 2 060

  根据上述分析结果,财会人员应根据有关原始凭证,填制记账凭证(此处略)。

  【例6-10】 10日,收到南宁市百货公司预订成套配件的增值税专用发票,数量500套,单价为400元,金额为200 000元,增值税为26 000元,已预付定金,尚欠部分货款,约定次日付款,材料运达企业并验收入库。原始凭证中的增值税专用发票、原材料入库单的样式同前(此处略)。

  该项经济业务发生后,引起企业资产负债要素发生变化。一方面,因收到材料200 000元入库,原材料增加,记入"原材料"账户借方,同时,应交增值税26 000元由卖方代收代缴,应记入"应交税费——应交增值税"账户借方;另一方面,由于是通过预付款方式采购,结算时应把价税款合计226 000元记入"预付账款"账户的贷方(此时,"预付账款"账户出现贷方余额,表示应补付的金额)。因此,该笔经济业务应作会计分录如下:

  借:原材料——成套配件 200 000
    应交税费——应交增值税(进项税额) 26 000
    贷:预付账款——南宁市百货公司 226 000

  根据上述分析结果,财会人员应根据有关原始凭证,填制记账凭证(此处略)。

  【例6-11】 承[例6-9],13日,接到开户银行付款通知,同意支付前欠南宁市商贸公司款项2 060元,托收凭证(付款通知)如图6-26所示。

  该项经济业务发生后,引起本公司资产要素和负债要素发生变化。一方面,因为支付了前欠货款,负债减少了2 060元,记入"应付账款"账户借方;另一方面,银行存款等额减少,记入"银行存款"账户贷方。因此,该笔经济业务应作会计分录如下:

  借:应付账款——南宁市商贸公司 2 060
    贷:银行存款 2 060

  根据上述分析结果,财会人员应根据有关原始凭证,填制记账凭证(此处略)。

托 收 凭 证（付款通知）   5

付款到期日 2019 年 12 月 10 日   付款日 2019 年 06 月 13 日

业务类型 Type	委托收款(□邮划、☑电划) 托收承付(□邮划、□电划)											
付款人	全称	广西美达服装有限责任公司	收款人	全称	南宁市商贸公司							
	账号	6224501001201786868		账号	4501022002000000260							
	地址	广西省南宁市(县)		地址	交行南宁市朝阳支行							
金额	人民币(大写)	贰仟零陆拾元整	亿	千	百	十	万	千	百	十	元	角	分
								¥	2	0	6	0	0	0

此联作付款人开户行给付款人按期付款通知

款项内容	货款	托收凭据名称		附寄单据张数	壹张
商品发运情况		已发运		合同号	20191201

备注：验单付款

付款人开户银行收到日期：
2019 年 12 月 10 日

复核   记账

付款人开户银行盖章
2019 年 12 月 13 日

付款人注意：
1. 根据支付结算办法，上列托收款(托收承付款项)在付款期限内未提出拒付，即视为同意付款，以此代付款。
2. 如果提出全部或部分拒付理由，应在规定的期限内，将拒付现由书并附债务证明退交开户银行。

图 6-26　托收凭证（付款通知）

【例 6-12】 13 日，开出转账支票补付南宁市百货公司预付款不足部分 76 000 元，收到对方开来的专用款收据。原始凭证中的专用收款收据和转账支票存根样式同前(此处略)。

该项经济业务发生以后，引起公司资产要素中两个项目发生变化。一方面，补付预付款不足部分 76 000 元，使得预付款增加，记入"预付账款"账户借方，这时"预付账款"账户余额为零；另一方面，银行存款等额减少，记入"银行存款"账户贷方。因此，该笔经济业务应作会计分录如下：

借：预付账款——南宁百货公司　　　　　　　　　　　　　　　　　　　　　76 000
　　贷：银行存款　　　　　　　　　　　　　　　　　　　　　　　　　　　　76 000

根据上述分析结果，财会人员应根据有关原始凭证，填制记账凭证。

预付账款不多的企业可以不设"预付账款"账户，而直接通过"应付账款"账户核算。预付款时，借记"应付账款"账户，贷记"银行存款"账户；收到材料时，借记"原材料""应交税费"账户，贷记"应付账款"账户；补付不足部分时，借记"应付账款"账户，贷记"银行存款"账户；收回多付款时，借记"银行存款"账户，贷记"应付账款"账户。

【例 6-13】 14 日，应付广西服装进出口公司银行承兑汇票票款 33 900 元到期，原始凭证中的托收凭证的样式同前(此处略)。

该项经济业务发生后,引起本公司资产、负债要素中两个项目发生变化。一方面,因为应付票据到期支付 33 900 元,使负债减少,记入"应付票据"账户借方;同时,银行存款等额减少,记入"银行存款"账户贷方。因此,该笔经济业务应作会计分录如下:

借:应付票据——广西服装进出口公司　　　　　　　　　　　　　　33 900
　　贷:银行存款　　　　　　　　　　　　　　　　　　　　　　　　　33 900

根据上述分析结果,财会人员应根据有关原始凭证,填制记账凭证(此处略)。

1. 一般纳税企业增值税是否计入材料采购成本?小规模纳税企业增值税是否也计入材料成本呢?
2. 对于采用预付款方式采购材料时,企业在收入材料时会计核算上应注意什么?

任务 6.4　生产过程业务的账务处理

活动 6.4.1　生产过程业务的核算内容

生产过程是制造业重要的生产经营活动。生产过程既是产品的制造过程,又是物化劳动和活劳动的耗费过程。一方面,劳动者借助劳动资料对劳动对象加工制造产品,以满足社会的需要;另一方面,制造产品过程即是生产的耗费过程,包括劳动力、劳动资料和劳动对象的耗费。原材料的消耗,构成材料费用;生产工人及管理人员的劳动消耗,构成职工薪酬;机器设备等固定资产的消耗,构成折旧费;其他费用开支的耗费(如办公费、水电费、差旅费等),构成了生产费用;为了销售商品等经营活动所发生的广告费、借款利息、办公费等支出,构成期间费用。费用按是否计入成本可分为成本费用和计入损益的费用。

一、计入成本的费用

计入成本的费用又称生产费用,是指在生产领域发生的各项耗费。按照其与产品之间的关系,可以分为直接费用和间接费用。

(一) 直接费用

直接费用是指直接为生产产品或提供劳务而发生的费用。它包括直接材料、直接人工和其他直接费用。直接费用在发生时直接记入"生产成本"账户。

(1) 直接材料是指直接用于产品生产,构成产品实体的物料费用。它主要包括主要材料、外购半成品及有助于产品形成的辅助材料费用等。

(2) 直接人工是指直接参加产品生产的工人薪酬。它包括工人工资、福利、奖金、津贴等支出。

(3) 其他直接费用是指直接用于产品生产的、不能归入直接材料和直接人工中的各种耗费，如能够直接计量的生产产品用电、用水的耗费。

（二）间接费用

间接费用是指企业各生产单位（分厂、车间）为组织和管理生产所发生的共同费用。例如，生产车间为组织和管理生产发生的各项费用，包括车间管理人员工资、福利、奖金、津贴等支出，车间固定资产的折旧费、保险费、车间办公费、水电费、电话费和修理费等支出，都属于间接费用。生产车间发生的间接费用，平时记入"制造费用"账户，月末将全月发生的制造费用按照一定的标准在不同产品中进行分配，结转记入"生产成本"账户。

生产费用按一定种类和数量的产品进行归集，就形成了产品的成本。因此，在产品生产过程中费用的发生、归集和分配，以及产品成本的形成，就构成了生产过程核算的主要工作内容。

二、计入损益的费用

计入损益的费用又称期间费用，是指发生在非生产领域、不计入产品成本的费用。因而其在发生的会计期间直接计入当期损益。它包括管理费用、销售费用和财务费用。

（一）管理费用

管理费用是指企业行政管理部门为组织生产经营活动而发生的费用。

（二）销售费用

销售费用是指企业因在销售商品过程中发生的运杂费、包装费、展览费和广告费等费用而专设的销售机构经费。

（三）财务费用

财务费用是指企业为筹集生产经营资金而发生的利息支出、汇兑损益和相关的手续费用等。

1. 企业计入成本的费用有哪些？
2. 哪些费用不属于生产费用而直接计入当期损益？

活动 6.4.2　生产业务核算的账户设置

与生产过程业务紧密相关的账户主要包括"生产成本""制造费用""应付职工薪酬""累计折旧""库存商品"等，但由于分配工资、计提折旧等业务都会涉及非生产费用，此外，还需要使用到"管理费用""销售费用""财务费用"等账户。

一、"生产成本"账户

"生产成本"账户用来归集和分配产品生产过程中所发生的各项费用。这里的产品包括产成品、自制半成品、自制材料、自制工具、自制设备等。该账户是成本类账户，借方登记应计入产品成本的各种耗费和月末分配转入的制造费用；贷方登记完工产品转出入库产品的生产成本；期末余额在借方，表示（通常是月末）尚未完工的在产品成本。对于小型企业而言，该账户可按产品品种设置明细账，选择"借方多栏式"明细账；对于大中型企业而言，该账户可设置"基本生产成本"和"辅助生产成本"两个明细账，适合采用专用的"生产成本明细账"（多栏式），进行明细分类核算。

二、"制造费用"账户

"制造费用"账户用来核算企业生产车间因生产产品、提供劳务而发生的各项间接费用(包括车间管理人员的薪酬、车间计提的固定资产折旧费、保险费、车间办公费、水电费和修理费等)。该账户是成本类账户,借方登记发生各项间接生产费用;贷方登记分配转出的间接生产费用;期末结转后,该账户一般无余额。该账户按车间设置明细账(小型企业可按费用项目设置明细账),进行明细分类核算。该账户适合采用"借方多栏式"明细账,也有专用的明细账。

三、"应付职工薪酬"账户

"应付职工薪酬"账户用来核算企业为获得职工提供的服务而给予各种形式的报酬和其他相关支出[包括职工工资、奖金、津贴和补贴,职工福利,各项保险待遇("五险一金"),工会经费以及职工教育经费等项目]。该账户是负债类账户,贷方登记本月负担尚未支付给职工的薪酬;借方登记本月实际支付的职工薪酬;期末余额通常在贷方,表示应付未付的职工薪酬。该账户可按工资、职工福利、社会保险费、住房公积金、工会经费等设置明细账,进行明细分类核算,适合采用"贷方多栏式"明细账,也有专用明细账。

四、"累计折旧"账户

"累计折旧"账户用来核算企业固定资产的累计折旧。该账户是资产类账户(属于固定资产调整账户,或称抵减账户),贷方登记按月计提固定资产折旧数,表示固定资产因损耗增加而减少的价值;借方登记固定资产因出售、报废等原因引起的价值减少,在注销固定资产原始价值(即贷记"固定资产"账户)的同时,应借记"累计折旧"账户,注销已计提的折旧额;期末余额在贷方,表示现有的固定资产提取的累计折旧余额。该账户应按固定资产的类别或项目设置明细账,进行明细分类核算,适合采用专用的"固定资产及折旧"明细账。

五、"库存商品"账户

"库存商品"账户用来核算企业库存的各种商品的实际成本。该账户是资产类账户,借方登记验收入库产品的实际成本;贷方登记发出商品的实际成本;期末余额在借方,表示库存商品的实际成本。该账户应按商品种类、品种和规格设置明细账,进行明细分类核算,适合采用"数量金额式"明细账。

六、"管理费用"账户

"管理费用"账户用来核算企业为组织和管理企业生产经营所发生的费用[包括企业在筹建期间发生的开办费,董事会和行政管理部门在企业的经营管理中发生的或者应由企业统一负担的公司经费(包括行政管理部门职工工资及福利费、物料消耗、低值易耗品摊销、办公费和差旅费等)、工会经费、董事会经费(包括董事会成员津贴、会议费和差旅费等),聘请中介机构费、咨询费(含顾问费)、诉讼费、业务招待费、技术转让费、矿产资源补偿费、研究费用、排污费,以及企业行政管理部门发生的固定资产修理费等]。该账户是损益类(费用类)账户,借方登记确认发生各种管理费用;贷方登记期末结转入"本年利润"账户的管理费用;期末结转后,该账户无余额。该账户应按照费用项目设置明细账,进行明细分类核算,适合采用"借方多栏式"明细账。

七、"销售费用"账户

"销售费用"账户用来核算企业在销售商品过程中发生的各种费用[包括保险费、包装费、展览费和广告费、运输费、装卸费,以及为销售本企业商品而专设销售机构(含销售网点、售后服务网点等)的职工薪酬、业务费、折旧费等]。该账户是损益类(费用)账户。借方登记确认发生各种销售费用;贷方登记期末结转入"本年利润"账户的销售费用;期末结转后,该账户无余额。该账户应按照费用项目设置明细账,进行明细分类核算,适合采用"借方多栏式"明细账。

八、"财务费用"账户

"财务费用"账户用来核算企业为筹集生产经营资金而发生的各项费用[包括利息支出(减利息收入)、汇兑损益和相关的手续费等]。该账户是损益类(费用类)账户,借方登记确认发生的各项财务费用,贷方登记期末结转入"本年利润"账户的财务费用,期末结转后,该账户无余额。该账户应按照费用项目设置明细账,进行明细分类核算,适合采用"借方多栏式"明细账。

请说说生产过程业务核算各主要账户的特点。

活动6.4.3 生产业务的账务处理

广西美达服装有限责任公司2019年12月发生的经济业务如下:

【例6-14】 15日,分配本月发出材料实际成本,财会人员根据6张领料单(略)编制原材料耗用汇总表(见表6-1)。

表6-1   原材料耗用汇总表
2019年12月15日

材料种类		单价	生产产品				车间耗用		厂部耗用		销售机构耗用		合 计	
			男装牛仔裤		淑女上衣		耗用量	金额	耗用量	金额	耗用量	金额	耗用量	金额
			耗用量	金额	耗用量	金额								
原材料	01 棉布	12.19	1 000	12 190	2 500	30 475	50	609.50	30	365.70	100	1 219	3 680	44 859.20
	02 棉布	26.19	1 000	26 190	3 000	78 570	20	523.80	20	523.80	100	2 619	4 140	108 426.60
	01#牛仔布	3 000.00	10	30 000									10	30 000.00
	拉链	2.00	100	200	300	600							400	800.00
	纽扣	50.00	2	100	3	150							5	250.00
合 计				68 680		109 795		1 133.30		889.50		3 838		184 335.80

会计主管:李强   制单:张军

该项经济业务发生后,引起本公司资产要素、费用要素发生变化。一方面,因为生产产品领用各种原材料,使生产成本增加178 475元,记入"生产成本"账户借方,车间耗用原材料,使制造费用增加1 133.30元,记入"制造费用"账户借方,厂部耗用原材料889.50元,记入"管理费用"账户借方,销售机构耗用原材料3 838元,记入"销售费用"账户借方;另一方面,各种原材料因为被各部门领用而减少184 335.80元,记入"原材料"账户贷方,因此,该笔经济业务应作会计分录如下:

借:生产成本——男装牛仔裤	68 680.00
——淑女上衣	109 795.00
制造费用——材料费	1 133.30
管理费用——材料费	889.50
销售费用——销售机构经费	3 838.00
贷:原材料——01棉布	44 859.20
——02棉布	108 426.60
——01#牛仔布	30 000.00
——拉链	800.00
——纽扣	250.00

根据上述分析结果,财会人员应根据有关原始凭证,填制记账凭证。

【例6-15】 15日,分配职工工资,根据职工薪酬计算表(略),编制职工薪酬分配表(见表6-2)。

表6-2　　　　　　　　　　广西美达服装有限责任公司职工薪酬分配表

编报单位:广西美达服装有限责任公司　　2019年12月15日　　　　　　　　　金额单位:元

部门		人数	基本工资	岗位津贴	奖金	房补	应扣工资		应付职工薪酬	代扣款项					实付职工薪酬
							病假	事假		住房公积金	医疗保险	失业险	养老保险	所得税	
车间	男装牛仔裤	30	60 000	10 800	2 800	7 360	280		80 680	7 360	1 472	736.00	5 888	251	64 973.00
	淑女上衣	20	38 000	7 200	1 400	4 660	300	300	50 660	4 660	932	466.00	3 728	30	40 844.00
	车间管理人员	4	8 000	1 600	250	985	300	190	10 345	985	197	98.50	788		8 265.50
厂部管理部门		15	22 500	30 000	2 100	5 460	0	80	59 980	5 460	1 092	546.00	4 368	380	48 134.00
专设销售机构		4	10 000	2 400	500	1 290	90	0	14 100	1 290	258	129.00	1 032	20	11 371.00
合计		73	138 500	52 000	7 050	19 755	970	570	215 765	19 755	3 951	1 975.50	15 804	701	173 578.50

会计主管:李强　　　　　　　　　　　　　　　　　　　　　　　　　　　　　　　　　制单:张军

该项经济业务发生后,引起本公司费用和负债要素发生变化。一方面,要素费用中的生产成本、制造费用、管理费用、销售费用项目分别增加,应按受益单位分别借记"生产成本""制造费用""管理费用""销售费用"账户的借方;另一方面,引起负债要素中的应付职工薪酬项目增加,应记入"应付职工薪酬"账户的贷方。因此,该笔经济业务应作会计分录如下:

借:生产成本——男装牛仔裤	80 680
——淑女上衣	50 660
制造费用——职工薪酬	10 345
管理费用——职工薪酬	59 980
销售费用——销售机构经费	14 100
贷:应付职工薪酬——短期薪酬(职工工资)	215 765

根据上述分析结果,财会人员应根据有关原始凭证,填制记账凭证。

【例6-16】 30日,分别按应付职工薪酬总额的7.7%、16%和0.5%计提社会保险费(含职工医疗保险、工伤保险和生育保险)、养老保险和失业保险费,未计提住房公积金,编制的职工保险费计算分配表如表6-3所示。

表6-3　　　　　　　　　　　　职工保险费计算分配表
2019年12月30日　　　　　　　　　　　　　　　　　　　　　　单位:元

项目	应付职工薪酬	社会保险费 (7.7%)	养老保险费 (16%)	失业保险费 (0.5%)
男装牛仔裤	80 680	6 212.36	12 908.80	403.4
淑女上衣	50 660	3 900.82	8 105.60	253.30
小　计	131 340	10 113.18	21 014.40	656.70
车间管理人员	10 345	796.57	1 655.20	51.73
厂部管理部门	59 980	4 618.46	9 596.80	299.90
专设销售机构	14 100	1 085.7	2 256	70.50
合　计	215 765	16 613.91	34 522.40	1 078.83

单位负责人:陈美　　　　　　　　　　　　　　　　　　　　　　　　　　　制单:张军

该项经济业务发生后引起公司费用和负债要素发生变化。一方面,要素费用中的生产成本、制造费用、管理费用、销售费用项目分别增加,应按受益单位分别借记"生产成本""制造费用""管理费用""销售费用"账户的借方;另一方面,引起负债要素中的应付职工薪酬项目增加,应记入"应付职工薪酬"账户的贷方。因此,该笔经济业务应作会计分录如下:

借:生产成本——男装牛仔裤　　　　　　　　　　　　　　　　　　　19 524.56
　　　　　　——淑女上衣　　　　　　　　　　　　　　　　　　　　12 259.72
　　制造费用——职工薪酬　　　　　　　　　　　　　　　　　　　　2 503.50
　　管理费用——职工薪酬　　　　　　　　　　　　　　　　　　　　14 515.16
　　销售费用——销售机构经费　　　　　　　　　　　　　　　　　　3 412.20
　　贷:应付职工薪酬——短期薪酬(社会保险费)　　　　　　　　　　16 613.91
　　　　　　　　　　——离职后福利(设定提存计划)　　　　　　　　35 601.23

【例6-17】 30日,决定发放职工福利,按每人100元标准分配。根据职工所在的部门进行职工福利分配,编制职工福利分配表,如表6-4所示。

表6-4　　　　　　　　　广西美达服装有限责任公司职工福利分配表
编报单位:广西美达服装有限责任公司　　2019年12月30日　　　　　　　　单位:元

部门	部门人员 人员	人数	分配标准	分配金额
车间	男装牛仔裤	30	100.00	3 000.00
	淑女上衣	20	100.00	2 000.00
	车间管理人员	4	100.00	400.00
厂部管理部门		15	100.00	1 500.00
专设销售机构		4	100.00	400.00
合　计		73	100.00	7 300.00

会计主管:李强　　　　　　　　　　　　　　　　　　　　　　　　　　　　制单:张军

该笔经济业务发生后,引起本公司费用和负债要素发生变化。一方面,要素费用中的生产成本、制造费用、管理费用、销售费用项目分别增加,应按受益单位分别借记"生产成本""制造费用""管理费用""销售费用"账户的借方;另一方面,引起负债要素中的应付职工薪酬项目增加,应记入"应付职工薪酬"账户的贷方。因此,该笔经济业务应作会计分录如下:

借:生产成本——男装牛仔裤　　　　　　　　　　　　　　　　　　　3 000
　　　　　　——淑女上衣　　　　　　　　　　　　　　　　　　　　2 000
　　制造费用——职工薪酬　　　　　　　　　　　　　　　　　　　　400
　　管理费用——职工薪酬　　　　　　　　　　　　　　　　　　　　1 500
　　销售费用——销售机构经费　　　　　　　　　　　　　　　　　　400
　　　贷:应付职工薪酬——短期薪酬(职工福利)　　　　　　　　　　7 300

根据上述分析结果,财会人员应根据有关原始凭证,填制记账凭证。

【例 6-18】 30 日,开出转账支票 7 300 元,支付南城百货超市为职工购买福利款项,并提取实物于当日发放。转账支票存根的格式同前,职工福利费用发放明细表如表 6-5 所示。

表 6-5　　　　　　　　　　　　**职工福利费用发放明细表**

单位:厂办　　　　　　　　　　　　2019 年 12 月 30 日　　　　　　　　　　　　第 1 页

序号	姓　名	物品折现	领取人签字
1	陈　美	100	陈　美
2	陈　达	100	陈　达
3	李　强	100	李　强
4	张　军	100	张　军
5	王　红	100	王　红

单位负责人:陈美　　　　　　　　　　　　　　　　　　　　　　　　　　　制单:张军

该笔经济业务发生后,引起本公司费用和负债要素发生变化。一方面,为每位员工发放 100 元的实物福利,应付职工薪酬已经支付,引起负债要素中的应付职工薪酬项目减少,应记入"应付职工薪酬"账户的借方;另一方面,签发转账支票支付购物款,引起资产要素中银行存款减少 7 300 元,应记入"银行存款"账户贷方。因此,该笔经济业务应作会计分录如下:

借:应付职工薪酬——职工福利　　　　　　　　　　　　　　　　　　7 300
　　贷:银行存款　　　　　　　　　　　　　　　　　　　　　　　　7 300

根据上述分析结果,财会人员应根据有关原始凭证,填制记账凭证。

【例 6-19】 16 日,计提本月固定资产折旧,财会人员应编制固定资产折旧计算表(见表 6-6)。

表 6-6　　　　　　　　　　　　**固定资产折旧计算表**

　　　　　　　　　　　　　　　　2019 年 12 月 16 日　　　　　　　　　　　　单位:元

使用部门	上月固定资产折旧额	上月增加固定资产应计提折旧	上月减少固定资产应计提折旧	本月应计提的折旧额
生产车间	4 000.00	500.00		4 500.00
管理部门	1 500.00		200.00	1 300.00
合　计	5 500.00	500.00	200.00	5 800.00

会计主管:李强　　　　　　　　　　审核:王红　　　　　　　　　　制单:张军

该项经济业务发生后,引起资产要素和费用要素之间发生变化,一方面引起费用要素中生产费用项目增加,按固定资产使用部门不同,应分别借记"制造费用"和"管理费用"两个账户;另一方面,计提折旧引起资产要素中的固定资产价值减少,应记入"固定资产"账户的贷方,但为了反映固定资产的原始价值指标,满足管理上特定的需要,而是不直接记入"固定资产"账户的贷方,为此,专门设置了"累计折旧"账户,作为固定资产的调整账户,用来反映固定资产因发生磨损而减少的价值,所以,应记入"累计折旧"账户的贷方,因此,上述计提固定资产折旧的业务,应作会计分录如下:

借:制造费用——折旧费　　　　　　　　　　　　　　　　　　　　　4 500
　　管理费用——折旧费　　　　　　　　　　　　　　　　　　　　　1 300
　　贷:累计折旧　　　　　　　　　　　　　　　　　　　　　　　　　　　　5 800

根据上述分析结果,财会人员应根据有关原始凭证,填制记账凭证。

固定资产折旧是指企业的固定资产在生产过程中由于使用、自然作用和技术进步等原因逐渐地损耗而转移到产品成本或者当期费用中的那部分价值。固定资产折旧费是企业生产经营过程中发生的费用,将随着销售产品、取得收入而得到补偿。"累计折旧"账户也有明细分类核算。

【例6-20】 30日,开出转账支票一张,支付生产车间购买办公用品款3 501.70元,收到南宁市商业货物增值税普通发票,转账支票存根式样同前(此处略)。

该项经济业务发生后,引起资产要素和费用要素之间发生变化。一方面,引起费用要素中车间费用增加,应记入"制造费用"账户借方;另一方面,付款引起资产要素中的银行存款项目减少,记入"银行存款"账户贷方。因此,该笔经济业务应作会计分录如下:

借:制造费用——办公费　　　　　　　　　　　　　　　　　　　　　3 501.70
　　贷:银行存款　　　　　　　　　　　　　　　　　　　　　　　　　　　3 501.70

根据上述分析结果,财会人员应根据有关原始凭证,填制记账凭证。

【例6-21】 30日,摊销本月应负担的财产保险费3 000元,其中生产车间2 000元,公司管理部门1 000元(本月摊销的保险费是5月份预付的)。预付费用摊销表如表6-7所示。

表6-7　　　　　　　　　　　　　预付费用摊销表
　　　　　　　　　　　　　　　　2019年12月30日　　　　　　　　　　　　　　单位:元

项目 部门	财产保险费	小计
生产车间	2 000	2 000
公司管理部门	1 000	1 000
合　计	3 000	3 000

制单:张军

该项经济业务发生后,引起资产要素和费用要素之间发生变化。一方面,财产保险费应由车间和管理部门分别负担,费用要素中制造费用和管理费用增加,应记入"制造费用"和"管理费用"两个账户借方;另一方面,该项费用已于1月份预付,使资产要素中的预付账款项目减少3 000元,应记入"预付账款"账户贷方。因此,该笔经济业务应作会计分录如下:

```
借:制造费用——财产保险费                           2 000
   管理费用——财产保险费                           1 000
   贷:预付账款——财产保险费                         3 000
```

根据上述分析结果,财会人员应根据有关原始凭证,填制记账凭证。

【例6-22】 30日,开出转账支票,支付本月电费5 940元及增值税772.20元。增值税专用发票和转账支票存根式样同前,电费分配表如表6-8所示。

表6-8　　　　　　　　　　　电费分配表
2019年12月30日　　　　　　　　　　　　　　　　　　金额单位:元

部门＼项目	耗用量(度)	单价(元/度)	分配金额
生产车间	7 400	0.60	4 440.00
行政管理部门	2 500	0.60	1 500.00
合　计	9 900	0.60	5 940.00

制单:张军

该项经济业务发生后,引起费用要素、负债要素和资产要素之间发生变化。一方面,生产部门和管理部门耗电使得制造费用和管理费用分别增加4 440元和1 500元,应记入"制造费用"和"管理费用"两个账户借方,同时公司应负担的增值税772.20元已经支付,使负债要素中的应交税费项目减少,应记入"应交税费——应交增值税"账户的借方;另一方面,付款引起资产要素中的银行存款项目减少6 712.20元,记入"银行存款"账户贷方。因此,该笔经济业务应作会计分录如下:

```
借:制造费用——水电费                              4 440.00
   管理费用——水电费                              1 500.00
   应交税费——应交增值税(进项税额)                  772.20
   贷:银行存款                                    6 712.20
```

根据上述分析结果,财会人员应根据有关原始凭证,填制记账凭证。

【例6-23】 30日,支付银行办理结算业务手续费20元,支付手续费的原始凭证如图6-27所示。

该项经济业务发生后,引起费用要素和资产要素之间发生变化。一方面,支付汇款手续费,使要素费用中的财务费用增加了20元,应记入"财务费用"账户借方;另一方面,该笔款项已通过银行存款直接转账,使资产要素中的银行存款减少了20元,应记入"银行存款"账户的

中国工商银行业务收费凭证

户名:广西美达服装有限责任公司　　2019 年 12 月 30 日　　账号:6224501001201786868

项目	起始号	数量	金额				
			工本费	邮电费	手续费	其他	小计
电汇					20		20
合计							

大写金额(人民币):贰拾元整

付款方式　现金　✓转账

第三联　回单

图 6-27　业务收费凭证

贷方。因此,该笔经济业务应作会计分录如下:

　　借:财务费用——手续费　　　　　　　　　　　　　　　　20
　　　　贷:银行存款　　　　　　　　　　　　　　　　　　　　　　20

根据上述分析结果,财会人员应根据有关原始凭证,填制记账凭证。

【例 6-24】 31 日,分配并结转本月制造费用,财会人员根据"制造费用"明细账借方发生额 29 430 元,按照男装牛仔裤和淑女上衣两种产品耗用的机器工时数进行分配。经计算,男装牛仔裤应负担 16 350 元,淑女上衣应负担 13 080 元。公司编制的制造费用分配表如表 6-9 所示。

表 6-9　　　　　　　　　　　制造费用分配表
　　　　　　　　　　　　　　2019 年 12 月 31 日　　　　　　　　　金额单位:元

分配对象	分配标准(生产工时)	分配率(元/小时)	制造费用分配额
男装牛仔裤	5 000	3.27	16 350
淑女上衣	4 000	3.27	13 080
制造费用合计			29 430

制单:张军

(1) 该项经济业务发生后,因为制造费用是属于间接生产费用,发生制造费用时不能直接计入某种产品成本,在发生各种间接费用时,先记入"制造费用"账户借方,月末根据"制造费用"账户借方发生额合计,按照一定的标准(如生产工人工时比例、生产工人工资比例或机器工时比例),采用一定的分配方法,在各种产品之间进行分配,计算出应收每一种产品负担的制造费用,再从"制造费用"账户贷方转入"生产成本"账户的借方。根据制造费用分配表,作如下分录,结转后"制造费用"账户无余额。

　　借:生产成本——男装牛仔裤　　　　　　　　　　　　16 350
　　　　　　　　——淑女上衣　　　　　　　　　　　　　13 080
　　　　贷:制造费用　　　　　　　　　　　　　　　　　　　　　29 430

根据上述分析结果,财会人员应根据有关原始凭证,填制记账凭证。

(2) 制造费用分配方法如下:

制造费用分配率＝制造费用总额÷分配标准总额＝29 430÷(5 000＋4 000)＝3.27(元/小时)
男装牛仔裤应分配的制造费用＝5 000×3.27＝16 350(元)
淑女上衣应分配的制造费用＝29 430－16 350＝13 080(元)

【例 6-25】 31 日,结转本月生产完工验收入库产品的生产成本。

该项经济业务发生后,因为生产成本是企业为生产一定种类和数量的产品所发生的各项生产费用的总和。它是对象化的生产费用,一般包括三个成本项目:直接材料费用、直接人工费用和制造费用。企业日常为生产产品而发生的生产费用分别按上述的成本项目归集在"生产成本明细账"中。月末,根据"生产成本明细账"归集的生产费用,结合有关的期初在产品数量、本期投入量和期末在产品数量等资料,按照一定的成本计算方法,将每一种产品归集的生产费用在完工产品与月末在产品之间进行分配,计算出完工产品的总成本和单位成本,编制"完工产品成本计算单"和"库存商品入库单"。本期生产两种产品,期初无在产品,本期男装牛仔裤产量为 1 000 条,淑女上衣为 500 件,全部完工入库,"完工产品成本计算单"和"库存商品入库单"如表 6-10 至表 6-12 所示。

在实际工作中,产品陆续完工,经过验收合格后随时入库。另外,由于销售等原因,商品也会陆续出库,仓库保管员平时只记入库、出库和结存数量,而不记金额。月末,由会计计算完工入库产品成本而增加的成本金额、因销售等原因使库存减少的成本金额、库存商品的余额。

表 6-10

完工产品成本计算单

2019 年 12 月 31 日

产品名称:男装牛仔裤　　　　　　　　　　　　　　　　　期初在产品数量:0
本期投入数量:1 000
完工产量:1 000

成本项目	直接材料	直接人工	制造费用	合计
月初在产品	—	—	—	—
本月生产费用	68 680	108 560	16 350	193 590
月末在产品成本	—	—	—	—
完工产品成本	68 680	108 560	16 350	193 590
单位产品成本	68.68	108.56	16.35	193.59

制单:张军

表 6-11

完工产品成本计算单

2019 年 12 月 31 日

产品名称:淑女上衣　　　　　　　　　　　　　　　　　　期初在产品数量:0
本期投入数量:500
完工产量:500

成本项目	直接材料	直接人工	制造费用	合计
月初在产品	—	—	—	—
本月生产费用	109 795	68 210	13 080	191 085
月末在产品成本	—	—	—	—
完工产品成本	109 795	68 210	13 080	191 085
单位产品成本	219.59	136.42	26.16	382.17

制单:张军

表 6-12 库存商品入库单 产成品库:ON-01

交库部门:生产车间　　　　　　2019 年 12 月 31 日　　　　　　金额单位:元

类别	编号	品名及规格	计量单位	实收数量	单位成本	总成本
男装牛仔裤	12001	男装牛仔裤	条	1 000	193.59	193 590
淑女上衣	12002	淑女上衣	件	500	382.17	191 085
合　计				1 500		384 675

制单:张军

该笔经济业务发生后,引起资产和费用两个要素发生变化。一方面,引起资产要素中的库存商品项目增加了 384 675 元,其中,男装牛仔裤增加 193 590 元,淑女上衣增加 191 085 元,应记入"库存商品"账户借方;另一方面,产品完工入库,引起费用要素中的生产成本项目减少了 384 675 元,其中,男装牛仔裤减少 193 590 元,淑女上衣减少 191 085 元,应记入"生产成本"账户贷方。因此,该笔经济业务应作会计分录如下:

借:库存商品——男装牛仔裤　　　　　　　　　　　　　　　　　193 590
　　　　　——淑女上衣　　　　　　　　　　　　　　　　　　　191 085
　贷:生产成本——男装牛仔裤　　　　　　　　　　　　　　　　　　　193 590
　　　　　——淑女上衣　　　　　　　　　　　　　　　　　　　　　191 085

根据上述分析结果,财会人员应根据有关原始凭证,填制记账凭证。

如何判别生产费用与期间费用?

任务 6.5　销售过程业务的账务处理

活动 6.5.1　销售过程的主要业务内容

销售过程是企业生产经营活动的最终环节。制造企业要将生产过程制造完成的产品验收入库开始,到产品销售给购买方为止的过程称为销售过程。这一过程既是产品价值和使用价值的实现过程,即收入的实现过程,又是与收入相配比的成本费用的补偿过程。因此,企业销售过程业务的核算包括以下两方面的内容。

一、收入的实现及货款的结算

在销售过程中,制造业企业通过交换,将实现对外销售产品或者提供生产性劳务等主营业务,企业应按照购销双方约定价格向购买方办理价款的结算,并确认主营业务收入。同时,除主营业务收入外,还可能发生材料销售、代购代销、包装物出售、固定资产出租和提供生产性劳务等其他业务,应按照实际发生的金额向对方单位办理价款结算,并确认为其他业务收入。

在确认收入时,会计上应解决收入确认的条件和确认金额问题。《企业会计准则第 14

号——收入》规定,销售产品的收入只有同时符合以下五项条件时才能加以确认:①企业已将商品所有权上的主要风险和报酬转移给购货方。②企业既没有保留通常与所有权相联系的继续管理权,也没有对已销售出的商品实施控制。③收入的金额能够可靠地计量。④相关的经济利益很可能流入企业。⑤相关的已发生或者将发生的成本能够可靠地计量。

收入的实现,必然会形成经济利益的流入,并带来资产的增加或负债的减少。因此,进行会计核算时,收入类账户的对应账户不是资产类账户就是负债类账户。但在权责发生制下,收入实现了,并不意味着一定马上收回货款。由于结算上原因,货款的结算可能会出现以下三种情况:①销售时直接收取货款。②销售时未收到货款。③销售时先收取货款,后提供商品。

二、与收入相配比的成本费用的发生与结转

在销售过程中,企业为取得一定的销售收入,要付出相应的产品或者劳务,为制造这些产品或提供这些劳务必然会发生各种耗费,而为销售这些产品或者劳务还必然会有各种耗费的发生。不论是生产耗费,还是销售耗费,都应由销售收入弥补。为了确定耗费的补偿尺度,在确认收入实现的同时,必须确认与实现收入配比的成本费用。与收入实现相配比的成本费用包括:①主营业务成本。即已销售产品的制造成本。销售成本采取直接配比的方式,在产品销售收入实现的当期期末确认,并结转为取得该收入而发出(销售)产品的制造成本。②产品销售费用。即为销售产品而发生的费用,包括在销售过程中发生的如运输费、包装费、广告费、保险费等销售费用。发生的销售费用与实现的销售收入之间通常没有直接配比关系,但一般与期间有关,因此,销售费用通常采用期间配比的方式,即将本期发生的销售费用全部由当期实现收入弥补。③税金及附加。按照税法规定,企业在取得销售收入时应按规定的税率和销售收入额计算缴纳销售税金,其中按税法规定根据销售收入额计算缴纳消费税、资源税等,以及按所交的流转税计算缴纳的城市维护建设税和教育费附加,作为价内税,是企业的费用,按配比原则应全部由当期销售收入弥补;按税法规定根据销售收入额计算,在销售时向购买方收取的增值税的销项税额,是价外税,未包括在销售收入中,不构成企业的费用,不能从本期收入中扣除。实际上,销项税额具有代收代缴的性质,企业按规定将其抵扣进项税额后的余额作为应缴纳的增值税缴纳给税务部门,在会计核算时,通过"应交税费——应交增值税(销项税额)"账户贷方来反映。④其他业务成本。即指企业除主营业务成本以外的其他销售或者其他业务所发生的相关成本。按照配比原则,应全部由本期其他业务收入弥补。

1. 收入确认的条件是什么?
2. 销售费用包括哪些内容?

活动6.5.2 销售过程业务核算的账户设置

销售过程业务核算的内容决定了应设置两类账户:一类账户是反映收入实现及价款结算业务;另一类账户反映与收入配比的成本费用的发生与结算业务。

一、"主营业务收入"账户

"主营业务收入"账户用来核算企业在销售商品、提供劳务及让渡资产使用权等日常活动中所发生的收入。该账户是损益类账户,贷方登记企业提供劳务等是损益类(收入)账户主营业务形成的收入,贷方登记企业承包销售商品(包括产成品、自制半成品等)、提供劳务或让渡资产使用权所实现的收入;借方登记发生的销售退回或销售折让和期末转入"本年利润"账户的收入;期末结转后该账户无余额。该账户可按主营业务的种类设置明细账,进行分类明细核算,适合采用"贷方多栏式"明细账。

二、"主营业务成本"账户

"主营业务成本"账户用来核算企业确认销售商品、提供劳务等主营业务收入时应结转的商品成本或劳务成本。该账户是损益类账户,借方登记本期(本月)销售商品、提供劳务等应结转的商品或劳务的实际成本;本期(本月)发生的销售退回,如果已结转销售成本,应记在该账户的贷方,期末将该账户的借方发生额转入"本年利润"账户。结转后该账户无余额。该账户应按照主营业务的种类设置明细账,进行明细分类核算,适合采用"借方多栏式"明细账。

三、"税金及附加"账户

"税金及附加"账户用来核算企业经营活动中应负担的税金及附加,如消费税、城市维护建设税、资源税和教育费附加等。该账户是损益类账户,借方登记按照规定计算的与经营活动相关的税费;贷方登记期末转入"本年利润"账户的税金及附加;期末结转后该账户无余额。该账户适合采用"三栏式"明细账。

四、"应收账款"账户

"应收账款"账户用来核算企业因销售商品、提供劳务等经济活动应收取的款项。该账户是资产类账户,借方登记因销售商品、提供劳务等经营活动应收取的货款、增值税以及代购买方垫付的包装费、运杂费等款项;贷方登记实际收回的应收款项;期末余额在借方,表示应收未收款项;如果期末出现贷方余额,表示企业预收的款项。该账户应按照债务设置明细账,进行明细分类核算,适合采用"三栏式"明细账。

五、"应收票据"账户

"应收票据"账户用来核算企业因销售商品、提供劳务等业务而收到的商业汇票(包括银行承兑汇票和商业承兑汇票)。该账户是资产类账户,借方登记企业因销售商品、提供劳务等业务而收到的商业汇票的票面金额;贷方登记商业汇票到期收到的金额;期末余额在借方,表示企业持有的尚未到期的商业汇票的票面金额。该账户应当按照承兑人设置明细账,进行明细核算,适合采用"三栏式"明细账。

企业应当设置"应收票据备查簿"逐笔登记第一张商业汇票的种类、汇票号和出票日期、票面金额、交易合同号和付款、承兑人、背书人的全称、到期日、背书转让日、贴现日、贴现率和贴

现净额以及收款日和收回金额、退票情况等资料,商业汇票到期结清票款或退票后,应当在备查簿内逐笔注销。

六、"预收账款"账户

"预收账款"账户用来核算企业按照合同规定向购买方预收的款项。该账户是负债类账户,贷方登记企业向购买方预收的款项和购买方补付款项;借方登记企业销售实现的收入、应交的增值税销项税额和退回的多收款项;期末余额如果在贷方,表示企业向购买方预收的款项(尚未结算或结算后应退还部分);如果期末余额在借方,表示应由购买方补付的款项。该账户应按购买方设置明细账,进行明细分类核算,适合采用"三栏式"明细账。企业预收账款不多的情况下,也可以将预收的款项直接记入"应收账款"账户的贷方,结算时登记在"应收账款"账户的借方。

七、"其他业务收入"账户

"其他业务收入"账户用来核算企业确认的除主营业务活动以外的其他经营活动所实现的收入,包括出租固定资产、出租无形资产、出租包装物和商品、销售材料、用材料进行非货币性资产交换(非货币性资产交换具有商业实质且公允价值能够可靠地计量)等实现的收入。该账户是损益类账户,贷方登记实际收到或应收的金额;借方登记期末结转到"本年利润"账户的已实现的其他业务收入,结转后该账户期末无余额。该账户可按其他业务收入种类设置明细账,进行明细分类核算,适合采用"贷方多栏式"明细账。

八、"其他业务成本"账户

"其他业务成本"账户用来核算企业确认的除主营业务活动以外的其他经营活动所发生的支出,包括销售材料的成本、出租固定资产的折旧额、出租无形资产的摊销额、出租包装物的成本或摊销额等。该账户是损益类账户,借方登记企业发生的其他业务成本;贷方登记期末转入"本年利润"账户的数额;期末结转后该账户无余额。该账户按其他业务成本种类设置明细账,进行明细分类核算,适合采用"借方多栏式"明细账。

除此之外,企业为了核算与购货单位之间的款项,还应设置"应收账款""预收账款""应收票据"等账户。

销售过程设置的主要账户有哪些?各账户的性质及核算内容是什么?

活动 6.5.3　销售过程业务的账务处理

广西美达服装有限责任公司 2019 年 12 月发生的经济业务如下:

【例 6-26】　3 日,向南宁邕江购物中心销售男装牛仔裤 100 条,单价为 295 元;销售淑女上衣 50 件,单价为 498 元,增值税税率为 13%。销售部业务员与购买方签订购销合同后,购买方采购员将转账支票交到财务部开具增值税专用发票,当日,出纳王红填写进账单并送存银行。银行办妥收款手续。增值税专用发票(记账联)、进账单如图 6-28 和图 6-29 所示。

广西增值税专用发票

No 4500000034

此联不作报销、抵扣凭证使用

4501171140

校验码 0630254091602384

开票日期：2019 年 12 月 03 日

购买方	名称：南宁邕江购物中心 纳税人识别号：450113987659876 地址、电话：0771-3246588 开户行及账号：工行南宁市朝阳支行 6220010022012000001					密码区	（略）		
货物或应税劳务、服务名称	规格型号	单位	数量	单价		金额		税率	税额
男装牛仔裤		条	100	295.00		29 500.00		13%	3 835.00
淑女上衣		件	50	498.00		24 900.00		13%	3 237.00
合　计						￥54 400.00			￥7 072.00
价税合计（大写）	⊗ 陆万壹仟肆佰柒拾贰元整						（小写）￥61 472.00		
销售方	名称：广西美达服装有限责任公司 纳税人识别号：450113987654321 地址、电话：南宁市秀区工业园区 118 号 0771-5673858 开户行及账号：工行南宁市金湖路支行 6224501001201786868					备注			

收款人：王红　　复核：　　开票人：张军　　销售方：（章）

图 6-28　增值税专用发票

中国工商银行进账单（收账通知）　3

2019 年 12 月 03 日　　　　　第　　号

付款人	全　称	南宁邕江购物中心	收款人	全　称	广西美达服装有限责任公司									
	账　号	6220010022012000001		账　号	6224501001201786868									
	开户银行	工行南宁市朝阳支行		开户银行	工行南宁市金湖路支行									
人民币 （大写）		陆万壹仟肆佰柒拾贰元整				千	百	十	万	千	百	十	元	角	分
								￥	6	1	4	7	2	0	0
票据种类		支票												
票据张数		壹张												
投资款														
复核		记账												

图 6-29　进账单

该笔经济业务发生后，引起资产、收入和负债三个要素发生变化。一方面，引起资产要素中的银行存款项目增加了 61 472 元，应记入"银行存款"账户借方；另一方面，企业收入要素中的主营业务收入项目增加 54 400 元,应记入"主营业务收入"账户贷方,同时,因代收增值税尚未缴纳使负债要素中的"应交税费——应交增值税(销项税额)"项目增加了 7 072 元,应贷记"应交税费——应交增值税(销项税额)"账户。因此,该笔经济业务应编制会计分录如下:

```
借:银行存款                                          61 472
    贷:主营业务收入——男装牛仔裤                       29 500
              ——淑女上衣                           24 900
        应交税费——应交增值税(销项税额)              7 072
```

根据上述分析结果,财会人员应根据有关原始凭证,填制记账凭证。

【例 6-27】 8 日,向大通商场销售 300 条男装牛仔裤,单价为 295 元;销售淑女上衣 200 件,单价为 498 元,增值税税率为 13%。销售部业务员与购买方签订购销合同后,财务部开具增值税专用发票,并委托银行办妥了收款手续,银行已受理。增值税专用发票和业务委托书样式同前(此处略)。

该项业务发生后,引起资产、收入和负债三个要素发生变动。一方面,企业资产要素中的应收账款项目增加了 212 553 元,记入"应收账款"账户借方;另一方面,公司收入要素中的主营业务收入项目增加了 188 100 元,应记入"主营业务收入"账户贷方,同时,负债要素中的"应交税费——应交增值税(销项税额)"项目增加了 24 453 元,应贷记"应交税费——应交增值税(销项税额)"账户。因此,该笔经济业务应编制会计分录如下:

```
借:应收账款——大通商场                              212 553
    贷:主营业务收入——男装牛仔裤                       88 500
              ——淑女上衣                           99 600
        应交税费——应交增值税(销项税额)             24 453
```

根据上述分析结果,财会人员应根据有关原始凭证,填制记账凭证。

【例 6-28】 10 日,预收柳州商业城购买服装的定金 20 000 元,已收到银行转来的业务委托书第 4 联收账通知,销售部业务员与购卖方签订购货协议,约定本月 18 日发货,财务科开具收款收据。业务委托书和收款收据样式同前(此处略)。

该项业务发生后,引起资产和负债两个要素发生变动。一方面,使本公司资产要素中的银行存款项目增加了 20 000 元,应记入"银行存款"账户的借方;另一方面,使企业负债要素中的预收账款项目增加了 20 000 元,应记入"预收账款"账户贷方。因此,该笔经济业务应编制会计分录如下:

```
借:银行存款                                          20 000
    贷:预收账款——柳州商业城                          20 000
```

根据上述分析结果,财会人员应根据有关原始凭证,填制记账凭证。

【例 6-29】 11 日,向南宁百货商城销售 100 条男装牛仔裤,单价为 295 元;销售淑女上衣 100 件,单价为 498 元,增值税税率为 13%。销售部业务员与购买方签订购销合同后,财务部开具增值税专用发票,收到卖方签发并承兑的银行承兑汇票一张,约定 06 月 11 日到期收款,票面金额为 89 609 元,"增值税专用发票"的样式同前(此处略)。银行承兑汇票如图 6-30 所示。

银行承兑汇票 2

| 出票日期（大写） | 贰零壹玖 年 壹拾贰 月 壹拾壹 日 | | | 汇票号码 201726 |

出票人	全称	南宁百货商城	收款人	全称	广西美达服装有限责任公司
	账号	6245010022006765421		账号	6224501001201786868
	开户银行	建行南宁市青秀支行		开户银行	工行南宁市金湖路支行

金额	人民币（大写）	捌万玖仟陆佰零玖元整	亿 千 百 十 万 千 百 十 元 角 分
			¥ 8 9 6 0 9 0 0

汇票到期日（大写）	贰零贰零年零陆月壹拾壹日	付款行	行号	建行南宁市青秀支行
承兑协议编号	201912015		地址	南宁市青秀路22号

本汇票请你行于承兑到期日无条件付款。

出票人签章（南宁百货商城财务专用章 苏英）

本汇票已经承兑,到期由本行付款
承兑行签章
承兑日期 年 月 日
备注：

（建行南宁青秀支行 汇票专用章）
复核   记账

图 6-30 银行承兑汇票

该项经济业务发生后,引起资产、收入和负债三个要素发生变动,一方面,使本公司资产要素中的应收票据项目增加了 89 609 元,应记入"应收票据"账户的借方；另一方面,使本公司收入要素中的主营业务收入要素中项目增加了 79 300 元,应记入"主营业务收入"账户的贷方,同时,使负债要素中的"应交税费——应交增值税（销项税额）"项目增加了 10 309 元,应记入"应交税费——应交增值税（销项税额）"账户的贷方。因此,该笔经济业务应编制会计分录如下：

  借：应收票据——南宁百货商城   89 609
    贷：主营业务收入——男装牛仔裤   29 500
         ——淑女上衣   49 800
      应交税费——应交增值税（销项税额）   10 309

根据上述分析结果,财会人员应根据有关原始凭证,填制记账凭证。

【例 6-30】 11 日,财务部开出转账支票 545 元,支付由本公司承担的销售给柳州商业城的运费,其中增值税为 45 元。转账支票存根和增值税专用发票的样式同前（此处略）。

该笔经济业务发生后,引起费用和资产两个要素发生变动。一方面,根据销售合同,由本公司承担销售商品的运杂费 500 元,应记入"销售费用"账户的借方,增值税 45 元记入"应交税费——应交增值税"账户借方；另一方面,付款单位资产要素中的银行存款减少了 545 元,应记入"银行存款"账户的贷方。因此,该笔经济业务应编制会计分录如下：

  借：销售费用——运杂费   500
    应交税费——应交增值税（进项税费）   45
    贷：银行存款   545

根据上述分析结果,财会人员应根据有关原始凭证,填制记账凭证。

【例 6-31】 12 日,向柳州商业城销售男装牛仔裤 150 条,单价为 295 元;销售淑女上衣 80 件,单价为 498 元,增值税税率为 13%,已于本月 10 日预收定金 20 000 元,双方约定余款于次日结清,财务部开具增值税专用发票,开具业务委托书办理收款手续。增值税专用发票和业务委托书的样式同前(此处略)。

该笔经济业务发生后引起收入和负债两个要素发生变动,一方面,发出购买方预定的货物,使本公司负债要素中的预收账款项目处于结算状态,应将全部金额 95 021.70 元记入"预收账款"账户的借方;另一方面,使本公司收入要素中的主营业务收入项目增加了 84 090 元,应记入"主营业务收入"账户贷方,同时,使负债要素中的"应交税费——应交增值税(销项税额)"项目增加了 10 931.70 元,应记入"应交税费——应交增值税(销项税额)"账户的贷方。因此,该笔经济业务应编制会计分录如下:

借:预收账款——柳州商业城　　　　　　　　　　　　　　　95 021.70
　　贷:主营业务收入——男装牛仔裤　　　　　　　　　　　　44 250.00
　　　　　　　　　　——淑女上衣　　　　　　　　　　　　　39 840.00
　　　　应交税费——应交增值税(销项税额)　　　　　　　　10 931.70

根据上述分析结果,财会人员应根据有关原始凭证,填制记账凭证。

【例 6-32】 13 日,收到银行转来的"业务委托书"第四联收账通知,大通商场支付前欠的货款 212 553 元,业务委托书的样式同前(此处略)。

该笔业务发生后,引起资产要素两个账户发生变动,一方面,使本公司资产要素中的银行存款增加 212 553 元,应记入"银行存款"账户借方;另一方面,使本公司资产要素中的应收账款账户减少 212 553 元,应记入"应收账款"账户的贷方。因此,该笔经济业务应编制会计分录如下:

借:银行存款　　　　　　　　　　　　　　　　　　　　　　212 553
　　贷:应收账款——大通商场　　　　　　　　　　　　　　　212 553

根据上述分析结果,财会人员应根据有关原始凭证,填制记账凭证。

【例 6-33】 20 日,应收南宁商贸城银行承兑汇票到期,办理收款手续,收到款项 150 000 元,银行承兑汇票和业务委托书(收账通知)的样式同前(此处略)。

该项经济业务发生后,引起资产要素两个账户发生变动,一方面,本公司资产要素中的银行存款增加 150 000 元,记入"银行存款"账户借方;另一方面,本公司资产要素中的应收票据减少 150 000 元,应记入"应收票据"账户贷方。因此,该笔经济业务应编制会计分录如下:

借:银行存款　　　　　　　　　　　　　　　　　　　　　　150 000
　　贷:应收票据——南宁商贸城　　　　　　　　　　　　　　150 000

根据上述分析结果,财会人员应根据有关原始凭证,填制记账凭证。

【例 6-34】 22 日,开出转账支票一张,支付电视台广告费共计 31 800 元,取得对方开来的增值税普通发票,如图 6-31 所示。转账支票的样式与前相同(此处略)。

| 购买方 | 名　　　称：广西美达服装有限责任公司 纳税人识别号：450113987654321 地　址、电　话：南宁市青秀区工业园区118号 0771-5673858 开户行及账号：工行南宁市金湖路支行 6224501001201786868 | 密码区 | （略） |

货物或应税劳务、服务名称	规格型号	单位	数量	单价	金　额	税率	税　额
广告费					30 000.00	6%	1 800.00
合　计					¥30 000.00		¥1 800.00

| 价税合计（大写） | ⊗ 叁万壹仟捌佰元整 | （小写）¥31 800.00 |

| 销售方 | 名　　　称：南宁西部电视台 纳税人识别号：914501070000XMA 地　址、电　话：南宁市民族大道108号 0771-5876550 开户行及账号：工行南宁市民族大道支行 6222430214567817983 | 备注 | |

收款人：　　　复核：　　　开票人：方文洁　　　销售方：（章）

图6-31　增值税普通发票

该项经济业务发生后，引起公司费用和资产两个要素发生变化。一方面，引起公司费用要素中的销售费用项目增加了31 800元，应记入"销售费用"账户借方；另一方面，引起公司资产要素中的银行存款项目减少31 800元，应记入"银行存款"账户的贷方。因此，该笔经济业务应编制会计分录如下：

　　借：销售费用——广告费　　　　　　　　　　　　　　　　　　　　　　31 800
　　　　贷：银行存款　　　　　　　　　　　　　　　　　　　　　　　　　　31 800

根据上述分析结果，财会人员应根据有关原始凭证，填制记账凭证。

【例6-35】 25日，出售不需用的03号材料一批，售价为8 000元，增值税为1 040元，开出增值税专用发票一张，收到转账支票一张，填写进账单一并送存银行，银行已办妥收款手续，增值税专用发票和转账支票存根的样式同前（此处略）。

该项经济业务发生后，引起本公司资产、收入和负债要素发生变化。一方面，资产要素中银行存款增加了9 040元，应记入"银行存款"账户的借方；另一方面，本公司收入要素中的其他业务收入增加了8 000元，应记入"其他业务收入"账户的贷方，同时负债要素中的应交税费增加了1 040元，应记入"应交税费——应交增值税（销项税额）"账户的贷方。因此，该笔经济业务应编制会计分录如下：

　　借：银行存款　　　　　　　　　　　　　　　　　　　　　　　　　　　9 040
　　　　贷：其他业务收入——销售材料　　　　　　　　　　　　　　　　　　8 000
　　　　　　应交税费——应交增值税（销项税额）　　　　　　　　　　　　　1 040

根据上述分析结果,财会人员应根据有关原始凭证,填制记账凭证。

【例 6-36】 26 日,向梧州工贸公司销售男装牛仔裤 200 条,单价为 295 元;销售淑女上衣 200 件,单价为 498 元;销售女裤 100 条,单价为 200 元,增值税税率为 13%,财务部开具增值税专业发票,开具业务委托书办理收款手续。增值税专业发票和业务委托书的样式同前(此处略)。

该笔经济业务发生后引起收入和负债两个要素发生变动。一方面,使本公司负债要素中的应收账款项目处于结算状态,应将全部金额 201 818 元记入"应收账款"账户的借方;另一方面,使本公司收入要素中的主营业务收入要素中项目增加了 178 600 元,应记入"主营业务收入"账户贷方,同时,使负债要素中的"应交税费——应交增值税(销项税额)"项目增加 23 218 元,应记入"应交税费——应交增值税(销项税额)"账户的贷方。因此,该笔经济业务应编制会计分录如下:

借:应收账款——梧州工贸公司　　　　　　　　　　　　　　　　　201 818
　　贷:主营业务收入——男装牛仔裤　　　　　　　　　　　　　　　59 000
　　　　　　　　　　——淑女上衣　　　　　　　　　　　　　　　99 600
　　　　　　　　　　——女裤　　　　　　　　　　　　　　　　　20 000
　　　　应交税费——应交增值税(销项税额)　　　　　　　　　　　23 218

根据上述分析结果,财会人员应根据有关原始凭证,填制记账凭证。

【例 6-37】 31 日,本公司计算应交城市维护建设税和教育费附加。

该项经济业务发生后,财会人员应该根据"应交税费"账户中的"应交增值税"和"应交消费税"明细账记录的本期应交税费金额合计数,按税法有关规定,计算应交城市维护建设税和教育费附加。其中,城市维护建设税税率为 7%,教育费附加征收率为 3%,地方教育费附加征收率为 2%。

根据上述发生的经济业务所登记的"应交税费——应交增值税"明细账,应交增值税销项税额合计 77 023.70 元,进项税额合计 66 659.30 元,贷方余额 10 364.40 元,为未缴纳增值税,下月缴纳。"应交消费税"本月没有发生额。计算结果如表 6-13 所示。

表 6-13　　　　　　　城市维护建设税和教育费附加计算表

2019 年 12 月 31 日

计税依据		应交税费项目						税金及附加合计
		城市维护建设税		教育费附加		地方教育费附加		
增值税	10 364.40	7%	725.51	3%	310.93	2%	207.29	1 243.73
消费税	—	7%		3%		2%		
合 计	10 364.40	7%	725.51	3%	310.93	2%	207.29	1 243.73

会计主管:李强　　　　　　　　　　　　　　　　　　　　　　　　　　　　　　　　制单:张军

该项经济业务发生后,引起费用和负债发生变化。一方面,引起本公司费用要素中的税金及附加项目增加了 1 243.73 元,应记入"税金及附加"账户的借方;另一方面,引起企业负债要素中应交税费项目中的城市维护建设税、教育费附加和地方教育费附加分别增加了 725.51 元、310.93 元和 207.29 元,应记入"应交税费"账户贷方。因此,该笔经济业务应编制会计分录如下:

借：税金及附加	1 243.73
贷：应交税费——应交城市维护建设税	725.51
——应交教育费附加	310.93
——应交地方教育费附加	207.29

根据上述分析结果,财会人员应根据有关原始凭证,填制记账凭证。

【例 6-38】 31 日,结转本月已销售产品成本。根据库存商品出库单(略)编制库存商品出库汇总表(见表 6-14)。

表 6-14　　　　　　　　　　　　库存商品出库汇总表
2019 年 12 月 31 日

类别	名称及规格	计量单位	出库数量	单位成本	总成本
裤子	男装牛仔裤	条	850	193.59	164 551.50
上衣	淑女上衣	件	630	382.17	240 767.10
裤子	女裤	条	100	138.00	13 800.00
	合　计				419 118.60

制单：张军　　　　　　　保管：潘美兰　　　　　　检验：刘刚

该项经济业务发生后,引起费用和资产两个要素发生变化。一方面,因为销售商品,引起费用要素中的主营业务成本项目增加 419 118.60 元,其中：男装牛仔裤 164 551.50 元、淑女上衣 240 767.10 元、女裤 13 800.00 元,应记入"主营业务成本"账户借方；另一方面,引起资产要素的库存商品项目减少了 419 118.60 元,其中：男装牛仔裤 164 551.50 元、淑女上衣 240 767.10 元、女裤 13 800.00 元,应记入"库存商品"账户的贷方。因此,该笔经济业务应编制会计分录如下：

借：主营业务成本——男装牛仔裤	164 551.50
——淑女上衣	240 767.10
——女裤	13 800.00
贷：库存商品——男装牛仔裤	164 551.50
——淑女上衣	240 767.10
——女裤	13 800.00

根据上述分析结果,财会人员应根据有关原始凭证,填制记账凭证。

【例 6-39】 31 日,结转出售 03 号材料成本 7 000 元,原材料出库单如表 6-15 所示。

表 6-15　　　　　　　　　　　　原材料出库单
2019 年 12 月 31 日

品名	规格	计量单位	数量	单价	金额
03 号材料		米	700	10.00	7 000.00
		合　计			7 000.00

负责人：　　　　　　仓库保管员：潘美兰　　　　　　出库经手人：刘刚

该项经济业务发生后,引起资产要素和费用要素发生变化。一方面,使本公司费用要素中的其他业务成本增加7 000元,应记入"其他业务成本"账户的借方;另一方面,使资产要素中的原材料减少7 000元,应记入"原材料"账户的贷方。因此,该笔经济业务应编制会计分录如下:

借:其他业务成本——销售材料　　　　　　　　　　　　　　　　　　　　7 000
　　贷:原材料——03号材料　　　　　　　　　　　　　　　　　　　　　　　7 000

根据上述分析结果,财会人员应根据有关原始凭证,填制记账凭证。

1. 产品成本项目由哪几个部分组成?
2. 产品完工入库时引起哪些要素和账户发生变化?

任务6.6　其他经济业务的账务处理

活动6.6.1　其他经济业务核算的内容

在企业经济业务核算内容中,除了前面所讲述的资金筹集业务、供应过程业务、生产过程业务和销售过程业务等主要经济活动需要会计人员进行账务处理外,还有不包含在上述业务内容中的其他经济业务:如个人因公出差、因私出差借款、报销差旅费、收取押金、计算利息费用、支付利息、发放工资、代扣代缴款项(代扣代缴个人所得税、住房公积金和社会保险金)、缴纳罚款、收取罚款、捐款、无形资产摊销和处置设备等业务。

让渡资产使用权属于其他经济业务吗?

活动6.6.2　其他经济业务核算的账户设置

一、"其他应收款"账户

"其他应收款"账户用来核算企业除应收票据、应收账款、预付账款、应收股利等经济活动以外的其他各种应收、暂付的款项。该账户是资产类账户,借方登记企业发生的其他各种应收、暂付款项;贷方登记收回或转销的各种应收、暂付款项;期末余额在借方,反映企业尚未收回的其他应收款。该账户按照其他应收款项目和债务人设置明细账,进行明细分类核算,适合采用"三栏式"明细账。

二、"其他应付款"账户

"其他应付款"账户用来核算企业除应付票据、应付账款、预收账款、应付职工薪酬、应付利息、应交税费等经营活动以外的其他各项应付、暂收的款项。该账户是负债类账户,贷方登记企业发生的其他各种应付、暂收款项;借方登记支付的其他各种应付、暂收款项;期末余额在贷方,反映企业尚未支付的其他应付款项。该账户按照其他应付款项目和债权人设置明细账,进行明细分类核算,适合采用"三栏式"明细账。

三、"营业外收入"账户

"营业外收入"账户用来核算企业发生的与日常生产经营活动无直接关系的各项营业外收入,主要包括非流动资产处置利得、非货币性资产交换的利得、债务重组利得、政府补助、盘盈得利和捐赠利得等。该账户是损益类账户,贷方登记企业发生的各种营业外收入;借方登记期末转入"本年利润"账户的营业外收入;期末结转后,该账户无余额。该账户按照营业外收入项目设置明细账,进行明细分类核算,适合采用"贷方多栏式"明细账。

四、"营业外支出"账户

"营业外支出"账户用来核算企业发生的与日常生产经营活动无直接关系的各项营业外支出,主要包括非流动资产处置损失、非货币性资产交换损失、债务重组损失、公益性捐赠支出、非常损失、盘亏损失等。该账户是损益类账户,借方登记企业发生的各种营业外支出;贷方登记期末转入"本年利润"账户的营业外支出;期末结转后,该账户无余额。该账户按照营业外支出项目设置明细账,进行明细分类核算,适合采用"借方多栏式"明细账。

五、"投资收益"账户

"投资收益"账户用来核算企业确认的对外投资收益或投资损失。该账户是损益类账户,贷方登记取得的投资收益或期末投资净损失的转出数;借方登记发生的投资损失和期末投资净收益的转出数;无论期末是投资收益还是投资损失,都要结转到"本年利润"账户,期末结转后,该账户无余额。该账户应按照投资项目设置明细账,进行明细分类核算,适合采用"三栏式"明细账。

六、"累计摊销"账户

"累计摊销"账户用来核算企业对使用寿命有限的无形资产计提摊销。该账户是资产类账户,贷方登记企业按月计提的无形资产摊销数额;借方登记处置无形资产时结转的累计摊销;期末余额在贷方,反映企业无形资产的累计摊销数额。该账户按无形资产项目设置明细账,进行明细分类核算,适合采用"三栏式"明细账。

七、"应付利息"账户

"应付利息"账户用来核算企业按照合同约定应支付的利息(包括吸收存款、分期付息到期还本的长期借款、企业债券等应支付的利息)。该账户是负债类账户,贷方登记按规定利率计算的应付利息数;借方登记实际支付的利息数;期末余额在贷方,反映企业应付的利息。该账户可按存款人或债权人设置明细账,进行明细分类核算,适合采用"三栏式"明细账。

说说上述各账户的性质及核算内容。

活动 6.6.3 其他业务的账务处理

广西美达服装有限责任公司 2019 年 12 月发生的经济业务如下:

【例 6-40】 5 日,采购员徐灿出差,预借差旅费 4 000 元,出纳凭借款单支付现金,借款单如图 6-32 所示。

借 款 单

2019 年 12 月 05 日　　　　　　　　　　　　　　　　第 65 号

借款部门	供应科	姓名	徐 灿	事由	采购材料	
借款金额(大写)		肆仟元整			￥4 000.00	第三联 记账凭证
部门负责人签署	陈果	借款人签章	徐灿	注意事项	一、凡借用公款必须使用本单 二、第三联为正式借据由借款人和单位负责人签章 三、出差返回后三日内报账结算	
单位领导批示	陈达	审核意见			同意	

图 6-32 借款单

该项经济业务发生后,引起资产和负债两个要素发生变化。一方面,职工借款 4 000 元,使资产要素中的其他应收款项目增加,记入"其他应收账款"账户借方;另一方面,资产要素库存现金减少,应记入"库存现金"账户贷方。因此,该笔经济业务应作会计分录如下:

　　借:其他应收款——徐灿　　　　　　　　　　　　　　　　　　　　　　　4 000
　　　　贷:库存现金　　　　　　　　　　　　　　　　　　　　　　　　　　　　4 000

根据上述分析结果,财会人员应根据有关原始凭证,填制记账凭证。

【例 6-41】 6 日,收到职工王华交来借用单位用具押金 200 元,收款收据与前相同(此处略)。

该项经济业务发生后,引起资产和负债两个要素同时发生变化。一方面,本公司资产库存现金增加 200 元,记入"库存现金"账户借方;另一方面,押金是需要在借物人归还物品时退还的,导致公司负债增加,应记入"其他应付款"账户贷方。因此,该笔经济业务应作会计分录如下:

　　借:库存现金　　　　　　　　　　　　　　　　　　　　　　　　　　　　　200
　　　　贷:其他应付款——王华　　　　　　　　　　　　　　　　　　　　　　　　200

根据上述分析结果,财会人员应根据有关原始凭证,填制记账凭证。

【例 6-42】 10 日,缴纳上月增值税 15 000 元和企业所得税 20 000 元,电子缴税付款凭证如图 6-33 所示。

中国工商银行电子缴税付款凭证

转账日期:2019 年 12 月 10 日　　　凭证字号:2019041006897521

纳税人全称及纳税人识别号:广西美达服装有限责任公司 450113987654321
付款全称:广西美达服装有限责任公司
付款人账号:6224501001201786868
付款人开户行:工行南宁市金湖路支行　　　征收机关名称:南宁市青秀国税局
小写(合计)金额:￥35 000.00　　　　　　收缴国库(银行)名称:青秀支库
大写(合计)金额:人民币叁万伍仟元整　　　缴纳书交易流水号:45001123456789

税(费)种名称	所属日期	实缴金额
增值税	2019.12.01—2019.12.31	￥15 000.00
企业所得税	2019.12.01—2019.12.21	￥20 000.00

第一次打印　　　　打印时间:2019 年 12 月 10 日 15 时 25 分

第二联　作付款回单(无银行盖章无效)　　　复核　　　　　　　　　　记账

图 6-33　电子缴税付款凭证

该项经济业务发生后,引起公司资产和负债两个要素发生变化。一方面,本公司应缴纳税费已经缴纳,使负债减少了 35 000 元,记入"应交税费"账户借方;另一方面,银行存款减少 35 000元,导致公司资产减少,记入"银行存款"账户贷方。因此,该笔经济业务应作会计分录如下:

　　借:应交税费——未交增值税　　　　　　　　　　　　　　　　15 000
　　　　　　　　——应交所得税　　　　　　　　　　　　　　　　20 000
　　　　贷:银行存款　　　　　　　　　　　　　　　　　　　　　　　　35 000

根据上述分析结果,财会人员应根据有关原始凭证,填制记账凭证。

如果缴纳当月的增值税,应借记"应交税费——应交增值税(已交税金)"账户,贷记"银行存款"账户;缴纳城市维护建设税、教育费附加和个人所得税的分录可以与本业务同时处理,凭证格式也相同,但征收机关为地方税务局。

【例 6-43】　12 日,缴纳上月城市维护建设税 2 100 元、教育费附加 1 050 元和地方教育费附加 700 元,代职工缴纳上月个人所得税 800 元。电子缴费付款凭证样式同前(此处略)。

该项经济业务发生后,引起本公司资产和负债两个要素发生变化。一方面,公司应缴纳税费已经缴纳,使负债减少了 4 650 元,记入"应交税费"账户借方;另一方面,银行存款减少 4 650 元,导致公司资产减少,记入"银行存款"账户贷方。因此,该笔经济业务应作会计分录如下:

借：应交税费——应交城市维护建设税　　　　　　　　　　　　　　2 100
　　　　——应交教育费附加　　　　　　　　　　　　　　　　　　1 050
　　　　——应交地方教育费附加　　　　　　　　　　　　　　　　　700
　　　　——代扣代缴个人所得税　　　　　　　　　　　　　　　　　800
　　贷：银行存款　　　　　　　　　　　　　　　　　　　　　　　4 650

根据上述分析结果，财会人员应根据有关原始凭证，填制记账凭证。

【例6-44】 12日，采购员徐灿报销差旅费，原借款为4 000元，报销4 150元，补付现金150元。财会人员根据审核无误的借款单、差旅费报销单办理报销手续。飞机票、住宿费等原始凭证略，借款单和差旅费报销单如图6-34和图6-35所示。

借 款 单

2019年12月05日　　　　　　　　　　　　　　　　　　　　第65号

借款部门	供应科	姓名		徐 灿	事由		采购材料
借款金额（大写）		肆仟元整				￥4 000.00	
实际报销金额	￥4 150.00	结余金额			注意事项	一、凡借用公款必须使用本单 二、第三联为正式借据由借款人和单位负责人签章 三、出差返回后三日内报账结算	
		超支金额	￥150.00				
收款单位公章		原借款已经报销结算并已补付款 经办人：张军					2019年12月12日

（第二联 会计结算转账凭证）

图6-34　借款单

差旅费报销单

单位：　　　　　　　　　　　　2019年12月12日

月	日	出发地	月	日	到达地	机票费	车（船）费	卧铺费	夜行车补助		市内交通费		住宿费			出差补助		增值税进项税额	合计
									小时	金额	实支	包干	标准	实支	天数	金额			
12	05	南宁	12	05	上海	688.07												61.93	750
12	10	上海			南宁	688.07						300		1 800	6	300	61.93	3 150
合　　计						1 376.14						300		1 800		300	123.86	4 150
出差任务		采购材料	报销金额（大写）肆仟壹佰伍拾元整															预借金额	4 000
			单位领导：陈达　　　部门负责人：吴长海　　　出差人：徐灿															报销金额	4 150
																		结余或超支	150

会计主管：　　　　　　　记账：　　　　　　　审核：　　　　　　　附单据壹拾张

图6-35　差旅费报销单

该项经济业务发生后,引起费用和资产两个要素发生变动。一方面,公司费用要素中的管理费用增加了 4 026.15 元,记入"管理费用"账户借方,同时,飞机票可以按 9% 的税率计算增值税进项税额并予以抵扣,记入"应交税费——应交增值税(进项税额)"账户 123.85 元;另一方面,原采购员徐灿借支的差旅费 4 000 元予以核销,使资产要素中的其他应收款项目减少 4 000 元,记入"其他应收款"账户贷方,同时补付现金 150 元,使现金项目减少,记入"库存现金"账户的贷方。因此,该笔经济业务应作会计分录如下:

借:管理费用——差旅费　　　　　　　　　　　　　　　　　　　　4 026.15
　　应交税费——应交增值税(进项税额)　　　　　　　　　　　　　 123.85
　贷:其他应收款——徐灿　　　　　　　　　　　　　　　　　　　　4 000.00
　　　库存现金　　　　　　　　　　　　　　　　　　　　　　　　　 150.00

根据上述分析结果,财会人员应根据有关原始凭证,填制记账凭证。

【例 6-45】 20 日,根据职工薪酬分配表实付职工薪酬金额 173 578.50 元,签发现金支票一张,发放工资。现金支票存根如图 6-36 所示。

图 6-36 现金支票存根

该项经济业务发生后,引起资产要素内部发生变化。一方面,从银行提取现金,银行存款减少了 173 578.50 元,记入"银行存款"账户贷方;另一方面,资产要素中的库存现金增加了 173 578.50 元,记入"库存现金"账户借方。因此,该笔经济业务应作会计分录如下:

借:库存现金　　　　　　　　　　　　　　　　　　　　　　　　　173 578.50
　贷:银行存款　　　　　　　　　　　　　　　　　　　　　　　　　173 578.50

根据上述分析结果,财会人员应根据有关原始凭证,填制记账凭证。

知识拓展

要注意转账支票与现金支票的区别。现金支票的收款人为本单位,而转账支票的收款人是往来业务的收款单位。另外,提取现金的金额是实付职工工资金额而不是应付职工工资金额,原因是有代扣代缴款。

支票、发票等重要原始凭证的大小写金额,收款人、用途、出票日期等不得出现错误;若出现错误的,不得在原始凭证上修改,而应由出具单位重新开具。

如果通过银行转账发放工资,则填制转账支票通过银行转账到职工个人账户,会计分录的贷方为"银行存款"账户。

【例 6-46】 20 日,根据"工资发放表"(略),以库存现金发放工资 173 578.50 元,并代扣"三险一金"及个人所得税(其中,住房公积金 19 755 元、医疗保险 3 951 元、失业保险 1 975.50 元、养老保险 15 804 元、个人所得税 701 元)。

该项经济业务发生后引起负债和资产两个要素发生变化。一方面,负债要素中的应付职工薪酬减少 215 765 元,记入"应付职工薪酬"账户的借方,同时,代扣"三险一金"使得其他应付款增加 41 485.50 元,记入"其他应付款"账户的贷方,代扣个人所得税使得应交税费增加,记入"应交税费"账户贷方;另一方面,用现金发放工资,使库存现金减少 173 578.50 元,记入"库存现金"账户贷方。因此,该笔经济业务应作会计分录如下:

借:应付职工薪酬——短期薪酬(职工工资)　　　　　　　　　　215 765.00
　　贷:库存现金　　　　　　　　　　　　　　　　　　　　　　　173 578.50
　　　　其他应付款——住房公积金　　　　　　　　　　　　　　　 19 755.00
　　　　　　　　　　——社会保险　　　　　　　　　　　　　　　 21 730.50
　　　　应交税费——代扣代缴个人所得税　　　　　　　　　　　　　　701.00

根据上述分析结果,财会人员应根据有关原始凭证,填制记账凭证。

【例 6-47】 30 日,计提本月负担的短期借款利息 3 550 元,财会人员根据有关借款合同编制应付利息计算表,如表 6-16 所示。

表 6-16　　　　　　　　　　　　应付利息计算表
2019 年 12 月 30 日

项　目	短期借款本金	年利率	本月应付利息
期限 6 个月短期借款	300 000.00	4.20%	1 050.00
期限 12 个月短期借款	500 000.00	6.00%	2 500.00
合　计	800 000.00		3 550.00

制单:张军

该项经济业务发生后,引起公司费用和负债两个要素发生变化。一方面,银行短期借款利息属于财务费用,一般按季支付,根据权责发生制会计核算基础,利息按月计提计入当期损益,这样本月财务费用增加 3 550 元,记入"财务费用"账户的借方;另一方面,由于利息尚未支付,引起负债要素中应付利息增加 3 550 元,记入"应付利息"账户的贷方。因此,该笔经济业务应作会计分录如下:

借:财务费用——利息支出　　　　　　　　　　　　　　　　　　　3 550
　　贷:应付利息——短期借款利息　　　　　　　　　　　　　　　　　3 550

根据上述分析结果,财会人员应根据有关原始凭证,填制记账凭证。

【例 6-48】 30 日,职工李前进因违反操作造成断电停产,给予对该职工罚款 200 元的处罚,罚款已交出纳收款。填制的现金收据的样式同前(此处略);公司处罚决定略。

该项经济业务发生后,引起本公司资产和收入要素发生变化。一方面,资产要素中的库存现金增加 200 元,记入"库存现金"账户的借方;另一方面,收入要素中的营业外收入增加 200 元,记入"营业外收入"账户的贷方,因此,该笔经济业务应作会计分录如下:

借:库存现金　　　　　　　　　　　　　　　　　　　　　　　　　　　　　200
　　贷:营业外收入——罚没利得　　　　　　　　　　　　　　　　　　　　　　　　200

根据上述分析结果,财会人员应根据有关原始凭证,填制记账凭证。

【例 6-49】 30 日,开出转账支票一张,捐赠给对口扶贫点那垌乡 5 000 元,收到乡政府开具的收款收据。收款收据和转账支票存根样式同前(此处略)。

该项经济业务发生后,引起本公司费用和资产发生变化。一方面,费用要素中"营业外支出"增加 5 000 元,记入"营业外支出"账户的借方;另一方面,资产要素中的银行存款减少 5 000 元,记入"银行存款"账户的贷方。因此,该笔经济业务应作会计分录如下:

借:营业外支出——公益捐赠支出　　　　　　　　　　　　　　　　　　　　5 000
　　贷:银行存款　　　　　　　　　　　　　　　　　　　　　　　　　　　　　　5 000

根据上述分析结果,财会人员应根据有关原始凭证,填制记账凭证。

【例 6-50】 30 日,摊销无形资产 7 500 元。累计摊销计算表如表 6-17 所示。

表 6-17　　　　　　　　　　　　累计摊销计算表
2019 年 12 月 30 日　　　　　　　　　　　　　　　　　　　金额单位:元

项　目	无形资产取得成本	摊销年限(年)	本月摊销金额
专利权摊销	150 000	5	2 500
非专利技术摊销	300 000	5	5 000
合　计	450 000		7 500

制单:张军

该项经济业务发生后,引起本公司费用和资产要素发生变化。一方面,费用要素中的管理费用增加 7 500 元,记入"管理费用"账户的借方;另一方面,资产要素中的累计摊销增加 7 500 元,记入"累计摊销"账户的贷方。因此,该笔经济业务应作会计分录如下:

借:管理费用——摊销费　　　　　　　　　　　　　　　　　　　　　　　　7 500
　　贷:累计摊销——专利权摊销　　　　　　　　　　　　　　　　　　　　　　　2 500
　　　　　　　　——非专利技术摊销　　　　　　　　　　　　　　　　　　　　　5 000

根据上述分析结果,财会人员应根据有关原始凭证,填制记账凭证。

【例 6-51】 30 日,归还工行短期借款本金 300 000 元,利息 7 500 元,利息已全部计提。利息清单和特种转账借方凭证如图 6-37 和图 6-38 所示。

利 息 清 单

中国建设银行　　　　　　　　　　　　　　　　　　　　　　No. 9068001
币别：人民币　　　　　2019年12月30日　　　　　　　流水号：201712010

户名：广西美达服装有限责任公司			账号：6224501001201786868		
计息项目	起息日	结息日	本金	年利率	利息
短期借款	2019年06月30日	2019年12月30日	300 000.00	5%	7 500.00
合计（大写）	柒仟伍佰元整				¥7 500.00
			银行盖章		

会计主管：陈平　　　　授权：陈平　　　　复核：李华东

图 6-37　利息清单

特种转账借方凭证

中国工商银行　　　　　　　　　　　　　　　　　　　　　　No. 090512008
币别：人民币　　　　　2019年12月30日　　　　　　　流水号：201712010

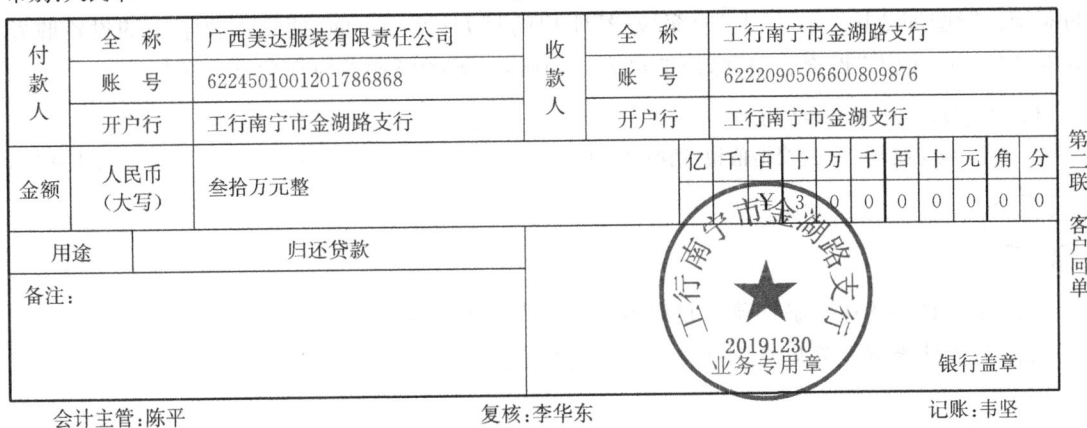

会计主管：陈平　　　　　　复核：李华东　　　　　　记账：韦坚

图 6-38　特种转账借方凭证

该项经济业务发生后，引起本公司负债和资产两个要素发生变化。一方面，归还贷款本金和利息，使负债要素中的短期借款减少 300 000 元，记入"短期借款"账户的借方，应付利息减少 7 500 元，记入"应付利息"账户的借方；另一方面，资产要素中的银行存款减少 307 500 元，记入"银行存款"账户的贷方。因此，该笔经济业务应作会计分录如下：

　　借：短期借款——工行　　　　　　　　　　　　　　　　　　　　300 000
　　　　应付利息——短期借款利息　　　　　　　　　　　　　　　　　 7 500
　　　　贷：银行存款　　　　　　　　　　　　　　　　　　　　　　　307 500

根据上述分析结果，财会人员应根据有关原始凭证，填制记账凭证。

【例 6-52】 30 日，根据投资协议，从联营单位分来投资利润 35 000 元，收到转账支票一张，开具收款收据交给联营单位。当日，填写银行进账单连同转账支票一起送存银行，银行受理并办妥收款手续,银行返回进账单的第二联收账通知。银行进账单和收款收据样式同前(此处略)。

该项经济业务发生后,引起本公司资产和收入两个要素发生变化。一方面,使资产要素中的银行存款增加 37 100 元,记入"银行存款"账户的借方;另一方面,收入要素中的投资收益增加 37 100 元,记入"投资收益"账户的贷方。因此,该笔经济业务应作会计分录如下:

借:银行存款　　　　　　　　　　　　　　　　　　　　　　　　　　37 100
　　贷:投资收益——联营单位收益　　　　　　　　　　　　　　　　　　37 100

根据上述分析结果,财会人员应根据有关原始凭证,填制记账凭证。

【例 6-53】　30 日,按收到投资收益 37 100 元计算应缴纳增值税,适用税率为 6%,编制增值税计算表,如表 6-18 所示。

表 6-18　　　　　　　　　　　　增值税计算表
编制单位:广西美达服装有限责任公司　　2019 年 12 月 30 日　　　　　　　　　单位:元

卖出价减买入价(含税)	税率	卖出价减买入价(不含税)	增值税额
37 100.00	6%	35 000.00	2 100.00

制单:张军

该项经济业务发生后,引起本公司负债和收入两个要素发生变化。一方面,使负债要素中的应交税费增加 2 100 元,记入"应交税费"账户的贷方;另一方面,使收入要素中的投资收益减少 2 100 元,记入"投资收益"账户的借方。因此,该笔经济业务应作会计分录如下:

借:投资收益——联营单位收益　　　　　　　　　　　　　　　　　　2 100
　　贷:应交税费——应交增值税(销项税额)　　　　　　　　　　　　　2 100

1. 销售材料及让渡资产使用权取得的收入应记入哪个账户?
2. 公益性捐赠核算应使用的会计账户是什么?

任务 6.7　财务成果业务的账务处理

活动 6.7.1　财务成果的构成

财务成果是指企业在一定期间从事经济活动所取得的经营成果,它是企业一定会计期间的收入与费用相抵后的余额。财务成果的表现形式有利润和亏损两种。当收入大于费用时,其差额表现为利润;反之,当收入小于费用时,其差额表现为亏损。财务成果是企业经营活动效率与经济效益的综合体现,是衡量企业经营成果的经济效益的综合尺度,因而,财务成果指标是一个非常重要的指标。

财务成果是企业在生产经营过程中所形成的,会计上依据"收入－费用＝利润"的会计等式来计算本期的利润。同时,利润形成后,还需要将一定会计期间的净利润在企业与投资者之间进行分配。利润分配直接关系到企业与投资者之间的物质利益关系,关系到各方投资者的权益能否得到保障,具有很强的政策性,因此,财务成果的核算应包括以下两方面的内容。

一、利润的形成

企业的利润,就其形式来看,既有通过生产经营活动而获得的,也有通过投资活动而获得的,还包括那些与生产活动无直接关系的事项所引起的盈亏。根据《企业会计制度》的规定,利润是指企业在一定会计期间的经营成果,包括营业利润、利润总额和净利润。营业利润加上营业外收入减去营业外支出后的数额称为利润总额;利润总额减去所得税费用后的数额称为净利润。利润的相关计算公式如下:

利润总额(或亏损总额)＝营业利润＋营业外收入－营业外支出

净利润(或净亏损)＝利润总额(或亏损总额)－所得税费用

(一) 营业利润

营业利润的计算公式如下:

营业利润＝营业收入－营业成本－税金及附加－销售费用－管理费用－研发费用－财务费用＋其他收益＋投资收益＋净敞口套期收益＋公允价值变动收益＋信用减值损失＋资产减值损失＋资产处置收益

其中,营业收入＝主营业务收入＋其他业务收入

营业成本＝主营业务成本＋其他业务成本

(二) 营业外收入和营业外支出

营业外收入和营业外支出是指企业发生的与其生产经营活动无直接关系的各项收入和各项支出。其中,营业外收入主要包括非流动资产处置利得、非货币性资产交换的利得、债务重组利得、政府补助、盘盈得利和捐赠利得等;营业外支主要包括非流动资产处置损失、非货币性资产交换损失、债务重组损失、公益性捐赠支出、非常损失、盘亏损失等。营业外收入和营业外支出不存在必然的联系,因而不存在配比关系,应当分别核算,并在利润表中分列项目反映。

(三) 所得税费用

所得税费用是指企业应计入当期损益的所得税费用。它是企业按照税法规定,依据应纳税所得额计算并向国家缴纳的税款,是企业利润总额的减项。由于会计利润的计算方法和税法上应纳税所得额的计算方法不一致,应纳税所得额要在会计利润的基础上按税法规定的口径计算。在会计核算上,企业应采用应付税款法或者纳税影响会计法核算所得税费用。

二、利润的分配

企业净利润实现后,应当按照规定进行分配。根据我国有关法规的规定,一般企业和股份制公司当期实现的净利润,首先是弥补以前年度的亏损,其次再按下列顺序进行分配。

(一) 提取法定盈余公积

法定盈余公积按照本企业本年实现的净利润的 10% 的比例提取。企业提取的法定盈余

公积累计额达到其注册资本的50%以上时,可不再提取。企业提取的法定盈余公积主要用于弥补亏损和转增资本。

(二) 提取任意盈余公积

任意盈余公积的提取是由企业自愿决定的,企业在经过股东大会决议之后提取任意盈余公积。

(三) 向投资者分配利润(或者股利,下同)

企业提取盈余公积后,还应按照合同或者协议的规定,向投资者分配利润。

企业本年实现的净利润加上以前年度未分配利润(或者减去期初未弥补的亏损)和其他转入后的余额,为企业可分配的利润。可供分配的利润在经过上述分配后的余额,即为未分配利润(或未弥补亏损)。未分配利润可留待以后年度进行分配;而未弥补的亏损可按规定由以后年度实现的利润进行弥补。

计算营业利润要考虑的要素有哪些?

活动6.7.2 财务成果核算的账户设置

一、"本年利润"账户

"本年利润"账户用来核算企业实现的净利润(或发生的净亏损)。该账户是所有者权益类账户,贷方登记期末从"主营业务收入""其他业务收入""营业外收入""投资收益(投资净收益)"等账户转入的数额;借方登记期末从"主营业务成本""其他业务成本""税金及附加""销售费用""管理费用""财务费用""营业外支出""所得税费用""投资收益(投资净损失)"等账户转入的数额。年度终了,应将本年收入和支出相抵后结出本年实现的净利润(即贷方余额),转入"利润分配——未分配利润"账户的贷方;如为净亏损(即借方余额),转入"利润分配——未分配利润"账户的借方;结转后该账户无余额。该账户明细账是专用的"借贷双方多栏式"明细账。

二、"所得税费用"账户

"所得税费用"账户用来核算企业确认的应从当期利润总额中扣除的所得税费用。该账户是损益类账户,借方登记企业按照税法规定的应纳税所得额计算的应纳所得税额;贷方登记企业会计期末转入"本年利润"账户的所得税额;结转后该账户无余额。该账户可按"当期所得税费用"和"递延所得税费用"设置明细账,进行明细分类核算,适合采用"三栏式"明细账。

三、"利润分配"账户

"利润分配"账户用来核算企业利润的分配(或亏损的弥补)和历年分配(或弥补)后的留存余额。该账户是所有者权益类账户,借方登记按规定实际分配的利润数,或年终时从"本年利润"账户的贷方转来的全年亏损总额;贷方登记年终时从"本年利润"账户借方转来的全年实现的净利润总额;年终贷方余额表示历年留存的未分配利润,如为借方余额,则表示历年积存未弥补的亏损。期末,应将"利润分配"账户所属的其他明细账账户余额转入该账户所属的"未分配利润"明细账户;结转后,该账户除"未分配利润"明细账户外,其他明细账户无余额。该账户应当分别"提取法定盈余公积""提取任意盈余公积""应付利润""未分配利润"等设置明细账,进行明细分类核算,适合采用"三栏式"明细账。

四、"应付股利"账户

"应付股利"账户用来核算企业根据股东大会或类似机构审议确定分配的现金股利或利润。该账户是负债类账户,贷方登记根据通过的股利或利润分配方案计算的应支付的现金股利或利润;借方登记实际支付的金额;期末余额在贷方,反映企业应付未付的现金股利或利润。该账户应按投资人设置明细账,进行明细分类核算,适合采用"三栏式"明细账。非股份有限公司通常将该账户改为"应付利润"账户。

五、"盈余公积"账户

"盈余公积"账户用来核算企业从净利润中提取的盈余公积。该账户是所有者权益类账户,贷方登记从净利润中提取的法定盈余公积和任意盈余公积;借方登记盈余公积的使用,如转增资本、弥补亏损等;期末余额在贷方,表示企业按规定提取的盈余公积余额。该账户应当分别按"法定盈余公积""任意盈余公积"设置明细账,进行明细分类核算,适合采用"三栏式"明细账。

谈谈上述各账户的特征及核算内容。

活动 6.7.3　财务成果的账务处理

广西美达服装有限责任公司 2019 年 12 月份发生的经济业务如下:

【例 6-54】　31 日,将本月实现的主营业务收入、其他业务收入、营业外收入和投资收益转入"本年利润"账户。公司根据各有关账簿记录编制公司内部转账单,如表 6-19 所示。

表 6-19　　　　　广西美达服装有限责任公司内部转账单(1)
2019 年 12 月 31 日　　　　　　　　　　　　　　单位:元

摘　要	金　额
主营业务收入转入"本年利润"账户	584 490
其他业务收入转入"本年利润"账户	8 000
营业外收入转入"本年利润"账户	200
投资收益转入"本年利润"账户	35 000
合　计	627 690

制单:张军

该项经济业务发生后,引起本公司收入和所有者权益两个要素发生变化。一方面,收入要素中的主营业务收入减少 584 490 元、其他业务收入减少 8 000 元、营业外收入减少 200 元,投资收益减少 35 000 元,分别记入"主营业务收入""其他业务收入""营业外收入""投资收益"账户的借方;另一方面,转入收入使所有者权益要素中的本年利润项目增加了 627 690 元,应记入"本年利润"账户的贷方。因此,该经济业务应作会计分录如下:

借:主营业务收入　　　　　　　　　　　　　　　　　　　　　　　584 490
　　其他业务收入　　　　　　　　　　　　　　　　　　　　　　　　 8 000
　　营业外收入　　　　　　　　　　　　　　　　　　　　　　　　　　 200
　　投资收益　　　　　　　　　　　　　　　　　　　　　　　　　　35 000
　　贷:本年利润　　　　　　　　　　　　　　　　　　　　　　　　627 690

根据上述分析结果,财会人员应根据有关原始凭证,填制记账凭证。

【例 6-55】 31 日,将本月实现的主营业务成本、税金及附加、其他业务成本、营业外支出、管理费用、销售费用和财务费用转入"本年利润"账户。公司根据各有关账簿记录编制公司内部转账单,如表 6-20 所示。

表 6-20　　　　　广西美达服装有限责任公司内部转账单(2)
2019 年 12 月 31 日　　　　　　　　　　　　　　　　　　　　单位:元

摘　　要	金　　额
主营业务成本转入"本年利润"账户	419 118.60
税金及附加转入"本年利润"账户	1 360.76
其他业务成本转入"本年利润"账户	7 000.00
营业外支出转入"本年利润"账户	5 000.00
管理费用转入"本年利润"账户	96 188.50
销售费用转入"本年利润"账户	54 992.00
财务费用转入"本年利润"账户	3 570.00
合　计	587 229.86

制单:张军

该项经济业务发生后,引起公司费用和所有者权益两个要素发生变化。一方面,转入费用,使所有者权益要素中的本年利润项目减少 587 229.86 元,应记入"本年利润"账户的借方;另一方面,费用要素中的主营业务成本减少 419 118.60 元、税金及附加减少 1 360.76 元、其他业务成本减少 7 000 元、营业外支出减少 5 000 元、管理费用减少 96 188.50 元、销售费用减少 54 992 元、财务费用减少 3 570 元,分别记入"主营业务成本""税金及附加""其他业务成本""营业外支出""管理费用""销售费用"和"财务费用"等账户的借方。因此,该经济业务应作会计分录如下:

借:本年利润　　　　　　　　　　　　　　　　　　　　　　　　587 229.86
　　贷:主营业务成本　　　　　　　　　　　　　　　　　　　　　419 118.60
　　　　税金及附加　　　　　　　　　　　　　　　　　　　　　　 1 360.76
　　　　其他业务成本　　　　　　　　　　　　　　　　　　　　　 7 000.00
　　　　营业外支出　　　　　　　　　　　　　　　　　　　　　　 5 000.00
　　　　管理费用　　　　　　　　　　　　　　　　　　　　　　　96 188.50
　　　　销售费用　　　　　　　　　　　　　　　　　　　　　　　54 992.00
　　　　财务费用　　　　　　　　　　　　　　　　　　　　　　　 3 570.00

根据上述分析结果,财会人员应根据有关原始凭证,填制记账凭证。

【例 6-56】 31 日,按本月实际利润的 25% 的 20% 计算本月应交所得税。财会人员根据"本年利润"账户实现的利润总额,按税收有关规定计算本期应交所得税。其计算公式如下:

$$企业所得税＝应纳税所得额×适用税率$$

应纳税所得额是根据税法规定计算确认的利润数,利润总额是根据会计制度规定计算的利润数,两者可能不一致,需要按税法规定将利润总额调整为应纳税所得额。另外,企业所得税通常按月计算,按季度预交。在"基础会计"课程中,我们暂且将应纳税所得额等同于利润总额,并选择按月计算、按月缴纳所得税(按照现行税法规定,年利润小于 100 万元的企业,实行税收优惠政策,应纳税所得等于全年利润×25%×20%)。

$$
\begin{aligned}
12\text{月营业利润} &= (\text{主营业务收入}+\text{其他业务收入}) - (\text{主营业务成本}+\text{其他业务成本}) \\
&\quad -\text{税金及附加}-\text{销售费用}-\text{管理费用}-\text{财务费用}+\text{投资收益} \\
&= (584\,490+8\,000)-(419\,118.60+7\,000)-1\,360.76 \\
&\quad -54\,992-96\,188.50-3\,570+35\,000 \\
&= 45\,260.14(\text{元})
\end{aligned}
$$

$$
\begin{aligned}
12\text{月利润总额} &= \text{营业利润}+\text{营业外收入}-\text{营业外支出} \\
&= 45\,260.14+200-5\,000=40\,460.14(\text{元})
\end{aligned}
$$

$$12\text{月所得税}=40\,460.14\times25\%\times20\%=2\,023.01(\text{元})$$

本公司根据有关资料编制"所得税费用计算表",如表 6-21 所示。

表 6-21　　　　　　　　　　　**所得税费用计算表**

2019 年 12 月 31 日　　　　　　　　　　　　　　单位:元

应纳税所得额	所得税税率	应交所得税
40 460.14	25%×20%	2 023.01

制单:张军

该项经济业务发生后,引起本公司费用和负债两个要素发生变化。一方面,使费用要素中的所得税费用增加 2 023.01 元,应记入"所得税费用"账户的借方;另一方面,所计算的所得税尚未缴纳,引起负债要素中的"应交税费——应交所得税"项目增加 2 023.01 元,应记入"应交税费——应交所得税"账户的贷方。因此,该经济业务应作会计分录如下:

借:所得税费用　　　　　　　　　　　　　　　　　　　　　　　　2 023.01
　　贷:应交税费——应交所得税　　　　　　　　　　　　　　　　　　　2 023.01

根据上述分析结果,财会人员应根据有关原始凭证,填制记账凭证。

在实际工作中,利润总额通过查阅"本年利润"明细账获得真实的数据,并在此基础上按照税法规定进行调整。

【例 6-57】 31 日,将本月所得税费用转入"本年利润"账户。本公司根据各账簿的有关资料编制公司内部转账单,如表 6-22 所示。

表 6-22　　　　　　　广西美达服装有限责任公司内部转账单(3)
　　　　　　　　　　　　　　2019 年 12 月 31 日　　　　　　　　　　　　　　　单位:元

摘　要	金　额
将所得税费用转入"本年利润"账户	2 203.01
合　计	2 023.01

制单:张军

该项经济业务发生后,引起本公司费用和所有者权益两个要素发生变化。一方面,使所有者权益要素中的本年利润项目减少 2 023.01 元,记入"本年利润"账户的借方;另一方面,引起费用要素中的所得税费用项目减少 2 023.01 元,记入"所得税费用"账户的贷方。因此,该经济业务应作会计分录如下:

　　借:本年利润　　　　　　　　　　　　　　　　　　　　　　　　　　　　2 023.01
　　　　贷:所得税费用　　　　　　　　　　　　　　　　　　　　　　　　　　　2 023.01

根据上述分析结果,财会人员应根据有关原始凭证,填制记账凭证。

【例 6-58】 31 日,将全年实现的净利润结转到"利润分配——未分配利润"账户,经查账,"本年利润"明细账户 11 月末贷方余额为 215 654.90 元。

首先,计算 12 月净利润。12 月实现净利润计算如下:

$$12\text{ 月净利润}=12\text{ 月利润总额}-12\text{ 月所得税费用}$$
$$=40\ 460.14-2\ 023.01=38\ 437.13(\text{元})$$
$$\text{全年净利润}=1\sim11\text{ 月净利润}+12\text{ 月净利润}$$
$$=215\ 654.90+38\ 437.13=254\ 092.03(\text{元})$$

其次,财会人员根据本年利润贷方余额编制原始凭证,如表 6-23 所示。

表 6-23　　　　　　　广西美达服装有限责任公司内部转账单(4)
　　　　　　　　　　　　　　2019 年 12 月 31 日　　　　　　　　　　　　　　　单位:元

摘　要	金　额
将全年净利润转入"利润分配"账户	254 092.03
合　计	254 092.03

制单:张军

该项经济业务发生后,引起本公司所有者权益要素内部项目发生增减变化。一方面,由于是年末,为了进行年终转账核算,应将"本年利润"账户贷方余额 254 092.03 元转出,记入"本年利润"账户的借方;另一方面,结转本年利润使所有者权益要素中的"利润分配——未分配利润"项目增加 254 092.03 元,记入"利润分配——未分配利润"账户的贷方。因此,该经济业务应作会计分录如下:

　　借:本年利润　　　　　　　　　　　　　　　　　　　　　　　　　　　　254 092.03
　　　　贷:利润分配——未分配利润　　　　　　　　　　　　　　　　　　　　254 092.03

根据上述分析结果,财会人员应根据有关原始凭证,填制记账凭证。

【例 6-59】 31 日,财会人员根据本年实现的净利润,按国家会计制度有关规定及董事会决议,计算分配利润,按净利润的 10% 计算提取法定盈余公积 25 409.20 元,按净利润的 5%

计算提取任意盈余公积 12 704.60 元,如表 6-24 所示。

表 6-24　　　　　　　　　　　　利润分配计算表(1)
　　　　　　　　　　　　　　　　2019 年 12 月 31 日　　　　　　　　　　　　　单位:元

项目	提取比例	金额
一、净利润		254 092.03
二、提取盈余公积		38 113.80
其中:提取法定盈余公积	10%	25 409.20
提取任意盈余公积	5%	12 704.60
三、可供投资者分配利润		215 978.23

制单:张军

该笔经济业务发生后,引起本公司所有者权益要素内部发生增减变化。一方面,使公司利润减少 36 900 元,记入"利润分配"账户的借方;另一方面,使公司法定盈余公积增加 24 600 元、任意盈余公积增加 12 300 元,记入"盈余公积"账户的贷方。因此,该经济业务应作会计分录如下:

　　借:利润分配——提取法定盈余公积　　　　　　　　　　　　　　　25 409.20
　　　　　　　　——提取任意盈余公积　　　　　　　　　　　　　　　12 704.60
　　　　贷:盈余公积——法定盈余公积　　　　　　　　　　　　　　　　25 409.20
　　　　　　　　　　——任意盈余公积　　　　　　　　　　　　　　　　12 704.60

根据上述分析结果,财会人员应根据有关原始凭证,填制记账凭证。

【例 6-60】　31 日,根据董事会决议,按全年净利润扣除提取法定盈余公积和任意盈余公积后的净额中的 150 000 元,向投资者分配利润。财会人员根据董事会决议计算分配利润,其中计提应付投资者利润如表 6-25 所示。

表 6-25　　　　　　　　　　　　利润分配计算表(2)
　　　　　　　　　　　　　　　　2019 年 12 月 31 日　　　　　　　　　　　　　单位:元

项目	提取比例	金额
一、可供投资者分配利润		215 978.23
二、向投资者分配利润		150 000
其中:陈美	50.00%	75 000
星光公司	33.33%	49 995
陈达	16.67%	25 005
期末未分配利润		65 978.23

制单:张军

该笔经济业务发生后,引起本公司所有者和负债两个要素发生变化。一方面,所有者权益要素中的利润分配减少 150 000 元,记入"利润分配"账户的借方;另一方面,负债要素中的应付利润增加 150 000 元,记入"应付利润"账户的贷方。因此,该经济业务应作会计分录如下:

　　借:利润分配——应付利润　　　　　　　　　　　　　　　　　　　150 000
　　　　贷:应付利润——陈美　　　　　　　　　　　　　　　　　　　　75 000
　　　　　　　　　　——星光公司　　　　　　　　　　　　　　　　　　49 995
　　　　　　　　　　——陈达　　　　　　　　　　　　　　　　　　　　25 005

根据上述分析结果,财会人员应根据有关原始凭证,填制记账凭证。

【例6-61】 31日,将"利润分配"明细账户中除"未分配利润"明细账户以外的其他明细账户余额结转到"未分配利润"明细账户。财务人员编制的原始凭证如表6-26所示。

表6-26　　　　　　　　　　利润分配计算表(3)　　　　　　　　　　单位:元
2019年12月31日

项　目	金　额
提取法定盈余公积	25 409.20
提取任意定盈余公积	12 704.60
应付利润	150 000
利润分配合计	188 113.80

制单:张军

该笔经济业务发生后,引起本公司所有者权益要素内部发生增减变化。一方面,将"利润分配——提取法定盈余公积""利润分配——提取任意盈余公积""利润分配——应付利润"等明细账户的余额转入"利润分配——未分配利润"账户的贷方,使"利润分配——未分配利润"账户减少111 900元;另一方面,将已分配利润的明细账余额转出,分别记入"利润分配——提取法定盈余公积""利润分配——提取任意盈余公积""利润分配——应付利润"账户的贷方。因此,该经济业务应作会计分录如下:

借:利润分配——未分配利润　　　　　　　　　　　　　　　188 113.80
　　贷:利润分配——提取法定盈余公积　　　　　　　　　　　　25 409.20
　　　　　——提取任意盈余公积　　　　　　　　　　　　　　12 704.60
　　　　　——应付利润　　　　　　　　　　　　　　　　　150 000.00

根据上述分析结果,财会人员应根据有关原始凭证,填制记账凭证。

1. 谈谈利润的形成与利润分配的核算要点。
2. 完成利润分配后,"利润分配"总分类账户下的明细账户中,有可能有余额是哪个?

模 块 测 试

参考答案

一、单项选择题

1. 某企业为增值税一般纳税人,外购一批原材料,实际支付的价款为6 000元,增值税额为780元,取得的增值税专用发票可以抵扣,同时发生运费1 090元(增值税专用发票上注明的运费为1 000元,增值税额为90元),合理损耗为40元,入库前的挑选整理费为60元,则材料的入账价值为(　　)元。
　　A. 6 000　　　　　　B. 8 230　　　　　　C. 7 100　　　　　　D. 7 210
2. 本期已经支付,并应由生产车间负担的各项费用为(　　)。
　　A. 管理费用　　　　B. 财务费用　　　　C. 销售费用　　　　D. 制造费用

3. 下列项目中,不构成采购成本实际成本的是( )。
   A. 买价　　　　　　B. 采购费用　　　　C. 进口关税　　　　D. 增值税
4. 某企业"应付账款"账户期初借方余额为 10 000 元,本期新增加的应付款项为 25 000 元,实际支付的应付款项为 2 000 元,则"应付账款"账户的期末余额为( )元。
   A. 借方 25 000　　　　　　　　　　B. 贷方 25 000
   C. 借方 13 000　　　　　　　　　　D. 贷方 13 000
5. "在途物资"账户余额表示的是( )。
   A. 在途物资的实际成本　　　　　　B. 在途物资的计划成本
   C. 库存材料的实际成本　　　　　　D. 库存材料的计划成本
6. 企业行政管理部门为组织生产经营活动而发生的各项费用为( )。
   A. 制造费用　　B. 销售费用　　C. 管理费用　　D. 财务费用
7. 下列项目中,不属于管理费用的是( )。
   A. 车间管理人员工资　　　　　　　B. 厂部管理人员工资
   C. 厂部消耗材料　　　　　　　　　D. 厂部办公用房租金
8. 下列项目中,不构成产品成本,而直接计入当期损益的是( )。
   A. 直接材料费用　B. 直接人工费用　C. 期间费用　　D. 制造费用
9. "累计折旧"账户可以对"固定资产"账户进行调整,反映固定资产的( )。
   A. 增加值　　B. 原始价值　　C. 折旧额　　D. 净值
10. "本年利润"账户年末贷方余额表示( )。
    A. 利润分配额　B. 未分配利润额　C. 净利润额　　D. 亏损额
11. 企业产品销售环节发生的各种税金,除了( )外,都应在"税金及附加"账户中核算。
    A. 城市维护建设税　　　　　　　B. 矿产资源税
    C. 增值税　　　　　　　　　　　D. 教育费附加
12. ( )账户用来核算企业在销售商品过程中发生的费用。
    A. "制造费用"　B. "财务费用"　C. "管理费用"　D. "销售费用"
13. 企业收到投资人投入资本时,应贷记( )账户。
    A. "资本公积"　B. "盈余公积"　C. "实收资本"　D. "银行存款"
14. 职工出差借支差旅费时,应借记( )账户。
    A. "在途物资"　B. "管理费用"　C. "其他应收款"　D. "库存现金"
15. "本年利润"账户借方余额反映( )。
    A. 收入总额　B. 收益总额　C. 利润总额　D. 亏损总额

二、多项选择题
1. 收到投资者投入固定资产 50 万元,下列关于此项经济业务账务处理的表述中,正确的有( )。
   A. 借记"固定资产"账户 50 万元　　B. 贷记"实收资本"账户 50 万元
   C. 贷记"固定资产"账户 50 万元　　D. 借记"实收资本"账户 50 万元
2. 供应过程核算设置的主要账户有( )。
   A. "原材料"　B. "在途物资"　C. "应交税费"　D. "应收账款"

3. 产品制造企业的主要经营过程包括(   )。
   A. 供应过程　　　B. 生产过程　　　C. 销售过程　　　D. 筹资过程
4. 下列项目中,购成材料采购实际成本的有(   )。
   A. 买价　　　　　　　　　　　　　B. 采购费用
   C. 增值税　　　　　　　　　　　　D. 采购人员差旅费
5. 下列费用中,属于在生产过程中发生的费用有(   )。
   A. 车间机器设备折旧费　　　　　　B. 在途物资费用
   C. 生产工人工资　　　　　　　　　D. 生产过程耗用的材料
6. 期间费用包括(   )。
   A. 管理费用　　　B. 销售费用　　　C. 财务费用　　　D. 制造费用
7. 下列各项中,属于销售费用的有(   )。
   A. 广告费　　B. 销售人员工资　　C. 送货运杂费　　D. 产品展览费
8. 产品销售环节发生的各项税金,应在"税金及附加"账户中核算的有(   )。
   A. 城市维护建设税　　B. 所得税　　C. 消费税　　D. 教育费附加
9. 企业分配职工福利费,应贷记"应付职工薪酬——职工福利"账户,借记(   )账户。
   A. "生产成本"　　B. "管理费用"　　C. "制造费用"　　D. "财务费用"
10. 下列采购费用中,不计入在途物资成本,而是列作管理费用的有(   )。
    A. 采购人员差旅费　　　　　　　　B. 入库前的挑选整理费
    C. 市内采购材料的零星运杂费　　　D. 运输途中的合理损耗

三、判断题

1. 某企业 2019 年 7 月 1 日向银行借入一笔借款,金额为 50 万元,期限为 6 个月,年利率为 4.8%。按照权责发生制的原则,该企业 2019 年 8 月 31 日应确认当月利息费用为 2 000 元。(   )
2. 不存在纳税调整事项的情况下,企业应纳税所得额等于税前会计利润。(   )
3. "在途物资"账户的期末借方余额表示在途材料物资的实际成本。(   )
4. "管理费用"账户的借方发生额应于期末时采用一定的方法分配计入产品成本。(   )
5. 固定资产的价值随其损耗逐渐地、部分地转移到制造成本和期间费用中去,故"固定资产"账户反映固定资产的实际价值。(   )
6. 所得税费用是企业的一项费用支出,而非利润分配。(   )
7. 企业在预收销货款时,可以作为收入实现进行账务处理。(   )
8. 企业行政管理部门为组织和管理生产经营活动而发生的各项费用,应在"管理费用"账户中核算。(   )
9. "主营业务成本"账户的借方发生额表示结转已销售产品的生产成本。(   )
10. 销售产品时由销售方负担的运杂费应作"销售费用"处理。(   )

四、业务处理题

某企业 2019 年 12 月发生如下经济业务。

1. 筹集资金业务

(1) 1 日,收到长城公司投资 500 000 元,其中,货币资金 200 000 元,投资设备 300 000 元,交车间使用。

(2) 10 日,向银行借入期限1年的借款500 000元,年利率为4.80%,借款手续已办妥,款已转存银行存款账户。

(3) 15 日,归还工行短期借款本金300 000元及应付利息3 600元(已预提)。

(4) 20 日,向银行借入期限2年的借款,金额为200 000元,年利率为5.10%,借款手续已办妥,款已转存银行存款账户。

2. 供应过程业务

(1) 2 日,采购铝合金一批,价款为15 000元,增值税额为1 950元,材料已验收入库,款已转账支付。

(2) 3 日,从永安公司采购材料钢管20吨,单价为3 000元;采购钢板10吨,单价为2 800元。增值税税率为13%,材料尚未收到入库,款未付。

(3) 4 日,开出转账支票3 270元支付3日采购材料运费(收到承运方开来增值税专用发票,运费为3 000元,增值税额为270元),并按上述钢管与钢板重量进行分配记入材料成本。

(4) 5 日,开出转账支票250 000元,预付给宜州轴承厂购买材料款。

(5) 8 日,签发电汇凭证支付前欠长城公司货款113 000元。

(6) 9 日,3日从永安公司购买的材料验收入库。

(7) 10 日,从宜州轴承厂预定的原材料101♯轴承套件,价款为90 000元;102♯轴承套件,价款为190 000元;增值税额总计36 400元。材料已验收入库,款已预付。

(8) 13 日,从南宁帆布厂采购彩色帆布一批,价款为50 000元,增值税额为6 500元,开出期限为3个月的银行承兑汇票,材料已验收入库。

(9) 25 日,应付彩虹公司的一张银行承兑汇票到期,票面金额为250 000元,已收到银行付款通知。

(10) 25 日,向小规模纳税企业采购润滑油,价款为2 000元,增值税额为60元。材料已验收入库,款已支付。

3. 生产过程业务

(1) 31 日,签发现金支票提取现金2 000元备用。

(2) 31 日,分配材料334 500元,其中,生产成人自行车耗用材料150 000元,生产儿童自行车耗用材料180 000元,车间耗用材料3 000元,管理部门耗用材料1 500元。

(3) 31 日,分配工资95 000元。其中,生产成人自行车工人工资33 250元,生产儿童自行车工人工资28 500元,车间管理人员工资5 680元,行政管理部门人员工资24 070元,专设销售机构人员工资3 500元。

(4) 31 日,按照上述应付职工工资的16%、6%、0.5%、0.4%、1.3%和10%分别计提企业应该承担的养老保险、医疗保险、失业保险、工伤保险、生育保险和住房公积金。

(5) 31 日,按照应付职工工资的2.5%和2%的比例,分别计提教育经费和工会经费。

(6) 31 日,分配职工福利19 000元,其中,生产成人自行车工人福利6 650元,生产儿童自行车工人福利5 700元,车间管理人员福利1 136元,行政管理部门人员福利4 814元,专设销售机构人员工资700元。

(7) 31 日,收银行转来的付款通知支付本月水电费45 200元,其中,增值税额5 200元,按照各受益对象的使用量进行分配,生产成人自行车耗用18 000元,生产儿童自行车耗用

16 000元,车间管理部门耗用2 000元,行政管理部门耗用3 500元,专设销售机构耗用500元。

(8) 31日,支付行政部门办公用车修理费2 060元,增值税普通发票上注明的修理费为2 000元,增值税额60元。

(9) 31日,车间主任张伟报销差旅费2 850元,支付现金。

(10) 31日,提计本月固定资产折旧费25 600元,其中,生产车间20 000元,行政管理部门5 600元。

(11) 31日,分配预付保险费5 000元,其中,车间负担4 000元,行政管理部门负担1 000元。

(12) 31日,转账支付向开户银行购买现金支票工本票及电汇手续费等150元。

(13) 31日,根据统计,生产成人自行车耗用6 000小时,生产儿童自行车耗用4 000小时,按照生产两种产品工时分配结转制造费用41 193.60元。

(14) 31日,产品全部完工入库,其中成人自行车230 081.25元,儿童自行车243 899.10元。

4. 销售过程业务

(1) 1日,销售成人自行车50辆,单价为350元;销售儿童自行车100辆,单价为300元。增值税税率为13%,价税款合计53 675元,款项已收存银行。

(2) 5日,向广州商贸公司销售成人自行车100辆,单价为350元;儿童自行车80辆,单价为300元;增值税税率为13%,货已发运,并向银行办理了委托收款手续。

(3) 5日,收到银行收账通知,柳州百佳惠商场前欠货款56 500元已收妥入账。

(4) 8日,向梧州商城销售成人自行车80辆,单价为350元;儿童自行车150辆,单价为300元。增值税税率为13%,本企业用现金垫付运费300元,收到对方开来3个月到期的银行承兑汇票82 790元。

(5) 10日,收到银行转来收账通知,天津天发购物中心银行承兑汇票169 500元已收妥入账。

(6) 12日,预收广州星河公司购货款50 000元,已电汇到账。

(7) 14日,向云南昆明商贸集团销售成人自行车250辆,单价为350元;销售儿童自行车120辆,单价为300元。增值税税率为13%,价税款合计139 555元,款已收存银行。

(8) 15日,以现金支付由本企业承担的销售产品运杂费180元。

(9) 18日,签发转账支票一张,金额为15 900元,支付电视台广告费,其中增值税进项税额900元。

(10) 18日,向广州星河公司销售成人自行车100辆,单价为350元;销售儿童自行车100辆,单价为300元。增值税税率为13%,款已预收。

(11) 20日,出售材料钢管5吨,含税单价为15 000元,增值税税率为13%,价税款合计75 000元,已收存银行。

(12) 31日,结转已出售材料成本50 000元。

(13) 31日,结转已销售产品成本215 000元,其中成人自行车116 000元,儿童自行车99 000元。

5. 其他经济业务过程业务

(1) 1日,办公室报销电脑鼠标费用,付现金100元。
(2) 5日,用银行存款缴纳上月应交增值税27 980元,企业所得税30 000元。
(3) 6日,用银行存款缴纳上月城市维护建设税1 958.60元,教育费附加839.40元,地方教育费附加279.80元,个人所得税350元。
(4) 10日,行政部主任黄丽虹借支差旅费3 000元,支付现金。
(5) 15日,签发转账支票缴纳代扣职工住房公积金8 500元和企业应负担的住房公积金8 500元。
(6) 15日,收到现金500元,为柳州工贸公司包装箱押金。
(7) 15日,行政部主任黄丽虹报销差旅费3 200元。
(8) 16日,出纳将超库存限额现金2 000元存入银行。
(9) 17日,签发转账支票,支付公司行政部汽车加油费5 000元。
(10) 20日,退回柳州工贸公司包装箱押金500元现金。
(11) 20日,签发转账支票10 000元,向市儿童康复中心捐款。
(12) 20日,签发转账支票发放本月工资98 000元,代扣"五险"13 000元,代扣住房公积金10 000元,代扣个人所得税500元。
(13) 30日,收到被投资单位宣告发放的股利50 000元。
(14) 30日,收到职工李发交来违章操作罚款200元现金。
(15) 31日,本月无形资产摊销3 000元。

6. 财务成果的计算与分配业务

(1) 31日,结转已交增值税34 000元。
(2) 31日,根据未交增值税34 000元,分别按照7%、3%和2%计算应交城市维护建设税、教育费附加和地方教育费附加。
(3) 31日,结转收入类账户,其中,主营业务收入615 400元,其他业务收入10 000元,营业外收入2 000元,投资收益50 000元。
(4) 31日,结转费用类账户,其中,主营业务成本350 000元,税金及附加3 400元、销售费用15 000元,管理费用35 000元、财务费用10 000元、其他业务成本9 000元、营业外支出5 000元。
(5) 31日,按本月利润总额的25%的20%计算本月所得税12 500元,并结转所得税费用。
(6) 31日,将本月的净利润转至"利润分配"账户。
(7) 31日,按本年净利润1 200 000元的10%、5%分别计提法定盈余公积和任意盈余公积。
(8) 31日,经董事会同意,按本年净利润1 200 000元的40%向投资者分配。
(9) 31日,将"利润分配"明细账中其他账户余额结转到"未分配利润"明细账。

要求:
根据上述经济业务逐笔编制会计分录。

模块 7

开展财产清查

[考核目标] 本模块主要介绍财产清查的概念、意义、一般程序、财产清查的方法和财产清查结果的处理。通过本模块的学习,学生应重点掌握财产清查的种类、财产清查的方法、财产清查结果的处理。

[实践目标] 教师通过布置财产清查的案例,让学生熟悉存货两种盘存制度的作用;掌握财产清查的实施过程;利用各种财产清查的方法参与财产清查活动;能够对财产清查结果进行规范的会计处理。

[知识点思维导图]

```
           ┌ 财产清查的意义
           │ 财产清查的准备工作
           │ 财产清查的分类 ┌ 按清查的对象和范围分
           │                └ 按清查的时间分
  财产清查 ┤ 财产物资盘存制度 ┌ 实地盘存制
           │                  └ 永续盘存制
           │                ┌ 库存现金的清查方法
           │ 财产清查的方法 │ 银行存款的清查方法
           └                │ 实物资产的清查方法
                            └ 往来账项的清查方法
```

任务 7.1 财产清查准备工作

财产清查是指企业和行政、事业单位通过对本单位各项财产物资、库存现金的实地盘点,以及对银行存款、债权债务等往来款项的核对,查明某一时点的实际结存数与账面结存数是否相符的一种会计核算专门方法。

活动 7.1.1　财产清查的意义及清查准备工作

一、财产清查的意义

在实际工作中,可能由于一些自然的或人为的原因而使企业和行政、事业单位财产物资的账面记录与实际结存数发生差异,造成账实不符。其主要原因有如下几种:

(1) 因实物收发手续不严,造成品种、数量、规格或质量上的差错。
(2) 因制度不严或工作人员的疏忽,造成漏记、错记或计算上的错误。
(3) 因实物保管、运输和销售过程中发生的自然损耗或自然溢余。
(4) 因管理不善或工作人员过失而导致财产物资的腐烂变质或毁损。
(5) 因贪污盗窃、营私舞弊、非法侵占等违法行为而造成实物资产数量的短缺。
(6) 因未达账项而引起的银行存款、往来账款的账实数额不符。

因此,为了使会计核算资料如实地反映财产物资的实际结存数,在账证、账账核对相符的情况下仍必须运用财产清查的方法予以查核,做到账实相符。因此,进行定期或不定期地核对和盘点,具有十分重要的意义。

(一) 保证账实相符,使会计资料真实可靠

通过财产清查可以确定各项财产物资的实际结存数,将账面结存数和实际结存数进行核对,可以揭示各项财产物资的溢缺情况,从而及时地调整账面结存数,保证账簿记录真实、可靠。

(二) 保护财产的安全和完整

通过财产清查,可以查明企业、单位的财产、商品、物资是否完整,有无缺损和霉变现象,以便堵塞漏洞、改进和健全各种责任制,切实保证财产物资的安全和完整。

(三) 挖掘财产潜力,加速资金周转

通过财产清查可以及时查明各种财产物资的结存和利用情况。如发现企业有闲置不用的财产物资应及时加以处理,以充分发挥它们的效能;如发现企业有呆滞积压的财产物资,也应及时加以处理,并分析原因,采取措施,改善经营管理。这样,可以使财产物资得到充分、合理的利用,加速资金周转,提高企业的经济效益。

(四) 保证财经纪律和结算纪律的执行

通过对财产物资、货币资金和往来款项的清查,可以查明有关业务人员是否遵守财经纪律和结算纪律,有无贪污盗窃、挪用公款的情况;查明资金使用是否合理,是否符合国家的方针政策和法规,从而使工作人员更加自觉地遵纪守法,自觉维护和遵守财经纪律。

二、财产清查前的准备工作

财产清查是一项内容较复杂、涉及面较广、参与人员较多、操作时间较长的工作,因此,在实际进行财产清查前,企业应做好充分的准备。

(一) 组织准备

组织准备是指企业在财产清查前,应成立专门的清查领导小组,负责财产清查的组织和管理工作。清查小组一般是在总会计师及主管负责人的领导下,由财务部门牵头,其他相关部门

人员参加所组成的。其主要任务是制订财产清查的计划、拟定财产清查工作的详细步骤、确定财产清查的对象和范围、配备财产清查人员、安排财产清查的具体实施,并在财产清查结束后,提出财产清查报告,对财产盘盈、盘亏提出处理意见等。

(二)业务准备

业务准备是指与财产清查相关的部门在财产清查前所作的各项准备工作。它主要包括以下方面。

1. 会计资料的准备

这是指会计部门在财产清查前所进行的准备。会计部门在财产清查前应将所有财产物资的收发凭证全部登记入账中,结出余额,并认真进行对账工作,确保账账相符、账证相符,为账实核对提供准确的会计资料。

2. 实物资料的准备

这是指财产物资使用、保管部门在财产清查前所做的准备。财产物资使用、保管部门在财产清查前,应将截止到清查时为止的各项财产物资的出入手续办好,全部登记入财产物资明细账中,结出余额,并与会计部门认真对账,保证部门间账簿资料的一致性;同时,物资保管、使用人员应将其所保管、使用的各项财产物资堆放整齐,挂上标签,标明品种、规格和结存数量,以便进行盘点。

3. 清查工具的准备

这是指财产清查小组在财产清查之前所要做的准备。财产清查小组在财产清查之前应组织有关部门准备好财产清查中所要使用的度、量、衡器具和印制好所要使用的各种登记表册,以保证财产清查工作的顺利进行。

1. 什么是财产清查?财产清查有什么意义?
2. 财产清查之前要做哪些准备工作?

活动7.1.2 财产清查的种类及一般程序

一、财产清查的种类

财产清查可以按不同的标志进行分类,常见的分类主要有以下几种。

(一)按清查的对象和范围不同,财产清查可分为全面清查和局部清查

1. 全面清查

全面清查是指对单位的实物资产、货币资产和债权债务等进行全面、彻底的盘点与核对。

1)全面清查的内容

原则上讲,全面清查的范围应包括资产、负债和所有者权益的所有项目。它具体包括:库存现金、银行存款等货币资金;各种机器设备、房屋、建筑物等固定资产;各种原材料、库存商品等流动资产;各项在途的原材料及其他材料物资;各种应收、应付、预收、预付款等往来款项;委托或受托其他单位加工、保管的材料和物资;各种实收资本、资本公积、盈余公积等所有者权益项目。

2）全面清查的特点

全面清查的内容多、范围广、投入人力多、耗费时间长。

2. 局部清查

局部清查是指对单位流动性较强、易发生损耗及较贵重的资产进行的盘点与核对。

1）局部清查的内容

它具体包括：库存现金、银行存款、债权债务、贵重财产物资、原材料、库存商品等流动性较大或易发生溢余、短缺的财产物资。

2）局部清查的特点

局部清查的内容少、范围小、人力与时间的耗费较少，但专业性强。

（二）按清查的时间不同，财产清查可分为定期清查和不定期清查

1. 定期清查

定期清查是指按预先确定的时间和范围，对单位的全部或部分财产物资进行的清查。

1）定期清查的时间

定期清查通常在月末、季末、半年末、年末结账时进行。

2）定期清查的特点

定期清查的对象和范围不定，可以是全面清查，也可以是局部清查，目的在于及时发现账实不符，调整错误，保证财务会计报告的真实完整。

2. 不定期清查

不定期清查也称临时清查，是指事先未规定清查时间，根据某种特殊需要进行的临时性清查。不定期清查的特点是：不定期清查可以是全面清查，也可以是局部清查。

（三）按照清查的执行主体分类，财产清查可分为内部清查和外部清查

1. 内部清查

内部清查是指由企业内部组织清查工作小组所进行的清查。

2. 外部清查

外部清查是指由有关执法部门根据国家的相关规定对单位所进行的财产清查，如执法机关对单位的违纪违法大检查等所进行的财产清查等。

二、财产清查的一般程序

财产清查既是会计核算的一种专门方法，又是财产物资管理的一项重要制度。企业必须有计划、有组织地进行财产清查。财产清查一般包括以下程序：

（1）建立财产清查组织。清查组织应由单位领导和财务会计、业务、仓库等有关部门的人员组成，一般应由管理层研究制订财产清查计划，确定工作进度和方式方法。

（2）组织清查人员学习有关政策规定，掌握有关法律、法规和相关业务知识，以提高财产清查工作的质量。

（3）确定清查对象、范围，明确清查任务。

（4）制定清查方案，具体安排清查内容、时间、步骤、方法，以及必要的清查前准备。

（5）清查时本着先清查数量、核对有关账簿记录等，后认定质量的原则进行。

（6）填制盘存清单。清查人员要做好盘点记录，填制盘存清单，列明所清查财产物资的实存数量和款项、债权债务的实有数额。

(7) 根据盘存清单,填制实物、往来账项清查结果报告表。

三、财产物资的盘存制度

正确地确定财产物资的数量是进行财产物资计价与核算的基础,而财产物资期末数量的确定方法又取决于财产物资的盘存制度。在实际工作中,企业可以根据经营管理需要和财产物资种类的不同,分别采用实地盘存制和永续盘存制来确定财产物资的数量。

（一）实地盘存制

1. 实地盘存制的概念

实地盘存制也称定期盘存制、盘存计销制,是指通过对存货的定期清查、盘点结果来确定存货期末数量的盘存核算方法。采用实地盘存制,企业平时对存货核算只在账簿中登记存货的增加数,不登记减少数,期末通过实地盘点确定实际结存的存货数量,并按一定计价方法计算期末存货金额,最后倒挤确定本期销售或者耗用存货的数量和金额。其计算公式如下：

本期发出数量＝账面期初结存数量＋本期账面增加数量－期末盘存实际结存数量

采用实地盘存制,期初结存数量即为上期期末结存数量,是登记在账簿中的,所以是已知数;本期收入数量根据本期存货的购入情况逐笔登记,也是体现在账簿中的,也是已知数;关键在于如何确定期末存货数量,来倒算出本期发生数。

2. 实地盘存制的评价

采用实地盘存制,可以简化日常核算工作。但由于平时不能通过账簿随时反映和监督各项存货的减少和结余情况,很难对存货进行控制和管理;同时,采用此法,企业的耗用或销售成本是以倒挤的方法推算出来的,这样就会把计量、收发、保管中产生的差错、浪费,以及被盗等各种非销售和领用的损耗,全部计入耗用成本或者销售成本,所以,影响成本核算的正确性,不利于保护企业财产物资的安全、完整。因此,此方法只适用于存货品种多、价值低、收发频繁、损耗大,以及不便于实行永续盘存制的企业。其他存货一般不宜采用实地盘存制。

（二）永续盘存制

1. 永续盘存制的概念

永续盘存制也称账面盘存制,是指根据存货的收发业务进行账簿增减变动记录,由此来确定存货期末数量的盘存核算方法。采用永续盘存制,需要对每一品种、规格的存货分别开设明细分类账户,通过对存货的收发进行明细分类核算,平时逐日或者逐笔在存货明细账中登记增加数和减少数,并随时结出结存数。其计算公式如下：

账面期末结存数量＝账面期初结存数量＋本期账面增加数量－本期账面发出数量

采用永续盘存制,期初结存数量即为上期期末结存数量,是登记在账簿中的,所以是已知数;本期收入数根据本期存货的购入情况逐笔登记,也是体现在账簿中的,也是已知数;期末结存数量是在确定本期发出数量的基础上根据公式得出,如何确定本期发出数量进而得出本期发出成本和期末存货成本是永续盘存制的重点和难点。

2. 永续盘存制的评价

采用永续盘存制,可以通过存货明细账,对存货进行数量和金额双重控制,随时了解存货的增减变动与结存情况,有利于加强存货管理,为正确计算耗用和销售成本提供保证;通过存货账面结存数量与实地盘点数量的核对,还可以及时发现和解决存货短缺毁损等现象,有利于保护企业财产物资的安全完整。另外，还可以将存货明细账上的结存数量与存货的最高、最低限额进行比较，查明存货是否积压或不足，以便采取措施，使存货数量处于合理状态，有利于加速资金周转。

但对于存货品种繁多、收发业务频繁的企业，若采用这种方法，工作量较大。尽管如此，它和实地盘存制相比，在保护存货安全、完整等方面具有优越性。所以，除个别情况外，企业一般都采用永续盘存制，作为财产物资的盘存制度。

1. 财产清查的种类有哪些？
2. 永续盘存制与实地盘存制有何区别？

任务7.2　财产清查的方法

企业的各项财产物资由于其形态、体积、重量、存放地点、存放方式和数量不同，因而其清查的方法也不同。为了查明财产清查对象的实有数额，完成清查的任务，应了解和掌握财产清查的各种具体方法。

一、实地盘点法

实地盘点法就是对财产在存放地点采用点数、量尺、过磅计量其数量的方法。此种方法适用于能直接查清数量的财产，如对库存现金的清点、对机器设备的清查等。

二、抽样盘点法

抽样盘点法就是对某些价值小、数量多、不便逐一点数的财产，采取从其总体或总量中抽取少量样品，确定其样品的数量，然后再计算其总体数量的方法。抽样盘点法又分为随机抽样、机械抽样、分层抽样等具体方法。其中，随机抽样就是从样本总体单位中抽取部分单位进行盘点，以其结果推算总体的有关指标的一种抽样方法；机械抽样也称系统抽样，就是总体单位按一定的顺序排列，根据总体单位数和样本单位数，计算出抽取间隔，再按此间隔抽取样本单位的抽样方法；分层抽样也称类型抽样，就是总体中各单位按某一标志分成若干类，从各类中抽取若干清查单位的抽样方法。

三、测量计算法

测量计算法是对某些储存量大、存放比较有规则但又不便逐一点数的财产物资采用的一种清查方法。例如，企业清查储油罐中的油等，就属于测量计算法。

四、估计法

估计法就是对某些重量大、堆放不规则或无法确定其准确数量的财产物资估计其数量的一种清查方法。它又可分为经验估计法和比较估计法。其中，经验估计法就是由有经验的人员根据自己多年的实际经验，通过对实物进行观察，而得出数据的一种方法；比较估计法就是根据所清查的对象先找出一种同类标准参照物体作为比较,然后确定其价值或数量的一种方法。

五、推算法

推算法就是根据已有资料推算其结果的一种方法。

六、对账单法

对账单法就是将账簿记录与对方开出的对账单进行核对,或根据本单位账簿记录给对方开出对账单,供其与之核对的一种方法。这种方法常用于清查银行存款和往来款项。

七、查询法

查询法就是采取发函或派人前往对方企业当面查核询问的一种方法。此种方法适用于债权债务、款项尾欠等业务的清查。

活动 7.2.1 货币资金的清查方法

企业的货币资金包括库存现金、银行存款和其他货币资金。对货币资金的清查主要是清查库存现金和银行存款。

一、库存现金的清查

1. 库存现金清查的方法

现金的清查采用实地盘点法。在清查当日,通过盘点确定现金的库存数额,并与现金日记账当天的账面结存余额相核对,以查明盈亏情况。

2. 现金清查的过程

盘点前,出纳人员应先将现金的收、付款凭证全部登记入账,结出库存现金余额,并填列在"现金盘点报告表"的"账存金额"栏内;盘点时,要求清查人员和出纳人员均在场,清点现金实存数;盘点完毕后,将盘点结果填列在"现金盘点报告表"的"实存金额"栏内;将实存金额与账存金额相核对,确定盈亏,并对差异进行分析和调整。

"现金盘点报告表"的一般格式如表 7-1 所示。它是现金清查中的重要原始凭证,同时兼具"盘存单"和"实存账存对比表"的作用。

表 7-1　　　　　　　　　现金盘点报告表

单位名称:　　　　　　　　　　年　月　日

实存金额	账存金额	对比结果		备注
		盘盈	盘亏	

盘点人(签章):　　　　　　　　　　　　　　　　　　　　　出纳员(签章):

现金清查时,要注意检查有无以白条抵充现金、库存现金超过限额、坐支现金等现象和尚未入账的临时性借条及暂未领取的代保管现金等情况,在"现金盘点报告表"的"备注"栏中说明并作出适当处理。

二、银行存款的清查

(一) 银行存款清查的方法

银行存款的清查主要采用账项核对的方法。企业将银行存款日记账与开户银行转来的"银行对账单"逐笔进行核对,以查明账实是否相符;"银行对账单"是开户银行用来记录单位一定时期内银行存款的增减和结存情况的复写账页。

(二) 银行存款清查的过程

在核对账目前,先详细检查本单位银行存款日记账记录的准确性与完整性;在与银行送来的"银行对账单"逐笔核对时,不仅要核对金额,还要核对收、付款内容和结算凭证的种类及其编号;确定溢缺,对核对结果进行分析和调整。

(三) 银行存款清查结果的分析

对于银行存款的清查,往往会出现单位的银行存款日记账的账面余额和"银行对账单"上的银行存款余额不相符的情况。究其原因主要有以下两个方面:一是由于企业与开户银行之间一方或双方记账错误引起,如错记、漏记、串户记账等;二是由于企业和银行入账时间不同所致的未达账项引起。所谓未达账项,是指企业与银行之间对于同一项经济业务,因结算凭证传递时间的差别而发生的一方已取得结算凭证并已登记入账,而另一方由于尚未取得结算凭证而尚未入账的账项。

未达账项有以下四种情形:

(1) 企业已记收款而银行未记收款的账项("企业已收、银行未收")。例如,单位销售库存商品收到转账支票,送存银行后即可根据银行"进账单"回单联登记银行存款的增加,而银行则要在款项收妥后再记增加。如果此时对账,就会出现企业已收,银行未收的款项。

(2) 企业已记付款而银行未记付款的账项("企业已付、银行未付")。例如,企业签发转账支票支付购料款后可根据支票、购货发票及收料单等凭证登记银行存款的减少,而持票人尚未到银行办理转账手续,银行尚未登记存款减少。如果此时对账,就会出现企业已付、银行未付的款项。

(3) 银行已记收款而企业未记收款的账项("银行已收、企业未收")。例如,外地某单位给本企业汇来款项,银行收到汇款单后登记款项增加,而本企业由于尚未取得银行的收款通知未登记银行存款增加。如果此时对账,就会出现银行已收、企业未收的款项。

(4) 银行已记付款而企业未记付款的账项("银行已付、企业未付")。例如,企业委托银行代付的款项(如水电费等),银行在付款后即登记银行存款减少,而企业尚未接到银行付款通知未记银行存款减少。如果此时对账,就会出现银行已付、企业未付的款项。

(四) 银行存款清查结果的处理

对于银行存款清查中出现的企业银行存款日记账的账面余额和银行对账单上的存款余额不相符的情况,应根据不同原因进行不同的处理。若为记账错误引起,属于银行责任的,应督促银行更正;属于企业责任的,应查明原因,采用一定的方法予以更正;若由于未达账项引起的,应采用余额调节法,即编制"银行存款余额调节表",以查明银行存款余额的真实数字,掌握企业可动用的银行存款实际数额。

"银行存款余额调节表"的编制方法是以企业、银行双方调整前的账面余额为基础,各自加(或减)对方已入账而本方尚未入账的未达账项(包括增加额和减少额),计算出双方各自调节后的余额。其编制时的计算公式如下：

企业银行存款日记账余额＋银行已收、企业未收数额－银行已付、企业未付数额
＝银行对账单余额＋企业已收、银行未收数额－企业已付、银行未付数额

【例7-1】 广西美达服装有限责任公司2019年5月31日银行存款日记账余额为83 000元，开户银行转来的银行对账单余额为79 000元，经逐笔核对，发现有以下未达账项：

（1）企业送存银行转账支票一张，金额为12 000元，银行尚未入账。
（2）企业托收的销售货款9 000元，银行已收妥入账，企业尚未接到收款通知单。
（3）企业开出一张金额为3 000元的转账支票支付广告费用，银行尚未收到转账支票。
（4）银行代付水电费4 000元已登记入账，企业未接到付款通知单。

根据上述未达账项，编制银行存款余额调节表，如表7-2所示。

表7-2　　　　　　　　　　　　　银行存款余额调节表
2019年05月31日　　　　　　　　　　　　　　　　单位：元

项　目	金　额	项　目	金　额
企业银行存款日记账余额	83 000	银行对账单余额	79 000
加：银行已收、企业未收数额	9 000	加：企业已收、银行未收数额	12 000
减：银行已付、企业未付数额	4 000	减：企业已付、银行未付数额	3 000
调节后余额	88 000	调节后余额	88 000

计算如下：83 000＋9 000－4 000＝79 000＋12 000－3 000＝88 000(元)

值得注意的是，银行存款余额调节表中调节后的存款余额与原来的银行存款余额之间的差异，在会计上不作处理。即企业的"银行存款"账户和银行存款日记账仍保持原来的账面余额，银行存款余额调节表只起到对账的作用，并不能作为编制凭证和调整账簿记录的依据。对于其中所涉及的未达账项，必须在收到有关结算凭证后方可按正常程序作会计处理。若双方调整后的余额相等，一般表明双方记账正确；反之，则说明某一方或双方记账有误，应进一步逐笔核对。同时，企业对多次对账后仍未到达的未达账项应进一步查清原因。

1. 库存现金、银行存款的清查过程分别是怎样的？
2. 什么是未达账项？未达账项有哪几种情况？
3. 简述"银行存款余额调节表"的编制方法。

活动7.2.2　实物资产的清查方法

一、实物资产的清查核对

对于各种实物资产，如固定资产、库存商品、原材料等，企业必须从数量和质量上进行清产盘点。由于实物的形态、体积、重量、堆放形式不同，企业采用的清查方法也各不相同，主要有以下两种。

（一）实地盘点法

实地盘点法是通过点数、过磅、量尺等方式，确定财产物资实有数量的盘点方法。该方法易于操作，大部分实物资产的盘点均采用此法。

（二）技术推算盘点法

技术推算法是通过技术推算（如量方、计尺等）手段，推算财产物资实有数量的盘点方法。对于难以逐一清查的量大成堆、笨重的实物的盘点采用此法。

二、实物资产清查的过程

实物资产清查的过程如下：

（1）盘点时，实物资产保管人员应在场与清查人员参与盘点，以明确经济责任。

（2）盘点时，对各种实物资产的盘点结果认真核实后填制"盘存单"，并由盘点人员和该实物资产的经管人员共同签字或盖章。"盘存单"的一般格式如表7-3所示。它是记录实物资产盘点结果的书面证明，也是反映实物资产的实有数，并据以进行账实核对的原始凭证。"盘存单"一般一式三份，一份由清查人员留存备查，一份交实物资产经管人员保存，另一份交财务部门核对。

表 7-3　　　　　　　　　　　　　　　<u>盘　存　单</u>

单位名称：

财产类别：　　　　　　　　　　　　　存放地点：　　　　　　　　　　　　编号：

编号	名称	计量单位	数量	单价	金额	备注

盘点人（签章）：　　　　　　　　　　　　　　　　　　　　　　　　实物保管人（签章）：

（3）盘点结束，财务部门应根据"盘存单"上所列示的各种实物资产的盘点结存数和会计账簿记录相核对，编制反映实物资产具体盈亏数额的"实存账存对比表"，其一般格式如表7-4所示。为了简化编表工作，在实际工作中，企业通常只列示账实不符的物资。

表 7-4　　　　　　　　　　　　　<u>实存账存对比表</u>

单位名称：　　　　　　　　　　　　　　　年　月　日

编号	类别与名称	计量单位	单价	实际盘存		账面结存		对比结果				备注
								盘盈		盘亏		
				数量	金额	数量	金额	数量	金额	数量	金额	

主管人员（签章）：　　　　　　　　　　会计（签章）：　　　　　　　　　　制表（签章）：

（4）清查人员应以"实存账存对比表"为基础，分析查明账实不符的性质和原因，按规定程序报请有关部门领导予以审批后处理。

（5）清查人员应针对清查中发现的问题提出改进措施。

1. 资产的清查方法一般有哪些？
2. 简述实物资产清查的过程。

活动7.2.3　往来款项的清查方法

往来款项主要包括应收账款、应付账款、预收账款、预付账款等款项，企业应当定期或至少每年年度终了时，对往来款项进行全面清查。往来款项的清查与银行存款的清查方式基本相同，采用与对方单位核对账目的方式进行，一般采用发函询证的方式进行核对。

一、往来款项清查的方法

企业的往来款项主要包括应收、应付款和暂收、暂付款等，其采用的清查方法一般是通过函询的方式与债权债务企业核对账目。

二、往来款项清查的过程

首先，企业将截至清查日止的有关结算凭证全部登记入账，确保往来账款的总分类账与明细分类账的余额相等。其次，在确保应收、应付款项余额正确的基础上，编制一式二联的对账单，送交对方企业进行核对。再次，对方企业核对后，应将核对结果在对账单上注明，并将其中一联作为回单加盖公章后退回清查企业，另一联留存。最后，企业在收到回单后，应填制往来款项清查表，并及时催收账款，积极处理呆账悬案。"往来款项清查表"的格式如表7-5所示。

表7-5　　　　　　　　　　往来款项清查表

总分类账户名称：　　　　　　　　　　年　月　日

明细分类账户		清查结果		核对不符原因分析			备注
名称	账面余额	核对相符金额	核对不符金额	未达账项金额	有争议款项金额	其他	

核对时，应注意有无未达账项，如有未达账项，双方应查明有无有争议的款项和无法收回的款项，以便及时采取措施，防止和减少坏账损失。

往来款项一般包括什么内容？如何进行清查？

任务7.3 财产清查结果的账务处理

活动7.3.1 财产清查结果处理的要求

财产清查结束后,企业必须按照国家有关财务制度的规定,严肃认真地进行处理。财产清查中发现的盘盈、盘亏、毁损、变质、超储积压等问题,应核准数字,查明原因,并按照规定程序上报后及时处理。

财产清查的结果不外乎三种情况:一是账存数与实存数相符;二是账存数大于实存数,即财产物资发生盘亏;三是账存数小于实存数,即财产物资发生盘盈。

如果财产清查的结果表明单位存在账实不符的情况,则有可能是财产管理和会计核算等方面存在这样或那样的问题,应当认真分析研究,按照相关法律、法规和企业的规章制度进行处理。

一、分析账实不符的原因和性质,提出处理建议

对于财产清查中发现的各种盘盈、盘亏和质量问题,应核准数字,调查分析发生盈亏的原因及性质,明确经济责任,依据有关法律、制度规定,提出处理意见和建议。

二、积极处理多余积压财产,认真清理往来款项

对于财产清查中发现的积压、多余财产物资,应查明原因,并根据不同情况进行处理:对属于盲目采购、盲目建造或生产任务变更等原因造成的积压,除设法内部利用、改制、代用外,还应积极组织推销,以减少物资积压,加速资金周转;对于因品种不配套而造成的半成品积压,应当调整生产计划,组织均衡生产;对于利用率不高或闲置不用的固定资产,也应查明原因积极处理,做到物尽其用。

三、总结经验教训,建立健全各项管理制度

对于财产清查中发现的各种问题,应在查明问题性质和原因的基础上,认真总结经验教训,制定改进措施,建立健全财产物资管理制度,进一步落实财产管理责任制,保护企业财产的安全与完整,不断提高管理水平。

四、及时调整账簿记录,保证账实相符

对于查明的各种盘盈、盘亏,应及时调整有关财产物资的账簿记录,并作为待处理财产损溢;在查明原因经批准处理后,再按批准的意见转账,进行相应的账务处理。对于各种往来款项,如在清查中发现差错,也应及时调整账目;对于查明的确实无法收回的应收款项,应按规定手续经批准后予以核销。

财产清查结果一般有哪些?应如何处理?

活动 7.3.2　财产清查结果处理的步骤与方法

对于财产清查结果的处理,可以分以下两种情况。

一、审批之前的处理

财产清查结束后,清查人员应向有关方面报告清查结果,对盘盈和盘亏的财产提出处理建议,由股东大会或董事会、经理(厂长)会议或类似机构根据管理权限批准后执行。

在处理建议得到批准之前,会计人员和财产管理人员应根据"实存账存对比表""库存现金盘点报告表"等原始凭证,编制记账凭证,调整有关财产物资的账面价值,使账簿记录与实际盘存数相符。

二、审批之后的处理

企业清查的各种财产损益,应于会计报告期末前查明原因,并根据企业的管理权限,经股东大会、董事会、经理(厂长)会议或类似机构批准后,在期末结账前处理完毕。企业应严格按照有关部门对财产清查结果提出的处理意见进行账务处理,填制相关会计凭证,登记相关账簿,并追回由于责任者原因造成的财产损失。

企业清查的各种财产的损益,如果在期末结账前尚未批准,在对外提供财务会计报告时,先按上述规定进行处理,并在附注中作出说明;其后批准处理的金额与已经处理的金额不一致的,调整财务会计报告相关项目的年初余额。

财产清查结果的处理步骤是怎样的?

活动 7.3.3　财产清查结果的账务处理

一、设置"待处理财产损溢"账户

为了反映和监督企业在财产清查过程中查明的各种财产物资的盘盈、盘亏、毁损及其处理情况,应设置"待处理财产损溢"账户。该账户属于双重性质的资产类账户,下设"待处理流动资产损溢"和"待处理非流动资产损溢"两个明细分类账户,进行明细分类核算。

该账户的借方登记财产物资的盘亏数、毁损数和批准转销的财产物资盘盈数;贷方登记财产物资的盘盈数和批准转销的财产物资盘亏数、毁损数。企业清查的各种财产的盘盈、盘亏和毁损应在期末结账前处理完毕,所以,"待处理财产损溢"账户在期末结账后没有余额。

二、库存现金清查结果的账务处理

(一)库存现金盘盈的账务处理

库存现金盘盈时,应及时办理库存现金的入账手续,调整库存现金账簿记录,即按盘盈的金额借记"库存现金"账户,贷记"待处理财产损溢——待处理流动资产损溢"账户。

对于盘盈的库存现金,应及时查明原因,按管理权限报经批准后,按盘盈的金额借记"待处理财产损溢——待处理流动资产损溢"账户,按需要支付或退还他人的金额贷记"其他应付款"账户,按无法查明原因的金额贷记"营业外收入"账户。

【例 7-2】 广西美达服装有限责任公司在现金清查中发现溢余 92 元,编制的"现金盘点报告表"如表 7-6 所示。

表 7-6　　　　　　　　　　　　现金盘点报告表
单位名称:　　　　　　　　　　　2019 年 04 月 20 日

实存金额	账存金额	对比结果		备注
		盘盈	盘亏	
6 392.00	6 300.00	92.00		

盘点人:李英　　　　　　　　　　　　　　　　　　　　　　　　　　　　出纳员:王红

在经批准前,根据"库存现金盘点报告表"所确定的现金溢余金额,编制会计分录如下:

借:库存现金　　　　　　　　　　　　　　　　　　　　　　　　　92
　　贷:待处理财产损溢——待处理流动资产损溢　　　　　　　　　　　　92

【例 7-3】 承[例 7-2],经查实,上述溢余的库存现金中,有 60 元属于应支付给张红的款项;其余 42 元原因不明。

在报经批准后,根据"现金盘点报告表"的审批意见,编制会计分录如下:

借:待处理财产损溢——待处理流动资产损溢　　　　　　　　　　92
　　贷:其他应付款——张红　　　　　　　　　　　　　　　　　　　50
　　　　营业外收入　　　　　　　　　　　　　　　　　　　　　　42

(二) 库存现金盘亏的账务处理

库存现金盘亏时,应及时办理盘亏的确认手续,调整库存现金账簿记录,即按盘亏的金额借记"待处理财产损溢——待处理流动资产损溢"账户,贷记"库存现金"账户。

对于盘亏的库存现金,应及时查明原因,按管理权限报经批准后,按可收回的保险赔偿和过失人赔偿的金额借记"其他应收款"账户,按管理不善等原因造成净损失的金额借记"管理费用"账户,按自然灾害等原因造成净损失的金额借记"营业外支出"账户,按原记入"待处理财产损溢——待处理流动资产损溢"账户借方的金额贷记"待处理财产损溢——待处理流动资产损溢"账户。

【例 7-4】 广西美达服装有限责任公司在清查中发现库存现金短缺 11.70 元。

根据清查结果填制的"现金盘点报告表"如表 7-7 所示,据此编制会计分录如下:

表 7-7　　　　　　　　　　　　现金盘点报告表
单位名称:　　　　　　　　　　　2019 年 04 月 20 日

实存金额	账存金额	对比结果		备注
		盘盈	盘亏	
506	517.70		11.70	

盘点人:李英　　　　　　　　　　　　　　　　　　　　　　　　　　　　出纳员:王红

借：待处理财产损溢——待处理流动资产损溢　　　　　　　　　　　　　　11.70
　　贷：库存现金　　　　　　　　　　　　　　　　　　　　　　　　　　　11.70

经查，短款为出纳人员工作疏忽造成的，应由其负责赔偿。待收到赔偿款后，编制会计分录如下：

借：库存现金　　　　　　　　　　　　　　　　　　　　　　　　　　　　　11.70
　　贷：待处理财产损溢——待处理流动资产损溢　　　　　　　　　　　　　11.70

如果上述短款是由于非常原因（火灾、盗窃等）造成的非常损失，经报请批准核销时，编制会计分录如下：

借：营业外支出　　　　　　　　　　　　　　　　　　　　　　　　　　　　11.70
　　贷：待处理财产损溢——待处理流动资产损溢　　　　　　　　　　　　　11.70

三、存货清查结果的账务处理

（一）存货盘盈的账务处理

存货盘盈时，应及时办理存货入账手续，调整存货账簿的实存数。盘盈的存货应按其重置成本作为入账价值借记"原材料""库存商品"等账户，贷记"待处理财产损溢——待处理流动资产损溢"账户。

对于盘盈的存货，应及时查明原因，按管理权限报经批准后，冲减管理费用，即按其入账价值，借记"待处理财产损溢——待处理流动资产损溢"账户，贷记"管理费用"账户。

【例7-5】　广西美达服装有限责任公司在存货清查过程中，发现盘盈乙材料一批，同类存货的市场价格为600元。编制会计分录如下：

借：原材料——乙材料　　　　　　　　　　　　　　　　　　　　　　　　　600
　　贷：待处理财产损溢——待处理流动资产损溢　　　　　　　　　　　　　600

经查盘盈的存货属计量不准造成，按规定可冲减当期损益，记入"管理费用"账户。上述清查结果上报审核批复后，编制会计分录如下：

借：待处理财产损溢——待处理流动资产损溢　　　　　　　　　　　　　　　600
　　贷：管理费用　　　　　　　　　　　　　　　　　　　　　　　　　　　600

（二）存货盘亏的账务处理

存货盘亏时，应按盘亏的金额借记"待处理财产损溢——待处理流动资产损溢"账户，贷记"原材料""库存商品"等账户。原材料、产成品、商品采用计划成本（或售价）核算的，还应同时结转成本差异（或商品进销差价）；涉及增值税的，还应进行相应处理。

对于盘亏的存货，应及时查明原因，按管理权限报经批准后，按可收回的保险赔偿和过失人赔偿的金额借记"其他应收款"账户，按管理不善等原因造成净损失的金额借记"管理费用"账户，按自然灾害等原因造成净损失的金额借记"营业外支出"账户，按原记入"待处理财产损溢——待处理流动资产损溢"账户借方的金额贷记"待处理财产损溢——待处理流动资产损溢"账户。

【例7-6】　广西美达服装有限责任公司在财产清查过程中，发现甲材料盘亏1 500元。编制会计分录为如下：

借：待处理财产损溢——待处理流动资产损溢　　　　　　　　　　　　　1 500
　　　贷：原材料——甲材料　　　　　　　　　　　　　　　　　　　　　　　1 500

经查,上述盘亏原因是定额内的自然损耗。待审核批准后,应按规定手续进行账务处理。定额内的自然损耗属正常损失,可列入公司当期损益核算,借记"管理费用"账户,贷记"待处理财产损溢"账户。编制会计分录如下：

借：管理费用　　　　　　　　　　　　　　　　　　　　　　　　　　　　1 500
　　　贷：待处理财产损溢——待处理流动资产损溢　　　　　　　　　　　　　1 500

如上述毁损是由于工作人员保管造成的,属非正常损失。经审核批准后,按照规定手续进行核销。由于工作人员过失造成的损失,应由其赔偿,记入"其他应收款"账户的借方。编制会计分录如下：

借：其他应收款——×××　　　　　　　　　　　　　　　　　　　　　　　1 500
　　　贷：待处理财产损溢——待处理流动资产损溢　　　　　　　　　　　　　1 500

四、固定资产清查结果的账务处理

(一) 固定资产盘盈的账务处理

企业在财产清查过程中盘盈的固定资产,经查明确属企业所有,按管理权限报经批准后,应根据盘存凭证填制固定资产交接凭证,经有关人员签字后送交企业会计部门,填写固定资产卡片账,并作为前期差错处理,通过"以前年度损益调整"账户核算。盘盈的固定资产通常按其重置成本作为入账价值借记"固定资产"账户,贷记"以前年度损益调整"账户。涉及增值税、所得税和盈余公积的,还应按相关规定处理。

【例7-7】　广西美达服装有限责任公司于2019年年末对全部的固定资产进行清查,发现盘盈一台六成新的机器设备,该设备同类产品市场价格为100 000元,企业所得税税率为20%,按净利润的10%提取法定盈余公积。编制会计分录如下：

(1) 借：固定资产　　　　　　　　　　　　　　　　　　　　　　　　　100 000
　　　　贷：累计折旧　　　　　　　　　　　　　　　　　　　　　　　　　40 000
　　　　　　以前年度损益调整　　　　　　　　　　　　　　　　　　　　　60 000

(2) 借：以前年度损益调整　　　　　　　　　　　　　　　　　　　　　　12 000
　　　　贷：应交税费——应交所得税　　　　　　　　　　　　　　　　　　12 000

(3) 借：以前年度损益调整　　　　　　　　　　　　　　　　　　　　　　　4 800
　　　　贷：盈余公积——法定盈余公积　　　　　　　　　　　　　　　　　　4 800

(4) 借：以前年度损益调整　　　　　　　　　　　　　　　　　　　　　　43 200
　　　　贷：利润分配——未分配利润　　　　　　　　　　　　　　　　　　43 200

(二) 固定资产盘亏的账务处理

固定资产盘亏时,应及时办理固定资产注销手续,按盘亏固定资产的账面价值,借记"待处理财产损溢——待处理非流动资产损溢"账户,按已提折旧额,借记"累计折旧"账户,按其原价,贷记"固定资产"账户。涉及增值税和递延所得税的,还应按相关规定处理。

对于盘亏的固定资产,应及时查明原因,按管理权限报经批准后,按过失人及保险公司应赔偿额,借记"其他应收款"账户,按盘亏固定资产的原价扣除累计折旧和过失人及保险公司赔偿后的差额,借记"营业外支出"账户,按盘亏固定资产的账面价值,贷记"待处理财产损溢——待处理非流动资产损溢"账户。

【例7-8】 广西美达服装有限责任公司2019年年末进行固定资产盘点时,发现盘亏A设备一台,账面原价为70 000元,已计提折旧25 000元。

在报经处理前,根据账存实存对比表,编制会计分录如下:

借:待处理财产损溢——待处理非流动资产损溢　　　　　　　　　　45 000
　　累计折旧　　　　　　　　　　　　　　　　　　　　　　　　　25 000
　　贷:固定资产——A设备　　　　　　　　　　　　　　　　　　　　　70 000

【例7-9】 承[例7-8],上述盘亏的固定资产经批准核销。

报经批准后,根据"账存实存对比表"的审批意见,编制会计分录如下:

借:营业外支出——处理固定资产支出　　　　　　　　　　　　　　45 000
　　贷:待处理财产损溢——待处理非流动资产损溢　　　　　　　　　　45 000

五、结算往来款项清查结果的账务处理

企业对结算往来款项的清查,一般采用发函询证的方式进行,在保证本企业往来账簿记录完整正确的基础上,编制结算往来款项对账单,寄往各有关往来单位进行核对。本企业在收齐对方单位返回的结算往来款项对账单的回单后,应据其填制结算往来款项清查表。

在清查中,若发现未达账项,双方应采用调节账面金额的方式,核对结算往来款项是否相符;经双方核对,若属记录上的错误,按相关手续予以更正;对有争议的款项和没有希望收回的款项、无法支付的款项等,应报请批准后另行处理。对于经查明确实无法支付的应付款项,企业可按规定程序报经批准后,转入营业外收入。

【例7-10】 广西美达服装有限责任公司通过对应付账款的清理,确认海宁公司已经撤销执照,前欠的应付账款36 000元无法支付,经批准转入营业外收入。编制会计分录如下:

借:应付账款——海宁公司　　　　　　　　　　　　　　　　　　　36 000
　　贷:营业外收入　　　　　　　　　　　　　　　　　　　　　　　36 000

(一)坏账及坏账损失

坏账是指企业无法收回或收回的可能性极小的应收款项。由于发生坏账而给企业造成的损失,称为坏账损失。

企业通常应将符合下列条件之一的应收款项确认为坏账:

(1)债务人死亡,以其遗产清偿后仍然无法收回。

(2)债务人破产,以其破产财产清偿后仍然无法收回。

(3)债务人较长时间内未履行其偿债义务,并有足够的证据表明无法收回或者收回的可能性极小。

企业对有确凿证据表明确实无法收回的应收款项,经批准后作为坏账损失。

对于已确认为坏账的应收款项,并不意味着企业放弃了追索权,一旦重新收回,应及时入账。

坏账损失的核销方法有两种,即直接转销法和备抵法。我国《企业会计准则》规定采用备抵法。

1. 直接转销法

采用直接转销法时,企业对日常核算中可能发生的坏账损失不予考虑,只有在实际发生坏账时,才作为损失并计入当期损益,同时冲减应收款项。

2. 备抵法

备抵法是采用一定的方法按期估计坏账损失,计入当期费用,同时建立坏账准备,待坏账实际发生时,冲销已计提的坏账准备和相应的应收款项。采用这种方法,坏账损失计入同一期间的损益,体现了配比原则的要求,避免了企业明盈实亏;在财务会计报告中列示应收款项净额,使财务会计报告使用者能了解企业应收款项的可变现金额。

(二) 坏账损失的账务处理

企业应当设置"坏账准备"账户,核算坏账准备的计提、转销等情况。企业当期计提的坏账准备应当计入资产减值损失。"坏账准备"账户贷方登记当期计提的坏账准备金额;借方登记实际发生的坏账损失金额和冲销的坏账准备金额;期末余额一般在贷方,反映企业已计提但尚未转销的坏账准备。

坏账准备的计算公式如下:

$$\text{当期应计提的坏账准备} = \text{当期按应收款项计算应计提坏账准备金额} \pm \text{"坏账准备"账户的贷方(或借方余额)}$$

(1) 企业在提取坏账准备时,应借记"资产减值损失——计提坏账准备"账户,贷记"坏账准备"账户。

如本期应计提的坏账准备金额大于坏账准备账面余额的,应当按其差额计提,借记"资产减值损失——计提坏账准备"账户,贷记"坏账准备"账户。

如应提取的坏账准备金额小于"坏账准备"账户账面余额,应按其差额作相反会计分录,借记"坏账准备"账户,贷记"资产减值损失——计提坏账准备"账户。

(2) 对于确实无法收回的应收款项,按管理权限报经批准后作为坏账处理,转销应收款项,借记"坏账准备"账户,贷记"应收票据""应收账款""预付账款""其他应收款"等账户。

(3) 已确认坏账损失并转销的应收款项,以后又全部或部分收回时,应按实际收回的金额借记"应收账款""应收票据""预付账款""其他应收款"等账户,贷记"坏账准备"账户,同时,借记"银行存款"等账户,贷记"应收账款"等账户。

【例 7-11】 广西美达服装有限责任公司对应收账款进行清查,第一年年末应收账款余额为 3 000 000 元,该公司坏账准备的提取比例为 5‰。坏账准备提取额为 15 000 元(3 000 000 × 5‰),编制会计分录如下:

借:资产减值损失   15 000
  贷:坏账准备   15 000

第二年 5 月,公司发现有 4 000 元的应收账款无法收回,确认为坏账。编制会计分录如下:

借:坏账准备   4 000
  贷:应收账款   4 000

第二年年末,该公司应收账款余额为 3 600 000 元。按本年年末应收账款余额应保持的坏账准备金额(即坏账准备的余额)为 18 000 元(3 600 000×5‰);年末计提坏账准备前,"坏账准备"账户的贷方余额为 11 000 元(15 000－4 000)。

因此,本年度应补提的坏账准备金额为 7 000 元。编制会计分录如下:

  借:资产减值损失   7 000
    贷:坏账准备   7 000

第三年 8 月 2 日,接银行通知,公司上年度已冲销的 4 000 元坏账又收回,款项已存入银行。编制会计分录如下:

  借:应收账款   4 000
    贷:坏账准备   4 000
  借:银行存款   4 000
    贷:应收账款   4 000

第三年年末,公司应收账款余额为 2 000 000 元。本年年末坏账准备余额应为 10 000 元(2 000 000×5‰);本年度应冲销多提的坏账准备金额为 12 000 元(18 000＋4 000－10 000)。编制会计分录如下:

  借:坏账准备   12 000
    贷:资产减值损失   12 000

1. 财产盘盈、盘亏的处理程序是怎样的?
2. 什么是坏账?什么是坏账损失?怎样进行坏账损失的账务处理?

模 块 测 试

参考答案

一、单项选择题

1. 对各项财产的增减变化,根据会计凭证连续记载并随时结出余额的制度是(　　)。
 A. 实地盘存制   B. 应收应付制   C. 永续盘存制   D. 实收实付制
2. 财产清查中发现商品短缺的原因是由于工作中的收发差错,应计入(　　)。
 A. 管理费用   B. 其他应收款   C. 营业外支出   D. 生产成本
3. 财产清查中财产盘亏是由于保管人员失职所造成的,应计入(　　)。
 A. 管理费用   B. 其他应收款   C. 营业外支出   D. 生产成本
4. 财产清查中财产盘亏是由于自然灾害所造成,应计入(　　)。
 A. 管理费用   B. 其他应收款   C. 营业外支出   D. 生产成本
5. 对原材料、库存盘点后应编制(　　)。
 A. 实存账存对比表 B. 盘点表   C. 余额调节表   D. 对账单
6. 财产清查的目的是达到(　　)。

A. 账账相符　　　B. 账证相符　　　C. 账实相符　　　D. 账表相符

7. 在记账无误的情况下,银行对账单与企业银行存款日记账的账面余额不一致是由于( )所造成的。
A. 应付账款　　　B. 未达账项　　　C. 由于坏账　　　D. 应收账款

8. 产生未达账项的原因是( )。
A. 双方结账的时间不一致　　　B. 双方记账的时间不一致
C. 双方对账时间不一致　　　　D. 双方记账的金额不一致

9. 采用实地盘存制,平时对财产物资( )。
A. 只登记收入数,不登记发出数　　　B. 只登记发出数,不登记收入数
C. 先登记收入数,后登记发出数　　　D. 先登记发出数,后登记收入数

10. 银行存款余额调节表的调节余额是( )。
A. 企业日记账的账面余额　　　B. 银行对账单余额
C. 未达的余额　　　　　　　　D. 企业实际可动用的存款余额

二、多项选择题

1. 下列财产损溢情况中,经批准后在账务处理上可作增减"管理费用"处理的有( )。
A. 固定资产丢失　　B. 材料自然损耗　　C. 出纳丢失现金　　D. 材料盘盈

2. 下列方法中,属于局部清查方法的有( )。
A. 项目清查　　　B. 临时清查　　　C. 定期清查　　　D. 轮流清查

3. 与外单位核对账目的方法适用于( )的清查。
A. 库存现金　　　　　　　　　B. 银行存款
C. 往来款项　　　　　　　　　D. 材料

4. 全面清查一般在( )时进行。
A. 年终　　　　　　　　　　　B. 季度末
C. 月末　　　　　　　　　　　D. 单位撤销、合并或改变隶属关系

5. 不定期清查一般在( )时进行。
A. 年终　　　　　　　　　　　B. 财产保管员变动
C. 自然灾害造成部分财产损失　D. 企业财产被盗

6. 月末企业银行存款日记账与银行对账单不一致,造成企业银行存款账面余额大于银行对账单存款的原因有( )。
A. 企业已收款入账,而银行尚未入账　　B. 企业已付款入账,而银行尚未入账
C. 银行已收款入账,而企业尚未入账　　D. 银行已付款入账,而企业尚未入账

三、判断题

1. 永续盘存制对企业各项财产物资的增减变动,平时只登记增加数,不登记减少数。
(　　)
2. 定期清查财产一般在结账以后进行。(　　)
3. 财务部门对清查财产中所发现的差异,应及时进行账簿记录的调整。(　　)
4. 未达账项只在企业与银行之间发生,企业与其他企业之间不会发生未达账项。(　　)
5. 盘点实物资产时,发现账面数额大于实存数,即为盘盈。(　　)
6. 银行存款的清查,主要是将银行存款日记账与总账进行核对。(　　)

7. 月末,企业银行存款的实有余额为银行对账单余额加上企业已收、银行未收款项,减去企业已付、银行未付的款项。（ ）

8. 月末,应根据"银行存款余额调节表"中调整后的余额进行账务处理,使企业银行存款账的余额与调整后的余额一致。（ ）

四、业务处理题

1. 广西美达服装有限责任公司2019年3月31日银行存款日记账账面余额为41 353元,开户银行送达的银行对账单余额为43 835元。经核查,该公司发现有以下几笔未达账项：

（1）已送存银行34857#转账支票一张,面额为1 765元。企业已增加银行存款,开户银行尚未入账。

（2）银行代企业支付水费183元,银行已入账,减少企业银行存款,企业尚未接到通知,没有入账。

（3）银行代企业销货款3 950元,银行已入账,增加企业银行存款,企业尚未接到通知,没有入账。

（4）企业开出No.49201转账支票一张,购买办公用品计金额480元。企业已记银行存款减少,银行尚未出账。

要求：根据上述资料,编制银行存款余额调节表(见表7-8),指出企业月末可动用的银行存款实有数额。

表7-8　　　　　　　　　　　银行存款余额调节表

存款种类：结算户存款　　　　　2019年03月30日　　　　　　　　　　单位：元

项　目	金　额	项　目	金　额
企业银行存款日记账余额		银行对账单余额	
调节后余额		调节后余额	

2. 广西美达服装有限责任公司2019年4月25～30日银行存款日记账和银行送来的对账单内容如表7-9和表7-10所示。

表7-9　　　　　　　　　银行存款日记账

2019年		记账凭证		摘要	结算凭证		收　入	支　出	余　额
月	日	字	号		种类	号数			
04	24			余额					250 000
	25	银付	228	付购料款	转支	045		200 000	50 000
	26	银付	229	付运费	转支	046		1 000	49 000
	27	银收	108	收销货款	电汇		234 000		283 000
	30	银付	230	付购料款	电汇			90 000	193 000
	30	银付	231	付修理出	转支	047		2 500	190 500
	30	银收	109	收销货款	转支	127	150 000		340 500

表 7-10　　　　　　　　　　　　　银 行 对 账 单

2019年		结算凭证		存入	支出	余额
月	日	种类	号数			
04	24					250 000
	26	电汇		234 000		484 000
	28	转支	046		1 000	483 000
	28	转支	045		200 000	283 000
	28	信汇			23 000	260 000
	28	汇票	148	3 200		263 200
	29	信汇		60 000		323 200
	30	电汇			90 000	233 200

要求：

(1) 根据上述资料将银行存款日记账与银行对账单进行逐笔核对(用红笔√表示对讫)，确定未达款项。

(2) 编制 4 月 30 日的银行存款余额调节表(见表 7-11)，将调节后的银行存款余额进行检查核对。

表 7-11　　　　　　　　　　　　　银行存款余额调节表
存款种类：结算户存款　　　　　　　2019 年 04 月 30 日　　　　　　　　　　单位：元

项　目	金　额	项　目	金　额
企业银行存款日记账余额		银行对账单余额	
调节后余额		调节后余额	

3. 广西美达服装有限责任公司 2019 年年终进行财产清理，在清查中发现下列事项：

(1) 盘亏水泵一部，原价为 5 200 元，账面已提折旧 1 400 元。

(2) 发现账外机器一台，估计重置价值为 10 000 元，现值为 6 000 元。

(3) 甲材料账面余额为 455 千克，价值为 19 110 元，盘点实际存量为 450 千克，经查明其中 3 千克为定额损耗，2 千克为日常收发计量差错。

(4) 乙材料账面余额为 166 千克，价值为 5 312 元，盘点实际存量为 161 千克，缺少数为保管人员失职造成的散失。

(5) 丙材料盘盈 25 千克，单价为 30 元，经查明其中 20 千克为兄弟厂代工的剩余材料，该厂未及时提回，其余属于日常收发计量差错。

(6) 经检查其他应收款账目，有某运输公司欠款 2 500 元，属于委托该公司运输材料，由于装卸工疏忽而造成的损失。已确定由该公司赔偿，但该运输公司已撤销，无法收回。

上列各项盘盈、盘亏和损失，经查原因属实，报请领导审核批准，作如下处理：

(1) 盘亏水泵系因自然灾害导致毁损，作非常损失处理。

(2) 账外机器尚可使用，交车间投入生产，作增加营业外收入处理。

(3) 材料定额内损耗及材料收发计量错误,均列入管理费用处理。

(4) 保管人员失职造成材料短缺损失,责成过失人赔偿。

(5) 无法收回的应收款项,作坏账损失处理。

要求:

(1) 将上列清查结果,编制审批前的会计分录。

(2) 根据报请批准处理的结果,编制会计分录。

4. 某企业(小规模纳税人)在财产清查过程中发现以下问题:

(1) 业务部门盘缺电子计算机一台,原值为19 000元,已提折旧9 500元。

(2) 服装组实地盘点库存商品,发现女服装账面余额为128箱,实际存量为126箱,短缺2箱,每箱进价450元。

(3) 家电组实地盘点库存商品,发现25英寸电视机存量为28台,而账面余额为27台,盘盈1台,进价为2 100元。

(4) 出纳处库存现金经盘点短缺36.80元。

(5) 经核对客户往来账目,查明A公司已撤销,所欠货款540元已无法收回,经报请批准作为坏账处理,列为管理费用。

(6) 上述盘点溢缺原因,已经查明报请批准,处理意见如下:①盘亏电子计算机系搬迁中遗失,列作营业外支出。②服装短缺2箱系保管人丢失,应由过失人赔偿。③25英寸电视机盘盈1台系供货单位多发,已交供货单位收回。④库存现金短缺36.80元,应由过失人赔偿。

要求:根据上述资料编制会计分录。

模块 8

确定账务处理程序

[考核目标] 本模块是前面所学的知识的一个综合。通过本模块的学习,学生应了解会计实务中使用比较普遍的各种账务处理程序,重点掌握记账凭证和科目汇总表账务处理程序的内容、特点、适用范围及应用,以便在实际工作中把握不同的账务处理程序的基本原理和核算的基本要求。

[实践目标] 教师指导学生配齐实践操作所需要的凭证、账簿,让学生完成操作任务,使理论与实践结合得更好,使学生在教师的指导下能够独立完成日常账务处理的目标。

[知识点思维导图]

```
                    ┌─选择账务处理程序─┬─账务处理程序的概念与意义
                    │                  └─账务处理程序的种类
                    │
                    │                       ┌─记账凭证账务处理程序的核算步骤
                    ├─应用记账凭证账务处理程序─┼─记账凭证账务处理程序的特点、优缺点及适用范围
 确定账务处理程序 ──┤                       └─记账凭证账务处理程序的应用技术
                    │
                    │                       ┌─科目汇总表账务处理程序的核算步骤
                    ├─应用科目汇总表账务处理程序─┼─科目汇总表账务处理程序的特点、优缺点及适用范围
                    │                       └─科目汇总表账务处理程序的应用技术
                    │
                    │                         ┌─汇总记账凭证账务处理程序的核算步骤
                    └─应用汇总记账凭证账务处理程序─┼─汇总记账凭证账务处理程序的特点、优缺点及适用范围
                                              └─汇总记账凭证账务处理程序的应用技术
```

任务 8.1 选择账务处理程序

活动 8.1.1 账务处理程序的概念与意义

账务处理程序的基本模式如图 8-1 所示。

账务处理程序也称会计核算程序或会计核算组织形式,是指会计凭证、会计账簿、会计报

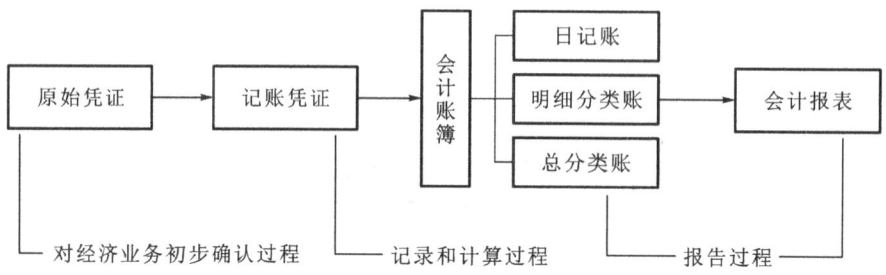

图 8-1　账务处理程序的基本模式图

表相互结合的方式。它是由账簿组织、记账程序和记账方法三者有机结合起来的财务体系。其中,账簿组织是整个会计核算程序的核心,是指设置的会计凭证和账簿的种类、格式及账簿之间的相互联系;记账程序是指从填制和审核会计凭证开始,到登记账簿、编制会计报表的整个工作程序。

将不同种类、格式的账簿组织、记账程序和记账方法相互结合在一起,就构成了不同的会计核算程序。就会计目标而言,会计核算程序就是记账和产生会计信息的基本步骤和方法。因此,采用适当的会计核算程序,科学地组织记账工作对提高会计信息质量有十分重要的意义。

谈谈你对账务处理和程序的理解。

活动 8.1.2　账务处理程序的种类

企业交易或者事项发生后,会计通过设置会计科目、复式记账、填制会计凭证、登记账簿、成本核算、编制会计报表等一系列核算程序生成会计信息。在会计核算程序中,由填制会计凭证、登记账簿、编制报表三个基本环节组成。

在实际工作中,由于各单位的业务性质不同、组织规模大小各异、经济业务繁简程度不同等,对凭证处理及总分类账登记的依据和方法就不同,决定了其账务处理的组织和流程的不同。

根据我国会计工作的长期实践经验,目前常用的会计核算程序有以下几种:
(1) 记账凭证账务处理程序。
(2) 科目汇总表账务处理程序。
(3) 汇总记账凭证账务处理程序。
(4) 日记总账账务处理程序。
(5) 多栏式日记账账务处理程序。

上述五种会计账务处理程序有许多共同之处,而它们的不同之处在于登记总分类账的依据和程序不同。由于记账凭证账务处理程序、科目汇总表账务处理程序和汇总记账凭证账务处理程序是常用的三种会计账务处理程序,本模块将作重点介绍。

合理的、适用的会计核算形式,一般应符合以下三个基本要求:

(1) 要适应本单位的经济活动特点、规模的大小和业务的繁简情况,有利于会计核算的分工,建立岗位责任制。

(2) 要适应本单位、主管部门以致国家管理经济的需要,全面、系统、及时、正确地提供反映本单位经济活动情况的会计信息。

(3) 要在保证核算资料正确、及时和完整的前提条件下,尽可能地简化会计核算手续,提高会计工作效率,节约人力物力,节约核算费用。

因此,各单位就应从自身实际情况出发,选择适当的核算程序,保证会计工作效率和质量。

1. 不同的会计账务处理程序的核心不同点是什么?
2. 进行会计核算必须选择一种适合企业使用的账务处理程序吗?

任务8.2 应用记账凭证账务处理程序

活动8.2.1 记账凭证账务处理程序的核算步骤

记账凭证账务处理程序是指对发生的经济业务事项,都要根据原始凭证或汇总原始凭证编制记账凭证,然后直接根据记账凭证逐笔登记总分类账的一种核算程序。

在记账凭证核算形式下,会计凭证需设置收款凭证、付款凭证和转账凭证(小型企业也可以设置通用记账凭证),作为登记总分类账的依据。

在记账凭证账务处理程序下,账簿需设置现金日记账、银行存款日记账、总分类账和明细分类账。日记账、总分类账一般采用三栏式,明细分类账根据管理上的需要,可采用三栏式、多栏式或数量金额式等不同形式。

记账凭证账务处理程序的流程图如图8-2所示。

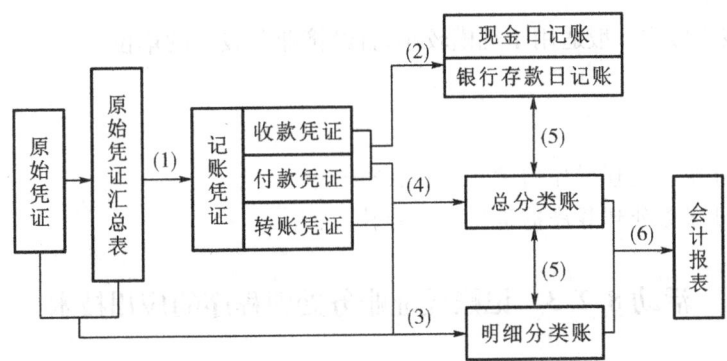

图8-2 记账凭证账务处理程序的流程图

其具体步骤如下：

（1）根据各种原始凭证或原始凭证汇总表，编制记账凭证（包括收款凭证、付款凭证和转账凭证）。

（2）根据收款凭证、付款凭证及所属的原始凭证，逐日逐笔登记现金日记账和银行存款日记账。

（3）根据原始凭证、原始凭证汇总表和记账凭证，登记各种明细分类账。

（4）根据记账凭证逐笔登记总分类账。

（5）月终，将现金日记账、银行存款日记账的余额，以及各种明细分类账余额合计数，分别与总分类账中有关科目的余额核对相符。

（6）月终，根据核对无误的总分类账和各种明细分类账的记录，编制会计报表。

记账凭证账务处理程序的流程包括哪几个步骤？

活动 8.2.2　记账凭证账务处理程序的特点、优缺点及适用范围

一、特点

记账凭证账务处理程序是最基本的会计核算程序，它的基本特点是直接根据记账凭证逐笔登记总分类账。

二、优点

记账凭证核算形式比较简单明了，易于理解，总分类账较详细地记录和反映经济业务的发生情况，其来龙去脉清楚，便于了解经济业务动态和查对账目。

三、缺点

登记总分类账的工作量较大。

四、适用范围

这种会计核算形式一般适用于规模较小，且经济业务较少的单位。

1. 记账凭证账务处理程序的特点是什么？
2. 记账凭证账务处理程序的适用范围是什么？

活动 8.2.3　记账凭证账务处理程序的应用技术

【例 8-1】　广西美达服装有限责任公司 2019 年 5 月 1 日总账与所属明细账余额如表 8-1

所示。

表 8-1　　　　　　　　　　　　　　总账与所属明细账余额
2019 年 05 月 01 日　　　　　　　　　　　　　　单位：元

资产类账户	金　额	权益类账户	金　额
库存现金	10 000	短期借款	80 000
银行存款	100 000	应交税费——应交所得税	53 000
应收账款	40 000	应付账款	31 000
——海达公司	10 000	——天顺公司	25 000
——天和公司	30 000	——吉利公司	6 000
原材料	38 000	实收资本	629 000
生产成本	45 000		
库存商品	60 000		
固定资产	500 000		
总　　　计	793 000	总　　　计	793 000

广西美达服装有限责任公司 2019 年 5 月发生如下经济业务(并取得有关原始凭证)：

(1) 1 日,收到新云公司投入资金 60 000 元,并将其存入银行。

(2) 2 日,向市建设银行借入为期 6 个月的借款 40 000 元,已存入银行。

(3) 2 日,从银行提取现金 2 000 元,以备零用。

(4) 2 日,以现金支付采购员李伟预借差旅费 600 元。

(5) 3 日,用银行存款归还前欠天顺公司材料款 25 000 元。

(6) 3 日,收到海达公司前欠的货款 10 000 元。

(7) 4 日,向美佳公司购入 A 材料 6 000 千克,单价为 15 元,计 90 000 元,增值税额为 11 700 元,款项以银行存款支付,材料尚未运达。

(8) 4 日,生产车间为生产甲产品,领用 A 材料 800 千克,计 12 000 元。

(9) 5 日,向美佳公司购入的 A 材料已验收入库,按其实际成本转账。

(10) 5 日,以银行存款偿还前欠吉利公司货款 6 000 元。

(11) 6 日,购进 1 台不需安装的设备,价值 8 000 元,款项以银行存款支付。

(12) 7 日,向海达公司销售甲产品 250 件,单价为 160 元,计 40 000 元,增值税额为 5 200 元,款项尚未收到。

(13) 12 日,向天顺公司购入 A 材料 2 000 千克,单价为 15 元,计 30 000 元,增值税额为 3 900 元,款项以银行存款支付,材料尚未运达。

(14) 12 日,采购员李伟出差回来,报销差旅费 450 元,退回余款 150 元(原借款 600 元)。

(15) 15 日,收到海达公司前欠货款 45 200 元,已存入银行。

(16) 15 日,甲产品 200 件完工入库,单位成本为 150 元,计 30 000 元。

(17) 15 日,用现金支付购买办公用品 400 元,其中生产车间 300 元,厂部管理部门 100 元。

(18) 15 日,以银行存款缴纳企业所得税 10 000 元。

具体步骤如下：

第一步,根据原始凭证填制记账凭证。以上述2019年5月的经济业务取得的原始凭证为依据,填制记账凭证(通用记账凭证),如表8-2所示。

表8-2 记 账 凭 证

2019年		凭证号数	摘 要	一级科目	明细科目	借方金额	贷方金额
月	日						
05	01	记1	收到新云公司投入资本	银行存款		60 000	
				实收资本	法人资本(新云公司)		60 000
05	02	记2	向市建行借入短期借款	银行存款		40 000	
				短期借款	市建行		40 000
05	02	记3	提现	库存现金		2 000	
				银行存款			2 000
05	02	记4	预付差旅费	其他应收款	李伟	600	
				库存现金			600
05	03	记5	归还首次购材料款	应付账款	天顺公司	25 000	
				银行存款			25 000
05	03	记6	收回海达公司欠款	银行存款		10 000	
				应收账款	海达公司		10 000
05	04	记7	购买A材料	在途物资	A材料	90 000	
				应交税费	应交税费(进项税额)	11 700	
				银行存款			101 700
05	04	记8	生产领用A材料	生产成本	甲产品	12 000	
				原材料	A材料		12 000
05	05	记9	A材料验收入库	原材料	A材料	90 000	
				在途物资	A材料		90 000
05	05	记10	归还欠款	应付账款	吉利公司	6 000	
				银行存款			6 000
05	06	记11	购买设备	固定资产		8 000	
				银行存款			8 000
05	07	记12	销售甲产品款未收	应收账款	海达公司	45 200	
				主营业务收入	甲产品		40 000
				应交税费	应交增值税(销项税额)		5 200
05	12	记13	购买A材料	在途物资	A材料	30 000	
				应交税费	应交增值税(进项税额)	3 900	
				银行存款			33 900
05	12	记14	报销差旅费交回余款	管理费用	差旅费	450	
				库存现金		150	
				其他应收款	李伟		600

(续表)

2019年		凭证号数	摘要	一级科目	明细科目	借方金额	贷方金额
月	日						
05	15	记15	收回海达公司欠款	银行存款		45 200	
05	15	记15	收回海达公司欠款	应收账款	海达公司		45 200
05	15	记16	甲产品完工入库	库存商品	甲产品	30 000	
05	15	记16	甲产品完工入库	生产成本	甲产品		30 000
05	15	记17	购买办公用品	制造费用	办公费	300	
05	15	记17	购买办公用品	管理费用	办公费	100	
05	15	记17	购买办公用品	库存现金			400
05	15	记18	缴纳税金	应交税费	应交所得税	10 000	
05	15	记18	缴纳税金	银行存款			10 000

第二步,根据记账凭证逐笔登记现金日记账和银行存款日记账,如表8-3和表8-4所示。

表8-3　　　　　　　　　　　现　金　日　记　账

2019年		凭证号数	摘要	对方科目	借方	贷方	借或贷	余额
月	日							
05	01		期初余额				借	10 000
05	02	记3	提现	银行存款	2 000		借	12 000
05	02	记4	预付差旅费	其他应收款		600	借	11 400
05	12	记14	报销差旅费交回余款	其他应收款	150		借	11 550
05	15	记17	购买办公用品	制造费用		300	借	11 250
05	15	记17	购买办公用品	管理费用		100	借	11 150
05	31		本期发生额及余额		2 150	1 000		11 150

表8-4　　　　　　　　　　　银　行　存　款　日　记　账

2019年		凭证号数	摘要	对方科目	借方	贷方	借或贷	余额
月	日							
05	01		期初余额				借	100 000
05	01	记1	收到新云公司投入资本	实收资本	60 000		借	160 000
05	02	记2	向市建行借入短期借款	短期借款	40 000		借	200 000
05	02	记3	提现	库存现金		2 000	借	198 000
05	03	记5	支付前欠购材料款	应付账款		25 000	借	173 000
05	03	记6	收回应收款	应收账款	10 000		借	183 000
05	04	记7	购买A材料	材料采购		90 000	借	93 000
05	04	记7	购买A材料	应交税费		11 700	借	81 300
05	05	记10	归还欠款	应付账款		6 000	借	75 300
05	06	记11	购买设备	固定资产		8 000	借	67 300
05	12	记13	购买A材料	材料采购		30 000	借	37 300

(续表)

2019年		凭证号数	摘要	对方科目	借方	贷方	借或贷	余额
月	日							
05	12	记13	购买A材料	应交税费		3 900	借	33 400
05	15	记15	收回应收款	应收账款	45 200		借	78 600
05	15	记18	缴纳税金	应交税费		10 000	借	68 600
05	31		本期发生额及余额		155 200	186 600	借	68 600

第三步,根据记账凭证及所属的原始凭证,登记明细分类账。明细分类账的内容与总分类账的基本相同,只是有的账页按品种及规格设立;同时,登记数量和金额,由于账页比较多,内容也比较繁杂,本模块暂不重复。

第四步,根据记账凭证直接逐笔登记总分类账,如表8-5至表8-20所示。

表8-5   **总 分 类 账**

账户名称:库存现金

2019年		凭证号数	摘要	借方	贷方	借或贷	余额
月	日						
05	01		期初余额			借	10 000
05	02	记3	提现	2 000		借	12 000
05	02	记4	预付差旅费		600	借	11 400
05	12	记14	报销差旅费交回余款	150		借	11 550
05	15	记17	购买办公用品		400	借	11 150
05	31		本期发生额及余额	2 150	1 000	借	11 150

表8-6   **总 分 类 账**

账户名称:银行存款

2019年		凭证号数	摘要	借方	贷方	借或贷	余额
月	日						
05	01		期初余额			借	100 000
05	01	记1	收到新云公司投入资本	60 000		借	160 000
05	02	记2	向市建行借入短期借款	40 000		借	200 000
05	02	记3	提现		2 000	借	198 000
05	03	记5	归还材料款		25 000	借	173 000
05	03	记6	收回应收款	10 000		借	183 000
05	04	记7	购入A材料		101 700	借	81 300
05	05	记10	归还欠款		6 000	借	75 300
05	06	记11	购买设备		8 000	借	67 300
05	12	记13	购入A材料		33 900	借	33 400
05	15	记15	收回应收款	45 200		借	78 600
05	15	记18	缴纳税金		10 000	借	68 600
05	31		本期发生额及余额	155 200	186 600	借	68 600

表 8-7

总 分 类 账

账户名称：其他应收款

2019年		凭证号数	摘 要	借方	贷方	借或贷	余额
月	日						
05	02	记4	预付差旅费	600		借	600
05	12	记14	报销差旅费交回余款		600	平	0
05	31		本期发生额及余额	600	600	平	0

表 8-8

总 分 类 账

账户名称：应收账款

2019年		凭证号数	摘 要	借方	贷方	借或贷	余额
月	日						
05	01		期初余额			借	40 000
05	03	记6	收回海达公司欠款		10 000	借	30 000
05	07	记12	销售产品款未收	45 200		借	75 200
05	15	记15	收回海达公司欠款		45 200	借	30 000
05	31		本期发生额及余额	45 200	55 200	借	30 000

表 8-9

总 分 类 账

账户名称：在途物资

2019年		凭证号数	摘 要	借方	贷方	借或贷	余额
月	日						
05	04	记7	购入A材料	90 000		借	90 000
05	05	记9	A材料验收入库		90 000	借	0
05	12	记13	购入A材料	30 000		借	30 000
05	31		本期发生额及余额	120 000	90 000	借	30 000

表 8-10

总 分 类 账

账户名称：原材料

2019年		凭证号数	摘 要	借方	贷方	借或贷	余额
月	日						
05	01		期初余额			借	38 000
05	05	记8	生产领用A材料		12 000	借	26 000
05	12	记9	A材料验收入库	90 000		借	116 000
05	31		本期发生额及余额	90 000	12 000	借	116 000

表 8-11 　　　　　　　　总 分 类 账

账户名称：生产成本

2019年		凭证号数	摘　要	借方	贷方	借或贷	余额
月	日						
05	01		期初余额			借	45 000
05	04	记 8	生产领用 A 材料	12 000		借	57 000
05	15	记 16	甲产品完工入库		30 000	借	27 000
05	31		本期发生额及余额	12 000	30 000	借	27 000

表 8-12 　　　　　　　　总 分 类 账

账户名称：库存商品

2019年		凭证号数	摘　要	借方	贷方	借或贷	余额
月	日						
05	01		期初余额			借	60 000
05	15	记 16	甲产品完工入库	30 000		借	90 000
05	31		本期发生额及余额	30 000		借	90 000

表 8-13 　　　　　　　　总 分 类 账

账户名称：固定资产

2019年		凭证号数	摘　要	借方	贷方	借或贷	余额
月	日						
05	01		期初余额			借	500 000
05	06	记 11	购买设备	8 000		借	508 000
05	31		本期发生额及余额	8 000		借	508 000

表 8-14 　　　　　　　　总 分 类 账

账户名称：制造费用

2019年		凭证号数	摘　要	借方	贷方	借或贷	余额
月	日						
05	28	记 17	购买办公用品	300		借	300

表 8-15 　　　　　　　　总 分 类 账

账户名称：管理费用

2019年		凭证号数	摘　要	借方	贷方	借或贷	余额
月	日						
05	12	记 14	报销差旅费交回款	450		借	450
05	15	记 17	购买办公用品	100		借	550
05	31		本期发生额及余额	550		借	550

表 8-16　　　　　　　　　　　　　总 分 类 账

账户名称:短期借款

2019年		凭证号数	摘　要	借方	贷方	借或贷	余额
月	日						
05	01		期初余额			贷	80 000
05	02	记 2	向市建行借入短期借款		40 000	贷	120 000
05	31		本期发生额及余额		40 000	贷	120 000

表 8-17　　　　　　　　　　　　　总 分 类 账

账户名称:应付账款

2019年		凭证号数	摘　要	借方	贷方	借或贷	余额
月	日						
05	01		期初余额			贷	31 000
05	03	记 5	归还前欠购材料款	25 000		贷	6 000
05	05	记 10	归还欠款	6 000		平	0
05	31		本期发生额及余额	31 000		平	0

表 8-18　　　　　　　　　　　　　总 分 类 账

账户名称:应交税费

2019年		凭证号数	摘　要	借方	贷方	借或贷	余额
月	日						
05	01		期初余额			贷	53 000
05	04	记 7	购买 A 材料	11 700		贷	41 300
05	07	记 12	销售甲产品款未收		5 200	贷	46 500
05	12	记 13	购入 A 材料已付款	3 900		贷	42 600
05	15	记 18	缴纳所得税	10 000		贷	32 600
05	31		本期发生额及余额	25 600	5 200	贷	32 600

表 8-19　　　　　　　　　　　　　总 分 类 账

账户名称:实收资本

2019年		凭证号数	摘　要	借方	贷方	借或贷	余额
月	日						
05	01		期初余额			贷	629 000
05	01	记 1	收到新云公司投入资本		60 000	贷	689 000
05	31		本期发生额及余额		60 000	贷	689 000

表 8-20　　　　　　　　　　　总 分 类 账

账户名称:主营业务收入

2019年		凭证号数	摘　要	借方	贷方	借或贷	余额
月	日						
05	07	记12	销售甲产品款未收		40 000	贷	40 000

第五步,定期将现金日记账、银行存款日记账余额和各种明细账余额的合计数分别与总分类账中有关账户的余额相核对。

第六步,月末,根据总账和明细账的记录编制会计报表。在编制会计报表前,可以通过编制总分类账本期发生额及期末余额试算平衡表,核对账户是否平衡(见表 8-21),以确保报表数据的正确。

表 8-21　　　　　　　　　　　试 算 平 衡 表

单位:广西美达服装有限责任公司　　2019 年 05 月 31 日　　　　　　　　　金额:元

账户名称	期初余额		本期发生额		期末余额	
	借方	贷方	借方	贷方	借方	贷方
库存现金	10 000		2 150	1 000	11 150	
银行存款	100 000		155 200	186 600	68 600	
其他应收款			600	600		
应收账款	40 000		45 200	55 200	30 000	
在途物资			120 000	90 000	30 000	
原材料	38 000		90 000	12 000	116 000	
生产成本	45 000		12 000	30 000	27 000	
库存商品	60 000		30 000		90 000	
固定资产	500 000		8 000		508 000	
制造费用			300		300	
管理费用			550		550	
短期借款		80 000		40 000		120 000
应付账款		31 000	31 000			
应交税费		53 000	25 600	5 200		32 600
实收资本		629 000		60 000		689 000
主营业务收入				40 000		40 000
合　计	793 000	793 000	520 600	520 600	881 600	881 600

记账凭证账务处理程序的核算步骤是什么?

任务8.3 应用科目汇总表账务处理程序

活动8.3.1 科目汇总表账务处理程序的核算步骤

科目汇总表账务处理程序是根据审核无误的记账凭证定期汇总编制科目汇总表,然后根据科目汇总表登记总分类账的一种会计核算程序。其记账凭证、账簿的设置与记账凭证核算程序基本相同,只是在记账凭证上一定要设置科目汇总表。

科目汇总表就是根据一定时期内的全部记账凭证按总账科目进行汇总,据以计算出每个总账科目的本期借方发生额和贷方发生额,据以登记总分类账的报表。汇总的时间应根据业务量大小确定,一般可5天、10天或15天汇总一次。

科目汇总表账务处理程序的流程可分为几个步骤?

科目汇总表账务处理程序的流程图如图8-3所示。

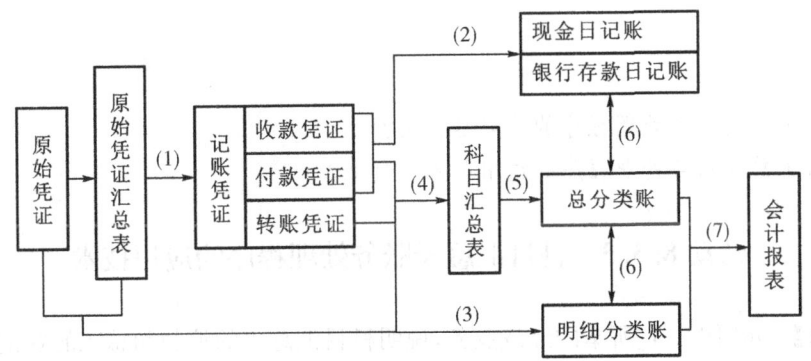

图8-3 科目汇总表账务处理程序的流程图

其具体步骤如下:
(1) 根据原始凭证和原始凭证汇总表,编制记账凭证(包括收款凭证、付款凭证和转账凭证)。
(2) 根据收款凭证、付款凭证及所属的原始凭证,逐日逐笔登记现金日记账和银行存款日记账。
(3) 根据原始凭证、原始凭证汇总表和记账凭证登记各种明细分类账。
(4) 根据一定时期内的全部记账凭证,汇总编制科目汇总表。
(5) 根据定期编制的科目汇总表,登记总分类账。
(6) 月终,将现金日记账、银行存款日记账的余额,以及各种明细分类账户余额合计数,分别与总分类账中有关科目的余额核对相符。
(7) 月终,根据核对无误的总分类账和各种明细分类账的记录,编制会计报表。

以上步骤与记账凭证核算程序的区别在于需要编制科目汇总表,然后根据科目汇总表登记总分类账。

活动 8.3.2　科目汇总表账务处理程序的特点、优缺点及适用范围

一、特点

根据记账凭证定期编制科目汇总表,然后根据科目汇总表登记总分类账。

二、优点

由于总分类账是根据定期编制的科目汇总表登记的,大大减少了登记总账的工作量;同时,也可进行试算平衡,检查记账是否正确。

三、缺点

科目汇总表不能反映出账户间的对应关系,不便于分析和检查经济业务的来龙去脉,不便于查对账目。

四、适用范围

科目汇总表核算形式适用于经济业务量较多的经济单位。

1. 科目汇总表账务处理程序的特点是什么?
2. 科目汇总表账务处理程序的适用范围是什么?

活动 8.3.3　科目汇总表账务处理程序的应用技术

【例 8-2】　承[例 8-1]所举的经济业务,说明科目汇总表的编制和总账的登记。

具体步骤如下:

第一步至第三步,同[例 8-1](略)。

第四步,根据一定时期内的全部记账凭证,汇总编制科目汇总表(见表 8-22)。

表 8-22　　　　　　　　　　　　科 目 汇 总 表

2019 年 05 月 01 日至 15 日　　　　　　　　　　　　　　科汇第 1 号

账户名称	总账页数	本期发生额		记账凭证起讫号数
		借方	贷方	
库存现金	（略）	2 150	1 000	（略）
银行存款		155 200	186 600	
其他应收款		600	600	
应收账款		45 200	55 200	
在途物资		120 000	90 000	

(续表)

账户名称	总账页数	本期发生额		记账凭证起讫号数
		借方	贷方	
原材料	（略）	90 000	12 000	（略）
生产成本		12 000	30 000	
库存商品		30 000		
固定资产		8 000		
制造费用		300		
管理费用		550		
短期借款			40 000	
应付账款		31 000		
应交税费		25 600	5 200	
实收资本			60 000	
主营业务收入			40 000	
合 计		520 600	520 600	

第五步，根据定期编制的科目汇总表，登记总分类账。"银行存款"和"应交税费"的总分类账如表8-23和表8-24所示，其他科目的总分类账从略。

表8-23　　　　　　　　　　　　总 分 类 账

账户名称：银行存款

2019年		凭证号数	摘 要	借方	贷方	借或贷	余额
月	日						
05	01		期初余额			借	100 000
05	15	科汇1	1～15日汇总过入	155 200	186 600	借	68 600

表8-24　　　　　　　　　　　　总 分 类 账

账户名称：应交税费

2019年		凭证号数	摘 要	借方	贷方	借或贷	余额
月	日						
05	01		期初余额			贷	53 000
05	15	科汇1	1～15日汇总过入	25 600	5 200	贷	32 600

第六步和第七步，同［例8-1］的第五步和第六步（略）。

编制科目汇总表的要领有哪些？

任务8.4　应用汇总记账凭证账务处理程序

活动8.4.1　汇总记账凭证账务处理程序的核算步骤

汇总记账凭证账务处理程序是根据审核无误的记账凭证按账户的对应关系，定期编制汇总收款凭证、汇总付款凭证、汇总转账凭证，然后根据汇总记账凭证登记总分类账的一种会计核算程序。

汇总收款凭证根据相同的收款凭证借方科目汇总，汇总付款凭证根据相同的付款凭证贷方科目汇总、汇总转账凭证根据相同的转账凭证贷方科目汇总。一般每月至少汇总3次。

汇总记账凭证账务处理程序的流程图如图8-4所示。

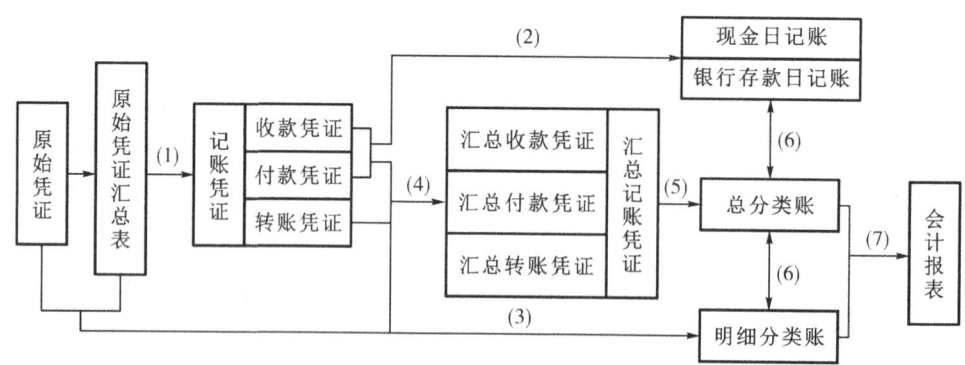

图8-4　汇总记账凭证账务处理程序的流程图

其具体步骤如下：

（1）根据原始凭证和原始凭证汇总表，编制收款凭证、付款凭证和转账凭证。

（2）根据收款凭证、付款凭证及所属的原始凭证，逐日逐笔登记现金日记账和银行存款日记账。

（3）根据原始凭证、原始凭证汇总表和记账凭证登记各种明细分类账。

（4）根据记账凭证定期编制汇总记账凭证（汇总收款凭证、汇总付款凭证、汇总转账凭证）。

（5）根据编制的汇总记账凭证登记总分类账。

（6）月终，将现金日记账、银行存款日记账的余额，以及各种明细分类账户余额合计数，分别与总分类账中有关科目的余额核对相符。

（7）月终，根据核对无误的总分类账和各种明细分类账的记录，编制会计报表。

以上步骤与记账凭证账务处理程序的区别在于需要编制汇总记账凭证,然后根据汇总记账凭证登记总分类账。

汇总记账凭证账务处理程序的处理流程是怎样的?

活动 8.4.2　汇总记账凭证账务处理程序的特点、优缺点及适用范围

一、特点

根据记账凭证定期编制汇总记账凭证,然后根据汇总记账凭证登记总分类账。

二、优点

由于总分类账是根据定期编制的汇总记账凭证登记的,大大减少了登记总账的工作量;同时,汇总记账凭证是按科目对应关系编制的,能明确地反映出经济业务的来龙去脉,便于查账。

三、缺点

汇总凭证的编制工作比较复杂,工作量大。

四、适用范围

汇总记账凭证账务处理程序适用于经济业务量较大的单位。

1. 汇总记账凭证账务处理程序的特点是什么?
2. 汇总记账凭证账务处理程序的适用范围是什么?

活动 8.4.3　汇总记账凭证账务处理程序的应用技术

由于汇总记账凭证核算程序在实际工作中应用不多,现主要说明汇总记账凭证格式和编制方法及总账的登记。

【例 8-3】　承[例 8-1]所举的经济业务,说明汇总记账凭证的编制和总账的登记。

具体步骤如下:

第一步至第三步同[例 8-1](略)。

第四步,编制汇总记账凭证。在第一步编制记账凭证时,必须使用专用记账凭证(见表 8-25):收款凭证、付款凭证和转账凭证。

表 8-25　　　　　　　　　　　　　　记　账　凭　证

2019年 月	2019年 日	凭证字号	摘　要	一级科目	明细科目	借方金额	贷方金额
05	01	银收1	收到新云公司投入资本	银行存款		60 000	
				实收资本	法人资本(新云公司)		60 000
05	02	银收2	向市建行借入短期借款	银行存款		40 000	
				短期借款	市建行		40 000
05	02	银付1	提现	库存现金		2 000	
				银行存款			2 000
05	02	现付1	预付差旅费	其他应收款	李伟	600	
				库存现金			600
05	03	银付2	归还前欠购材料款	应付账款	天顺公司	25 000	
				银行存款			25 000
05	03	银收3	收回海达公司欠款	银行存款		10 000	
				应收账款	海达公司		10 000
05	04	银付3	购买A材料	在途物资	A材料	90 000	
				应交税费	应交增值税(进项税额)	11 700	
				银行存款			101 700
05	04	转1	生产领用A材料	生产成本	甲产品	12 000	
				原材料	A材料		12 000
05	05	转2	A材料验收入库	原材料	A材料	90 000	
				在途物资	A材料		90 000
05	05	银付4	归还欠款	应付账款	吉利公司	6 000	
				银行存款			6 000
05	06	银付5	购买设备	固定资产		8 000	
				银行存款			8 000
05	07	转3	销售甲产品款未收	应收账款	海达公司	45 200	
				主营业务收入	甲产品		40 000
				应交税费	应交增值税(销项税额)		5 200
05	12	银付6	购买A材料	在途物资	A材料	30 000	
				应交税费	应交增值税(进项税额)	3 900	
				银行存款			33 900
05	12	转4	报销差旅费	管理费用	差旅费	450	
				其他应收款	李伟		450
05	12	现收1	报销差旅费交回余款	库存现金		150	
				其他应收款	李伟		150
05	15	银收4	收回海达公司欠款	银行存款		45 200	
				应收账款	海达公司		45 200

(续表)

2019年		凭证字号	摘要	一级科目	明细科目	借方金额	贷方金额
月	日						
05	15	转5	甲产品完工入库	库存商品	甲产品	30 000	
				生产成本	甲产品		30 000
05	15	现付2	购买办公用品	制造费用	办公费	300	
				管理费用	办公费	100	
				库存现金			400
05	15	银付7	缴纳税金	应交税费	应交所得税	10 000	
				银行存款			10 000

(1) 汇总付款凭证的编制。汇总收款凭证按"库存现金""银行存款"账户的借方科目设置，定期根据收款凭证贷方科目归类汇总、月终结出合计数，据以登记总账（见表8-26和表8-27）。

表 8-26　　　　　　　　　　　汇总收款凭证
借方科目：库存现金　　　　　　2019年05月　　　　　　　现汇收第1号

贷方科目	金额			总账页数	
	1日至15日	16日至31日	合计	借方	贷方
银行存款	2 000			（略）	（略）
其他应收款	150				
合　计	2 150				

表 8-27　　　　　　　　　　　汇总收款凭证
借方科目：银行存款　　　　　　2019年05月　　　　　　　银汇收第1号

贷方科目	金额			总账页数	
	1日至15日	16日至31日	合计	借方	贷方
实收资本	60 000			（略）	（略）
短期借款	40 000				
应收账款	55 200				
合　计	155 200				

(2) 汇总付款凭证的编制。汇总付款凭证按"库存现金""银行存款"账户的贷方科目设置，定期根据付款凭证借方科目归类汇总、月终结出合计数，据以登记总账（见表8-28和表8-29）。

表 8-28　　　　　　　　　　　　　　汇总付款凭证

贷方科目：库存现金　　　　　　　2019 年 05 月　　　　　　　　　　现汇付第 1 号

借方科目	金额			总账页数	
	1日至15日	16日至31日	合计	借方	贷方
其他应收款	600			(略)	(略)
制造费用	300				
管理费用	100				
合　　计	1 000				

表 8-29　　　　　　　　　　　　　　汇总付款凭证

贷方科目：银行存款　　　　　　　2019 年 05 月　　　　　　　　　　银汇付第 1 号

借方科目	金额			总账页数	
	1日至15日	16日至31日	合计	借方	贷方
库存现金	2 000			(略)	(略)
应付账款	31 000				
在途物资	120 000				
应交税费	25 600				
固定资产	8 000				
合　　计	186 600				

（3）汇总转账凭证的编制。汇总转账凭证按每一贷方科目设置，并根据转账凭证的借方归类，定期归类汇总、月终结出合计数，据以登记总账。如果发现多借多贷或一借多贷的会计分录，应分解为一借一贷的会计分录（见表 8-30，其他从略）。

表 8-30　　　　　　　　　　　　　　汇总转账凭证

贷方科目：在途物资　　　　　　　2019 年 05 月　　　　　　　　　　转汇第 1 号

借方科目	金额			总账页数	
	1日至15日	16日至31日	合计	借方	贷方
原材料	90 000			(略)	(略)
合　　计	90 000				

第五步，根据编制的汇总记账凭证登记总分类账（见表 8-31 至表 8-33，其他从略）。

表 8-31　　　　　　　　　　　　　　总 分 类 账

账户名称：库存现金

2019 年		凭证号数	摘要	借方	贷方	借或贷	余额
月	日						
05	01		期初余额			借	10 000
05	15	现汇收 1	1～15日汇总过入	2 150			
05	15	现汇付 1	1～15日汇总过入		1 000		

表 8-32　　　　　　　　　　　总 分 类 账

账户名称:银行存款

2019年		凭证号数	摘　要	借方	贷方	借或贷	余额
月	日						
05	1		期初余额			借	100 000
05	15	银汇收1	1~15日汇总过入	155 200			
05	15	银汇付1	1~15日汇总过入		191 400		

表 8-33　　　　　　　　　　　总 分 类 账

账户名称:在途物资

2019年		凭证号数	摘　要	借方	贷方	借或贷	余额
月	日						
05	15	银汇付1	1~15日汇总过入	120 000			
05	15	转汇1	1~15日汇总过入		90 000		

第六步和第七步,同[例8-1]的第五步和第六步(略)。

如何编制汇总记账凭证?

模 块 测 试

参考答案

一、单项选择题

1. 在会计核算中,填制和审核会计凭证、根据会计凭证登记账簿、根据账簿记录编制会计报表,这个过程的步骤以及三者的结合方式称为(　　)。
   A. 会计凭证传递　　　　　　　　B. 会计账簿组织
   C. 会计工作组织　　　　　　　　D. 会计核算程序

2. 科目汇总表核算程序与汇总记账凭证核算程序的共同优点是(　　)。
   A. 保持科目之间的对应关系　　　B. 简化总分类账登记工作
   C. 进行发生额试算平衡　　　　　D. 总括反映同类经济业务

3. 科目汇总表核算程序适用于(　　)的单位。
   A. 规模小、业务较少　　　　　　B. 规模小、业务较多
   C. 规模大、业务较多　　　　　　D. 规模大、业务较少

4. 各种账务处理程序的主要区别在于(　　)。
   A. 汇总的记账凭证不同　　　　　B. 登记总账的依据不同
   C. 汇总的凭证格式不同　　　　　D. 节省工作时间不同

5. (　　)账务处理程序的特点是根据记账凭证直接登记总账。

A. 记账凭证 B. 汇总记账凭证
C. 科目汇总表 D. 原始凭证

6. ( )是一种最基本的核算程序,也是其他核算程序的基础。
A. 记账凭证核算程序 B. 科目汇总表核算程序
C. 汇总记账凭证核算程序 D. 日记总账核算程序

7. 科目汇总表的汇总范围是( )。
A. 全部科目的借方余额 B. 全部科目的贷方余额
C. 全部科目的借贷方发生额 D. 部分科目的借贷方发生额

8. 科目汇总表的缺点是不能反映( )。
A. 账户借方、贷方发生额 B. 账户借方、贷方余额
C. 账户对应关系 D. 各账户借方、贷方发生额合计

9. 汇总转账凭证的设置科目是( )。
A. "库存现金" B. "银行存款"
C. 所有凭证贷方科目 D. 所有转账凭证贷方科目

二、多项选择题

1. 目前,我国常用的账务处理程序有( )。
A. 记账凭证核算程序 B. 科目汇总表核算程序
C. 汇总记账凭证核算程序 D. 日记总账核算程序

2. 下列各项中,属于记账凭证的有( )。
A. 转账凭证 B. 收款凭证
C. 科目汇总表 D. 汇总记账凭证

3. 记账凭证账务处理程序与汇总记账凭证账务处理程序的区别有( )。
A. 原始凭证的种类不同 B. 记账凭证的种类不同
C. 明细账簿的记账依据不同 D. 总账的记账依据不同

4. 汇总记账凭证一般分为( )。
A. 汇总收款凭证 B. 汇总付款凭证
C. 原始凭证汇总表 D. 汇总转账凭证

5. 总账记账的依据有( )。
A. 记账凭证 B. 明细账
C. 科目汇总表 D. 汇总记账凭证

6. 各种账务处理程序的相同之处表现为( )。
A. 登记现金、银行存款日记账的依据和方法相同
B. 登记明细账的依据和方法相同
C. 登记总账的依据和方法相同
D. 编制会计报表的依据和方法相同

7. 采用科目汇总表账务处理程序时,月末应将( )与总分类账进行核对。
A. 现金日记账 B. 明细分类账
C. 汇总记账凭证 D. 银行存款日记账

8. 记账凭证账务处理程序适用于( )的单位。

A. 规模较大　　　　　　　　　　B. 规模较小
C. 凭证不多　　　　　　　　　　D. 所用会计科目较多

9. 账务处理程序是指(　　)结合的方式。
A. 会计报表　　B. 会计账簿　　C. 会计凭证　　D. 原始凭证

10. 科目汇总表核算程序的特点有(　　)。
A. 能够减少登记总账的工作量
B. 不能反映账户间的对应关系
C. 能反映各账户一定时期内的借方本期发生额和贷方本期发生额
D. 适用于业务量较大、记账凭证较多的企业

11. 下列账务处理程序中,能够起到简化登记分类账工作的账务处理程序的有(　　)。
A. 汇总记账凭证　　B. 记账凭证　　C. 科目汇总表　　D. 日记总账

12. 生产规模较大、业务较多的企业可以采用(　　)账务处理程序。
A. 汇总记账凭证　　　　　　　　B. 记账凭证
C. 科目汇总表　　　　　　　　　D. 多栏式日记账

三、判断题

1. 在不同的账务处理程序下,各种会计核算程序的根本区别在于会计报表的编制依据不同。(　　)

2. 记账凭证账务处理程序登记账簿的工作量大,适用于规模较大经济业务较复杂的企业。(　　)

3. 汇总转账凭证是按每一贷方科目分别设置的记账凭证。(　　)

4. 科目汇总表账务处理程序是以科目汇总表为依据直接登记总账和明细账。(　　)

5. 汇总记账凭证账务处理程序的优点之一是汇总记账凭证反映了科目之间的对应关系。(　　)

6. 由于各企业的业务性质、规模大小、业务繁简程度不同,所以其采用的账务处理程序也就有所不同。(　　)

7. 科目汇总表账务处理程序的优点之一是科目汇总表能反映科目之间的对应关系。(　　)

8. 记账凭证账务处理程序是各种账务处理程序中最基本的一种账务处理程序。(　　)

9. 汇总记账凭证账务处理程序和科目汇总表账务处理程序都有利于简化总账的登记工作。(　　)

10. 编制科目汇总表,虽然不能反映账户之间的对应关系,但可以起到试算平衡的作用。(　　)

11. 汇总记账凭证账务处理程序增加了填制汇总记账凭证的工作程序,增加了总账的登记工作量。(　　)

12. 在记账凭证账务处理程序下,需要设置银行存款日记账,一般采用三栏式、多栏式和数量金额式的账页格式。(　　)

四、业务处理题

1. 广西美达服装有限责任公司 2019 年 5 月 1 日总账与所属明细账余额如表 8-34 所示。

表 8-34   总账与所属明细账期初余额
2019 年 05 月 01 日   单位:元

资产	金额	权益	金额
库存现金	20 000	短期借款	100 000
银行存款	200 000	应交税费	15 000
		——应交增值税	15 000
应收账款	35 000	应付账款	36 000
——大化公司	5 000	——711 厂	36 000
——大发公司	30 000		
材料采购	28 000	实收资本	704 000
原材料	10 000		
——甲材料	10 000		
生产成本	42 000		
库存商品	70 000		
——A 产品	20 000		
——B 产品	50 000		
固定资产	450 000		
合 计	855 000		855 000

要求:登记账簿的月初余额。

2. 广西美达服装有限责任公司 2019 年 5 月发生如下经济业务(并取得有关原始凭证):

(1) 1 日,收到东方公司投入资本金 75 000 元,已存入开户银行。

(2) 2 日,向市工行银行借入期限为 9 个月的短期借款 60 000 元,已存入银行。

(3) 3 日,用银行存款 1 500 元缴纳上月应交增值税。

(4) 4 日,用银行存款支付前欠 711 厂货款 36 000 元。

(5) 5 日,购入甲材料 500 千克,单价为 40 元,共计 20 000 元,增值税进项税额为 2 600 元,已经用银行存款付清,材料已验收入库。

(6) 6 日,以现金支付本公司产品广告费 1 000 元。

(7) 7 日,用现金支付车间劳动保护用品费 2 000 元.

(8) 8 日,购入不需安装设备一台,买价为 50 000 元,支付增值税 6 500 元和运费 1 500 元,款项均以银行存款支付。

(9) 9 日,仓库发出甲材料 610 千克,单价为 40 元。其中 300 千克用于制造 A 产品,200 千克用于制造 B 产品,50 千克用于车间一般性消耗,60 千克用于行政管理部门。

(10) 10 日,预提本月应负担的短期借款利息 500 元。

(11) 11 日,采购员马红因出差借支差旅费 2 000 元,以现金支付。

(12) 12 日,马红出差回来,报销差旅费 1 800 元,余款 200 元收回。

(13) 13 日,从银行提取现金 70 000 元,备发工资。

(14) 13 日,以现金发放本月职工工资 70 000 元。

(15) 14 日,接开户银行通知,已收到大发公司前欠货款 30 000 元。

(16) 15 日,根据购销合同规定,向北方公司预收货款 40 000 元,已存入开户银行。

(17) 16 日,售给东新公司 A 产品 80 000 元,B 产品 65 000 元,销项税额为 18 850 元,款

项已收存银行。

（18）31日，本月工资结算情况如下：A产品生产工人工资30 000元，B产品生产工人工资25 000元，车间管理人员工资5 000元，行政管理人员工资10 000元。

（19）31日，计提本月份固定资产折旧5 000元，其中车间计提2 600元，厂部计提2 400元。

（20）31日，以现金支付应由本月厂部负担的财产保险费400元，应由车间负担的报刊订阅费200元。

（21）31日，结转本月发生的制造费用，其中A产品6 000元，B产品5 800元。

（22）31日，本月生产A产品4 000件全部完工入库，结转其实际生产成本80 000元。

（23）31日，结转已售A、B产品的生产成本，A、B产品的生产成本分别为50 000元、45 000元。

（24）31日，结转各收入类账户到"本年利润"账户。

（25）31日，结转各费用类账户到"本年利润"账户。

（26）31日，计算本月应交所得税。

要求：根据上述经济业务填制记账凭证。

3. 承业务处理题1、2资料。

要求：根据已编制的记账凭证登记现金日记账和银行存款日记账。

4. 承业务处理题1、2资料。

要求：根据以上已编制的记账凭证，编制科目汇总表。

5. 承业务处理题1～4资料。

要求：根据已编制的科目汇总表，登记以上业务所涉及的总账。

模块 9

编制财务会计报告

[考核目标] 本模块是会计核算工作的最后一个步骤。通过本模块的学习,学生应了解财务会计报告的概念、种类、作用及编制要求,重点掌握资产负债表和利润表的结构、内容,以及运用会计报表的专门编制方法,对有关数据进行分析、计算,完成资产负债表和利润表的编制。

[实践目标] 教师通过布置编制财务会计报告的案例,让学生独立进行实际操作,熟悉财务会计报告的编制,达到独立完成资产负债表与利润表的编制目标。

[知识点思维导图]

```
                    ┌─ 识别财务会计报告 ┬─ 财务会计报告的核心内容及作用
                    │                   ├─ 会计报表及其构成
                    │                   └─ 会计报表的种类及审核要求
                    │
编制财务会计报告 ┤─ 编制资产负债表 ┬─ 资产负债表的概念、作用、结构和内容
                    │                   └─ 资产负债表编制技术应用
                    │
                    ├─ 编制利润表 ┬─ 利润表的概念、作用、结构和内容
                    │              └─ 利润表编制技术应用
                    │
                    └─ 编制现金流量表 ┬─ 现金流量表的概念和作用
                                       └─ 现金流量表的结构和内容
```

任务 9.1 识别财务会计报告

活动 9.1.1 财务会计报告的核心内容及作用

一、财务会计报告的核心内容

财务会计报告是企业会计核算的最终成果,是企业对外提供财务会计信息的主要载体。甚至可以说,企业的日常会计核算工作都是为期末编制财务会计报告积累资料和做好前期准

备工作。企业外部利益关系人(投资者、债权人和政府管理部门等)了解企业的财务状况、经营成果和现金流量等方面信息的主要渠道就是企业对外提供的财务会计报告。

为了规范企业财务会计报告、保证财务会计报告的真实完整,我国于 2006 年 2 月 15 日颁布的《企业会计准则——基本准则》第四十四条对财务会计报告作了如下规定:"财务会计报告是指企业对外提供的反映企业某一特定日期的财务状况和某一会计期间的经营成果、现金流量等会计信息的文件。财务会计报告包括会计报表及其附注和其他应当在财务会计报告中披露的相关信息和资料。会计报表至少应当包括资产负债表、利润表、现金流量表等报表。"

由此可见,企业财务会计报告的核心内容是会计报表,本模块重点介绍会计报表的作用、种类和主要报表的编制,其他内容将在后续的专业会计课程中介绍。

二、财务会计报告的作用

会计工作的目的就是向单位的管理者和决策者提供有用的会计信息。虽然会计人员已对单位日常发生的经济业务在会计凭证和账簿中作了连续、系统、全面的记录,但这些记录仍不能集中、概括、相互联系地反映单位经济活动的全貌,不能满足信息使用者的需要。为此,会计人员还需要进一步对核算资料按照一定的要求和格式进行加工整理,财务会计报告就成了为人们提供会计信息的"商业语言"载体,其具体作用表现在以下几个方面:

(1) 为内部的经营管理者进行日常经营管理提供依据。
(2) 为现时的和潜在的投资者作出投资决策提供依据。
(3) 为债权人和银行观察单位的资金运转情况和判断偿债能力提供依据。
(4) 为财政、工商、税务、审计等部门实施检查、监督管理提供依据。

为什么企业要编制财务会计报告?

活动 9.1.2 会计报表及其构成

会计报表是财务会计报告的主干部分,是以企业的会计凭证、会计账簿和其他会计资料为依据,按照规定的格式、内容和填报要求定期编制并对外报送的,以货币作为计量单位,总括地反映企业的财务状况、经营成果和现金流量的书面报告文件。由于它一般是以表格的形式简明扼要地体现出来,因而称为会计报表(也称为财务报表)。《企业会计准则第 30 号——财务报表列报》规定,财务报表至少应当包括资产负债表、利润表、现金流量表、所有者权益(或股东权益)变动表和附注。其中,资产负债表是指反映企业在某一特定日期的财务状况的会计报表;利润表是指反映企业在一定会计期间的经营成果的会计报表;现金流量表是指反映企业在一定会计期间的现金流量和现金等价物流入和流出的情况的会计报表;所有者权益变动表是指反映企业在一定会计期间所有者(股东)权益各项目的增减变动情况的会计报表;附注是指对在会计报表中列示项目所作的进一步说明,以及对未能在这些报表中列示项目的说明等。

财务会计报告由哪几项内容构成？

活动 9.1.3　会计报表的种类及审核要求

一、会计报表的种类

（一）按照反映的经济内容不同，会计报表分为静态会计报表和动态会计报表

静态会计报表：提供的是时点数据，如资产负债表。

动态会计报表：提供的是期间数据，如利润表和现金流量表。

（二）按照报送对象不同，会计报表分为对外会计报表和对内会计报表

对外会计报表：是按规定必须向政府有关部门、单位投资者和债权人等报送的会计报表，如资产负债表、利润表和现金流量表等。

对内会计报表：是单位根据内部经营管理需要自行设计、填制的会计报表，一般不对外公开，如反映本单位收支情况的"主营业务收支明细表"和反映成本、费用情况的"产品生产成本表"等。

（三）按照编制时间不同，会计报表分为年度会计报表和中期会计报表

年度会计报表：又称年报，在年度终了时编制，用来总括反映企业年度终了时的财务状况和全年经营成果情况的会计报表，如资产负债表、利润表和现金流量表。

中期会计报表：又称中报，在年度中期（如季度、月度）时编制，用来总括反映企业会计年度中期的财务状况和经营成果情况的会计报表，如每月必须编制的资产负债表和利润表。

二、会计报表的审核要求

编制会计报表是一项严肃的工作，编报单位必须以保证质量为前提，才能使所提供的会计信息准确、及时和有用。为此，会计报表的审核必须符合以下各项要求。

（一）数字真实

会计报表必须根据登记完整、核对无误、计算准确的账簿记录进行编制，如实反映单位的经济活动情况。只有依据真实的报表资料，才能作出正确的经营决策，不得任意估算数字和弄虚作假。

（二）内容完整

会计报表必须按照统一规定的种类和内容填报，不得遗漏。不论是表内项目还是附注资料，都要填列齐全。如果报表内容不全，就无法在年度之间和企业之间进行纵向和横向的比较。

（三）计算准确

会计报表上的各项指标应按照《小企业会计准则》《企业会计准则》等相关法规制度中规定的口径和计算方法填列，不得任意添加、删减各项指标和更改计算方法。

（四）编报及时

会计报表必须根据财务制度规定的期限如期编制、及时对外报送，以满足各方面对会计报表资料的需要。单位应按月、按季、按半年、按年及时对外报送会计报表。

会计报表的报送期限,由国家统一加以规定,具体如下:

(1) 月度会计报表应于月度终了后6天内(节假日顺延,下同)对外提供。

(2) 季度会计报表应于季度终了后15天内对外提供。

(3) 半年度会计报表应于年度中期结束后60天内(相当于2个连续的月份)对外提供。

(4) 年度会计报表应于年度终了后4个月内对外提供。

政府预算会计的财务会计报告是反映行政单位财务状况和预算执行结果等的书面文件,由会计报表及其附注构成。会计报表包括资产负债表、收入支出表、财政拨款收入支出表等。

1. 财务会计报告就是指会计报表吗?
2. 年度、月度报表是哪些?
3. 企业的会计报表应向哪些部门报送?

任务9.2 编制资产负债表

活动9.2.1 资产负债表的概念、作用、结构和内容

一、资产负债表的概念

资产负债表是反映企业某一特定日期(如月末、季末、年末等)财务状况的会计报表。它是根据"资产=负债+所有者权益"这一会计等式,依照一定的分类标准和顺序,将企业在一定日期的全部资产、负债和所有者权益项目进行适当分类、汇总、排列后编制而成的。它是企业对外提供的基本会计报表之一,每一个会计主体都必须按期编制资产负债表。

二、资产负债表的作用

资产负债表具有如下作用:

(1) 通过编制资产负债表,可以反映企业资产的构成及其状况,分析企业在某一日期所拥有的经济资源及其分布情况,帮助报表使用者全面了解企业的财务状况。

(2) 通过编制资产负债表,可以反映企业某一日期的负债总额及其结构,分析企业目前与未来需要支付的债务数额,分析企业的债务偿还能力。

(3) 通过编制资产负债表,可以反映企业所有者权益的情况,了解企业现有的投资者在企业资产总额中所占的份额,为未来的经济决策提供参考信息。

三、资产负债表的结构和内容

资产负债表按其结构分为报告式资产负债表和账户式资产负债表。

(一)报告式资产负债表

它是将资产负债表的项目自上而下排列,首先列示资产的数额,其次列示负债的数额,最后再列示所有者权益的数额。其格式如表 9-1 所示。

表 9-1　　　　　　　　　　　　资产负债表(报告式)

资产	
流动资产	××××
长期股权投资	××××
固定资产	××××
无形资产	××××
其他资产	××××
资产合计	××××
负债	
流动负债	××××
长期负债	××××
负债合计	××××
所有者权益	
实收资本	××××
资本公积	××××
盈余公积	××××
未分配利润	××××
所有者权益合计	××××

(二)账户式资产负债表

它是将资产和权益分为左方和右方,左方列示资产各项目,右方列示负债和所有者权益各项目,资产各项目的总计等于负债和所有者权益各项目的总计。账户式资产负债表能够反映资产、负债和所有者权益的内在关系。

在我国,资产负债表采用账户式,通常包括表头、表身和表尾。表头主要包括资产负债表的名称、编制单位、编制日期和金额单位;表身包括各项资产、负债和所有者权益的年初余额和期末余额,是资产负债表的主要部分;表尾主要包括补充资料等。资产负债表的基本格式见表 9-2。

表 9-2　　　　　　　　　　　　资　产　负　债　表　　　　　　　　　　　会企 01 表
编制单位:　　　　　　　　　　　＿＿年＿＿月＿＿日　　　　　　　　　　　　单位:元

资产	期末余额	上年年末余额	负债和所有者权益(或股东权益)	期末余额	上年年末余额
流动资产:			流动负债:		
货币资金			短期借款		
交易性金融资产			交易性金融负债		
衍生金融资产			衍生金融负债		
应收票据			应付票据		
应收账款			应付账款		
应收款项融资			预收账款		
预付账款			合同负债		
其他应收款			应付职工薪酬		

(续表)

资产	期末余额	上年年末余额	负债和所有者权益(或股东权益)	期末余额	上年年末余额
存货			应交税费		
合同资产			其他应付款		
持有待售资产			持有待售负债		
一年内到期的非流动资产			一年内到期的非流动负债		
其他流动资产			其他流动负债		
流动资产合计			流动负债合计		
非流动资产：			非流动负债：		
债权投资			长期借款		
其他债权投资			应付债券		
长期应收款			其中:优先股		
长期股权投资			永续债		
其他权益工具投资			租赁负债		
其他非流动金融资产			长期应付款		
投资性房地产			预计负债		
固定资产			递延收益		
在建工程			递延所得税负债		
生产性生物资产			其他非流动负债		
油气资产			非流动负债合计		
使用权资产			负债合计		
无形资产			所有者权益(或股东权益)：		
开发支出			实收资本(或股本)		
商誉			其他权益工具		
长期待摊费用			其中:优先股		
递延所得税资产			永续债		
其他非流动资产			资本公积		
非流动资产合计			减:库存股		
			其他综合收益		
			专项储备		
			盈余公积		
			未分配利润		
			所有者权益(或股东权益)合计		
资产总计			负债和所有者权益(或股东权益)总计		

活动 9.2.2 资产负债表编制技术应用

一、时间的填列

资产负债表是静态报表，反映的是某一时点企业的财务状况，因此在时间上必须是具体的编报日期；资产负债表的日期填列为报告期中某一天的日期，如某年某月某日，一般为月末、季末、半年末和年末最后一天。

二、"年初余额"栏的填列

资产负债表各项目的"年初余额"栏内的数字,应根据上年年末资产负债表"期末余额"栏内所列数字填列。若本年度资产负债表规定的各项目的名称和内容与上一年度不一致,应对上年年末资产负债表各项目的名称和数字按照本年度的规定进行调整后,填入表中的"年初余额"。

三、"期末余额"栏的填列

(一)资产类项目

(1)"货币资金"项目,应根据"库存现金""银行存款""其他货币资金"科目期末余额合计数填列。

(2)"交易性金融资产"项目,应根据"交易性金融资产"科目的相关明细科目期末余额填列。

(3)"衍生金融资产"项目,应根据"衍生金融资产"科目的期末余额填列。

(4)"应收票据"项目,应根据"应收票据"科目的期末余额,减去"坏账准备"科目中相关坏账准备后的金额分析填列。

(5)"应收账款"项目,应根据"应收账款""预收账款"科目所属各明细科目的期末借方余额合计,减去"坏账准备"科目中相关坏账准备期末余额后的金额填列。如"应收账款"科目所属明细科目期末有贷方余额的,应在本表"预收款项"项目内填列。

(6)"应收款项融资"项目,反映资产负债表可以公允价值计量见其变动计入其他综合收益的应收票据和应收账款等。

(7)"预付款项"项目,应根据"预付账款""应付账款"科目所属各明细科目的期末借方余额,减去"坏账准备"科目中相关坏账准备期末余额后的金额填列。

(8)"其他应收款"项目,应根据"应收利息""应收股利""其他应收款"科目的期末余额合计数,减去"坏账准备"科目中相关计提的坏账准备期末余额后的金额填列。

(9)"存货"项目,应根据"受托代销商品""在途物资""原材料""库存商品""发出商品""委托加工物资""周转材料""低值易耗品""生产成本"等科目的期末余额合计,减去"受托代销商品款""存货跌价准备"科目期末余额后的金额填列。

(10)"合同资产"项目,应根据"合同资产"科目的相关明细科目期末余额,减去"合同资产减值准备"科目中相关的期末余额后的金额填列。

(11)"持有待售资产"项目,应根据"持有待售资产"科目的期末余额,减去"持有待售资产减值准备"科目的期末余额后的金额填列。

(12)"一年内到期的非流动资产"项目,应根据下一年要到期的"长期应收款"减去相应的"未实现融资收益""坏账准备"填列。

(13)"其他流动资产"项目,应根据除以上流动资产之外的有关科目的期末余额填列。

(14)"债权投资"项目,应根据"债权投资"科目的相关明细科目期末余额,并减去"债权投资减值准备"科目中相关减值准备的期末余额后的金额填列。

(15)"其他债权投资"项目,应根据"其他债权投资"科目的相关明细科目期末余额,并减去"其他债权投资减值准备"后的余额填列。

(16) "长期应收款"项目,应根据下一年不到期的"长期应收款"减去相应的"未实现融资收益""坏账准备"后的金额填列。

(17) "长期股权投资"项目,应根据"长期股权投资"科目的期末余额,减去"长期股权投资减值准备"科目期末余额后的金额填列。

(18) "其他权益工具投资"项目,应根据"其他权益工具投资"科目的期末余额填列。

(19) "投资性房地产"项目,应根据"投资性房地产"科目的期末余额,减去"投资性房地产累计折旧(摊销)""投资性房地产减值准备"科目期末余额后的金额填列。

(20) "固定资产"项目,应根据"固定资产"科目期末余额,减去"累计折旧""固定资产减值准备"科目的期末余额后的金额,以及"固定资产清理"科目的期末余额填列。

(21) "在建工程"项目,应根据"在建工程"科目期末余额,减去"在建工程减值准备"科目的期末余额后的金额,以及"工程物资"科目的期末余额,减去"工程物资减值准备"科目的期末余额后的金额填列。

(22) "使用权资产"项目,应根据"使用权资产"科目的期末余额,减去"使用权累计折旧""使用权资产准备"科目的期末余额后的金额填列。

(23) "无形资产"项目,应根据"无形资产"科目期末余额,减去"累计摊销""无形资产减值准备"科目期末余额后的金额填列。

(24) "开发支出"项目,应根据"研发支出"科目中所属的"资本化支出"明细科目期末余额填列。

(25) "商誉"项目,应根据"商誉"科目的期末余额填列。

(26) "长期待摊费用"项目,应根据"长期待摊费用"科目的期末余额填列。

(27) "递延所得税资产"项目,应根据"递延所得税资产"科目的期末余额填列。

(28) "其他非流动资产"项目,应根据除以上资产以外的其他非流动资产有关科目的期末余额填列。

(二) 负债类项目

(1) "短期借款"项目,应根据"短期借款"科目的期末余额填列。

(2) "交易性金融负债"项目,应根据"交易性金融负债"科目的相关明细科目的期末余额填列。

(3) "衍生金融负债"项目,应根据"衍生金融负债"科目的期末余额填列。

(4) "应付票据"项目,应根据"应付票据"科目的期末余额填列。

(5) "应付账款"项目,应根据"应付账款""预付账款"科目所属的相关明细科目的期末贷方余额的合计数填列。如"应付账款"科目所属明细科目期末有借方余额的,应在本表"预付款项"项目内填列。

(6) "预收款项"项目,应根据"预收账款""应收账款"科目所属各有关明细科目的期末贷方余额的合计数填列。如"预收账款"科目所属各明细科目期末有借方余额的,应在本表"应收账款"项目内填列。

(7) "合同负债"项目,应根据"合同负债"科目的相关明细科目期末余额分析填列。

(8) "应付职工薪酬"项目,应根据"应付职工薪酬"科目的期末余额填列。

(9) "应交税费"项目,应根据"应交税费"科目的期末贷方余额填列;如"应交税费"科目期末为借方余额,应以"—"号填列。

(10)"其他应付款"项目,应根据"其他应付款""应付利息""应付股利"科目的期末余额合计数填列。

(11)"持有待售负债"项目,应根据"持有待售负债"科目的期末余额填列。

(12)"一年内到期的非流动负债"项目,根据1年内到期的"长期借款""长期应付款""应付债券""预计负债"科目的余额填列。

(13)"其他流动负债"项目,根据除以上流动负债之外的其他流动负债科目的期末余额填列。

(14)"长期借款"项目,应根据"长期借款"科目的期末余额减去1年内到期部分的金额填列。

(15)"应付债券"项目,应根据"应付债券"科目的期末余额减去1年内到期部分的金额填列。

(16)"租赁负债"项目,应根据"租赁负债"科目的期末余额填列。

(17)"长期应付款"项目,应根据"长期应付款"科目的期末余额减去相关的"未确认融资费用"科目的期末余额,再减去1年内到期部分的金额后的金额,以及"专项应付款"科目的期末余额填列。

(18)"预计负债"项目,应根据"预计负债"科目的期末余额填列。

(19)"递延收益"项目,应根据"递延收益"科目的期末余额填列。

(20)"递延所得税负债"项目,应根据"递延所得税负债"科目的期末余额填列。

(21)"其他非流动负债"项目,应根据除"长期借款""应付债券"等负债以外的其他非流动负债的期末余额之合填列。

(三)所有者权益类项目

(1)"实收资本(或股本)"项目,应根据"实收资本(或股本)"科目的期末余额填列。

(2)"其他权益工具"项目,应根据"其他权益工具"科目的期末余额填列。

(3)"资本公积"项目,应根据"资本公积"科目的期末余额填列。

(4)"库存股"项目,应根据"库存股"科目的期末余额填列。

(5)"其他综合收益"项目,应根据"其他综合收益"科目的期末余额填列。

(6)"专项储备"项目,应根据"专项储备"科目的期末余额填列。

(7)"盈余公积"项目,应根据"盈余公积"科目的期末余额填列。

(8)"未分配利润"项目,应根据"本年利润""利润分配"科目的期末余额计算填列。若为未弥补的亏损,在本项目内以"—"号填列。

四、填列时其他注意事项

(1)按照《企业会计准则第14号——收入》(财会〔2017〕922号)的相关规定确认为资产的合同取得成本,应当根据"合同取得成本"科目的明细科目初始确认时摊销期限是否超过1年或一个正常营业周期,在"其他流动资产"或"其他非流动资产"项目中填列,已计提减值准备的,还应减去"合同取得成本减值准备"科目中相关的期末余额后的金额填列。

(2)按照《企业会计准则第14号——收入》(财会〔2017〕22号)的相关规定确认为资产的合同履约成本,应当根据"合同履约成本"科目的明细科目初始确认时摊销期限是否超过1年或一个正常营业周期,在"存货"或"其他非流动资产"项目中填列,已计提减值准备的,还应减去"合同履约成本减值准备"科目中相关的期末余额后的金额填列。

(3) 按照《企业会计准则第 14 号——收入》(财会〔2017〕22 号)的相关规定确认为资产的应收退货成本,应当根据"应收退货成本"科目是否在 1 年或一个正常营业周期内出售,在"其他流动资产"或"其他非流动资产"项目中填列。

(4) 按照《企业会计准则第 14 号——收入》(财会〔2017〕22 号)的相关规定确认为预计负债的应付退货款,应当根据"预计负债"科目下的"应付退货款"明细科目是否在 1 年或一个正常营业周期内清偿,在"其他流动负债"或"预计负债"项目中填列。

(5) 企业按照《企业会计准则第 22 号——金融工具确认和计量》(财会〔2017〕7 号)的相关规定对贷款承诺、财务担保合同等项目计提的损失准备,应当在"预计负债"项目中填列。

【例 9-1】 2019 年 5 月,广西美达服装有限责任公司科目余额表如表 9-3 所示。请按照编制资产负债表的方法,编制该公司 2019 年 5 月 31 日的资产负债表。

表 9-3

科 目 余 额 表

2019 年 05 月 单位:元

科目名称	期末余额	
	借方	贷方
库存现金	3 000	
银行存款	250 800	
应收账款	11 300	
坏账准备		500
其他应收款	1 500	
在途物资	98 000	
原材料	158 000	
生产成本	52 000	
库存商品	367 400	
固定资产	3 000 000	
累计折旧		278 200
在建工程	50 000	
短期借款		300 000
应付账款		152 000
应付职工薪酬		1 500
其他应付款		5 000
应交税费		36 000
应付利息		2 500
实收资本		3 000 000
资本公积		150 000
盈余公积		40 000
未分配利润		26 300
合计	3 992 000	3 992 000

广西美达服装有限公司编制的 2019 年 5 月 31 日的资产负债表如表 9-4 所示。

表 9-4　　　　　　　　　　　资　产　负　债　表　　　　　　　　　会企 01 表
编制单位：广西送达服装有限责任公司　　　2019 年 05 月 30 日　　　　　　　单位：元

资产	期末余额	上年年末余额	负债和所有者权益（或股东权益）	期末余额	上年年末余额
流动资产：		（略）	流动负债：		（略）
货币资金	253 800		短期借款	300 000	
交易性金融资产			交易性金融负债		
衍生金融资产			衍生金融负债		
应收票据			应付票据		
应收账款	10 800		应付账款	152 000	
应收款项融资			预收款项		
预付款项			合同负债		
其他应收款	1 500		应付职工薪酬	1 500	
存货	675 400		应交税费	36 000	
合同资产			其他应付款	7 500	
持有待售资产			持有待售负债		
一年内到期的非流动资产			一年内到期的非流动负债		
其他流动资产			其他流动负债		
流动资产合计	941 500		流动负债合计	497 000	
非流动资产：			非流动负债：		
债权投资			长期借款		
其他债权投资			应付债券		
长期应收款			其中：优先股		
长期股权投资			永续债		
其他权益工具投资			租赁负债		
其他非流动金融资产			长期应付款		
投资性房地产			预计负债		
固定资产	2 721 800		递延收益		
在建工程	50 000		递延所得税负债		
生产性生物资产			其他非流动负债		
油气资产			非流动负债合计		
使用权资产			负债合计	497 000	
无形资产			所有者权益（或股东权益）		
开发支出			实收资本（或股本）	3 000 000	
商誉			其他权益工具		
长期待摊费用			其中：优先股		
递延所得税资产			永续债		
其他非流动资产			资本公积	150 000	
非流动资产合计	2 771 800		减：库存股		
			其他综合收益		
			专项储备		
			盈余公积	40 000	
			未分配利润	26 300	
			所有权益（或股东权益）合计	3 216 300	
资产总计	3 713 300		负债和所有者权益（或股东权益）总计	3 713 300	

单位负责人：陈美　　　　　会计主管：李强　　　　　制表人：张军

表 9-4 中相关项目数据计算如下：

"货币资金"项目期末余额=3 000+250 800=253 800(元)
"应收账款"项目期末余额=11 300-500=10 800(元)
"其他应收款"项目期末余额=1 500(元)
"存货"项目期末余额=98 000+158 000+52 000+367 400=675 400(元)
"固定资产"项目期末余额=3 000 000-278 200=2 721 800(元)
"在建工程"项目期末余额=50 000(元)
"短期借款"项目期末余额=300 000(元)
"应付账款"项目期末余额=152 000(元)
"应付职工薪酬"项目期末余额=1 500(元)
"其他应付款"项目期末余额=5 000+2 500=7 500(元)
"应交税费"项目期末余额=36 000(元)
"实收资本"项目期末余额=3 000 000(元)
"资本公积"项目期末余额=150 000(元)
"盈余公积"项目期末余额=40 000(元)
"未分配利润"项目期末余额=26 300(元)

政府预算会计的资产负债表是反映行政单位在某一特定日期财务状况的报表。资产负债表应当按照资产、负债和净资产分类、分项列示。

1. 在编制资产负债表时编报时间应填月还是日?
2. 资产负债表可以反映企业的哪些情况?
3. 资产负债表应该按照哪些资料的数据填报?

任务9.3 编制利润表

活动9.3.1 利润表的概念、作用、结构和内容

一、利润表的概念

利润表是反映企业在一定会计期间经营成果的会计报表,即其实现的收入、发生的费用和利润(或亏损)形成情况的会计报表。其编制的理论依据是"利润=收入-费用"这一会计等式。

二、利润表的作用

利润表具有如下作用:
(1) 通过利润表,可以反映企业一定时期的利润形成过程及经营成果。

(2)通过利润表不同时期的数字比较,可以分析、预测企业的盈利能力和资金的运用效果。

(3)通过利润表,可以评价企业未来一定时期内的利润发展趋势,便于投资者和外部关系人作出正确的投资决策。

三、利润表的结构和内容

企业利润表的基本格式见表 9-5 所示。

表 9-5　　　　　　　　　　　利　润　表　　　　　　　　　　会企 02 表
编制单位：　　　　　　　　　　　___年___月　　　　　　　　　　　单位：元

项　目	本期金额	上期金额
一、营业收入		
减：营业成本		
税金及附加		
销售费用		
管理费用		
财务费用		
其中：利息费用		
利息收入		
加：其他收益		
投资收益（损失以"－"号填列）		
其中：对联营企业和合营企业的投资收益		
以摊余成本计量的金融资产终止确认收益（损失以"－"号填列）		
净敞口套期收益（损失以"－"号填列）		
公允价值变动收益（损失以"－"号填列）		
信用减值损失（损失以"－"号填列）		
资产减值损失（损失以"－"号填列）		
资产处置收益（损失以"－"号填列）		
二、营业利润（亏损以"－"号填列）		
加：营业外收入		
减：营业外支出		
三、利润总额（亏损总额以"－"号填列）		
减：所得税费用		
四、净利润（净亏损以"－"号填列）		
（一）持续经营净利润（净亏损以"－"号填列）		
（二）终止经营净利润（净亏损以"－"号填列）		
五、其他综合收益的税后净额		
（一）不能重分类进损益的其他综合收益		
1. 重新计量设定受益计划变动额		

(续表)

项 目	本期金额	上期金额
2. 双益法下不能转损益的其他综合收益		
3. 其他权益工具投资公允价值变动		
4. 企业自身信用风险公允价值变动		
……		
(二) 将重分类进损益的其他综合收益		
1. 权益法下可转损益的其他综合收益		
2. 其他债权投资公允价值变动		
3. 金融资产重分类计入其他综合收益的金额		
4. 其他债权投资信用减值准备		
5. 现金流量套期储备		
6. 外币财务报表折算差额		
……		
六、综合收益总额		
七、每股收益：		
(一) 基本每股收益		
(二) 稀释每股收益		

由表 9-5 可以看出利润表由表首和表体组成：表首概括说明报表名称、编制单位、编制时间、报表编号、货币名称、计量单位；表体是利润表的主体，反映形成经营成果的各个项目和计算过程。

在我国，企业利润表采用的是多步式结构。企业一般可以分以下几个步骤编制利润表：

第一步，计算营业利润。其计算公式如下：

营业利润＝营业收入－营业成本－税金及附加－销售费用－管理费用－研发费用－财务费用＋其他收益＋投资收益＋净敞口套期收益＋公允价值变动收益＋信用减值损失＋资产减值损失＋资产处置收益

第二步，计算利润总额。其计算公式如下：

利润总额＝营业利润＋营业外收入－营业外支出

第三步，计算净利润。其计算公式如下：

净利润＝利润总额－所得税费用

第四步，计算综合收益总额。其计算公式如下：

综合收益总额＝净利润＋其他综合收益的税后净额

活动 9.3.2 利润表编制技术应用

一、"上期金额"栏的填列

"上期金额"栏内各项数据，应根据上年该期利润表的"本期金额"栏的数据填列。

二、"本期金额"栏的填列

"本期金额"栏内各项数据,主要根据有关科目的本期发生额进行分析、计算填列。其主要项目的填制方法如下。

(一)"营业收入"项目

"营业收入"项目反映企业经营主要业务和其他业务所确认的收入总额。该项目应根据"主营业务收入""其他业务收入"科目的发生额分析计算填列。

(二)"营业成本"项目

"营业成本"项目反映企业经营主要业务和其他业务发生的实际成本总额,该项目应根据"主营业务成本""其他业务成本"科目的发生额分析计算填列。

(三)"税金及附加"项目

"税金及附加"项目反映企业经营业务应负担的消费税、城市维护建设税、资源税和教育费附加等。该项目应根据"税金及附加"科目的发生额分析填列。

(四)"销售费用"项目

"销售费用"项目反映企业在销售商品过程中发生的包装费、广告费等费用和为销售本企业商品而专设的销售机构的职工薪酬、业务费等经营费用。该项目应根据"销售费用"科目的发生额分析填列。

(五)"管理费用"项目

"管理费用"项目反映企业为组织和管理生产经营发生的管理费用。该项目应根据"管理费用"科目的发生额分析填列。

(六)"财务费用"项目

"财务费用"项目反映企业筹集生产经营所需资金等而发生的筹资费用。该项目应根据"财务费用"科目的发生额分析填列。

(七)"投资收益"项目

"投资收益"项目反映企业以各种方式对外投资所取得的收益。该项目应根据"投资收益"科目的发生额分析填列。该项目如为净损失,以"—"号填列。

(八)"营业外收入""营业外支出"项目

"营业外收入""营业外支出"项目反映企业发生的与其经营活动无直接关系的各项收入和支出。这两个项目分别根据"营业外收入""营业外支出"科目的发生额分析填列。

(九)"利润总额"项目

"利润总额"项目反映企业实现的利润总额。该项目如为亏损总额,以"—"号填列。

(十)"所得税费用"项目

"所得税费用"项目反映企业根据《企业会计准则第18号——所得税》确认的应从当期利润总额中扣除的所得税费用。该项目应根据"所得税费用"科目的发生额分析填列。

(十一)"净利润"项目

"净利润"项目反映企业实现的净利润。该项目如为亏损,以"—"号填列。

三、有关项目说明

(一)"研发费用"项目

该项目反映企业进行研究与开发过程中发生的费用化支出,以及计入管理费用的自行开发无形资产的摊销。该项目应根据"管理费用"科目下的"研究费用"明细科目的发生额,以及

"管理费用"科目下的"无形资产摊销"明细科目的发生额分析填列。

(二)"财务费用"项目下的"利息费用"项目

该项目反映企业为筹集生产经营所需资金等而发生的应予费用化的利息支出。该项目应根据"财务费用"科目的相关明细科目的发生额分析填列。该项目作为"财务费用"项目的其中项,以正数填列。

(三)"财务费用"项目下的"利息收入"项目

该项目反映企业按照相关会计准则确认的应冲减财务费用的利息收入。该项目应根据"财务费用"科目的相关明细科目的发生额分析填列。该项目作为"财务费用"项目的其中项,以正数填列。

(四)"其他收益"项目

该项目反映计入其他收益的政府补助,以及其他与日常活动相关且计入其他收益的项目。该项目应根据"其他收益"科目的发生额分析填列。企业作为个人所得税的扣缴义务人,根据《中华人民共和国个人所得税法》收到的扣缴税款手续费,应作为其他与日常活动相关的收益在该项目中填列。

(五)"以摊余成本计量的金融资产终止确认收益"项目

该项目反映企业因转让等情形导致终止确认以摊余成本计量的金融资产而产生的利得或损失。该项目应根据"投资收益"科目的相关明细科目的发生额分析填列;如为损失,以"一"号填列。

(六)"净敞口套期收益"项目

该项目反映净敞口套期下被套期项目,累计公允价值变动转入当期损益的金额或现金流量套期储备转入当期损益的金额。该项目应根据"净敞口套期损益"科目的发生额分析填列;如为套期损失,以"一"号填列。

(七)"信用减值损失"项目

该项目反映企业按照《企业会计准则第 22 号——金融工具确认和计量》(财会〔2017〕7 号)的要求计提的各项金融工具信用减值准备所确认的信用损失。该项目应根据"信用减值损失"科目的发生额分析填列。

(八)"资产处置收益"项目

该项目反映企业出售划分为持有待售的非流动资产(金融工具、长期股权投资和投资性房地产除外)或处置组(子公司和业务除外)时确认的处置利得或损失,以及处置未划分为持有待售的固定资产、在建工程、生产性生物资产及无形资产而产生的处置利得或损失。债务重组中因处置非流动资产(金融工具、长期股权投资和投资性房地产除外)产生的利得或损失和非货币性资产交换中换出非流动资产(金融工具、长期股权投资和投资性房地产除外)产生的利得或损失也包括在该项目内。该项目应根据"资产处置损益"科目的发生额分析填列;如为处置损失,以"一"号填列。

(九)"营业外收入"项目

该项目反映企业发生的除营业利润以外的收益,主要包括与企业日常活动无关的政府补助、盘盈利得、捐赠利得(企业接受股东或股东的子公司直接或间接的捐赠,经济实质属于股东对企业的资本性投入的除外)等。该项目应根据"营业外收入"科目的发生额分析填列。

(十)"营业外支出"项目

该项目反映企业发生的除营业利润以外的支出,主要包括公益性捐赠支出、非常损失、盘亏损失、非流动资产毁损报废损失等。该项目应根据"营业外支出"科目的发生额分析填列。非流动资产毁损报废损失通常包括因自然灾害发生毁损、已丧失使用功能等原因而报废清理产生的损失。企业在不同交易中形成的非流动资产毁损报废利得或损失不得相互抵销,应分别在"营业外收入"项目和"营业外支出"项目进行填列。

(十一)"(一)持续经营净利润"和"(二)终止经营净利润"项目

这两个项目分别反映净利润中与持续经营相关的净利润和与终止经营相关的净利润;如为净亏损,以"一"号填列。该两个项目应按照《企业会计准则第 42 号——持有待售的非流动资产、处置组和终止经营》的相关规定分别列报。

(十二)"其他权益工具投资公允价值变动"项目

该项目反映企业指定为以公允价值计量且其变动计入其他综合收益的非交易性权益工具投资发生的公允价值变动。该项目应根据"其他综合收益"科目的相关明细科目的发生额分析填列。

(十三)"企业自身信用风险公允价值变动"项目

该项目反映企业指定为以公允价值计量且其变动计入当期损益的金融负债,由企业自身信用风险变动引起的公允价值变动而计入其他综合收益的金额。该项目应根据"其他综合收益"科目的相关明细科目的发生额分析填列。

(十四)"其他债权投资公允价值变动"项目

该项目反映企业分类为以公允价值计量且其变动计入其他综合收益的债权投资发生的公允价值变动。企业将一项以公允价值计量且其变动计入其他综合收益的金融资产重分类为以摊余成本计量的金融资产,或重分类为以公允价值计量且其变动计入当期损益的金融资产时,之前计入其他综合收益的累计利得或损失从其他综合收益中转出的金额作为该项目的减项。该项目应根据"其他综合收益"科目下的相关明细科目的发生额分析填列。

(十五)"金融资产重分类计入其他综合收益的金额"项目

该项目反映企业将一项以摊余成本计量的金融资产重分类为以公允价值计量且其变动计入其他综合收益的金融资产时,计入其他综合收益的原账面价值与公允价值之间的差额。该项目应根据"其他综合收益"科目下的相关明细科目的发生额分析填列。

(十六)"其他债权投资信用减值准备"项目

该项目反映企业按照《企业会计准则第 22 号——金融工具确认和计量》(财会〔2017〕7 号)第十八条分类为以公允价值计量且其变动计入其他综合收益的金融资产的损失准备。该项目应根据"其他综合收益"科目下的"信用减值准备"明细科目的发生额分析填列。

(十七)"现金流量套期储备"项目

该项目反映企业套期工具产生的利得或损失中属于套期有效的部分。该项目应根据"其他综合收益"科目下的"套期储备"明细科目的发生额分析填列。

【例 9-2】 2019 年 5 月,广西美达服装有限责任公司损益类科目发生额如表 9-6 所示。请按照利润表的编制方法,编制该公司 2019 年 5 月的利润表(适用的企业所得税税率为 20%)。

表 9-6　　　　　　　　　　　　　损益类科目发生额
　　　　　　　　　　　　　　　　　2019 年 05 月　　　　　　　　　　　　　　　　　　　　单位:元

账户名称	本期发生额	
	借方	贷方
主营业务收入		800 000
其他业务收入		50 000
营业外收入		2 000
主营业务成本	560 000	
其他业务成本	45 000	
税金及附加	25 000	
管理费用	50 000	
销售费用	10 000	
财务费用	7 000	
其中:利息费用	7 500	
利息收入		500
资产减值损失	2 000	
投资收益		30 000
营业外支出	1 000	

广西美达服装有限责任公司编制的 2019 年 5 月的利润表如表 9-7 所示。

表 9-7　　　　　　　　　　　　　　利　润　表　　　　　　　　　　　　　　会企 02 表
编制单位:广西美达服装有限责任公司　　2019 年 05 月　　　　　　　　　　　　单位:元

项目	本期余额	上期余额
一、营业收入	850 000	(略)
减:营业成本	605 000	
税金及附加	25 000	
销售费用	10 000	
管理费用	50 000	
研发费用		
财务费用	7 000	
其中:利息费用	7 500	
利息收入	500	
加:其他收益		
投资收益(损失以"—"号填列)	30 000	
其中:对联营企业和合营企业的投资收益		
以摊余成本计量的金融资产终止确认收益(损失以"—"号填列)		
净敞口套期收益(损失以"—"号填列)		
公允价值变动收益(损失以"—"号填列)		
信用减值损失(损失以"—"号填列)		
资产减值损失(损失以"—"号填列)	−2 000	
资产处置收益(损失以"—"号填列)		

(续表)

项 目	本期余额	上期余额
二、营业利润(亏损以"-"号填列)	181 000	
加:营业外收入	2 000	
减:营业外支出	1 000	
三、利润总额(亏损总额以"-"号填列)	182 000	
减:所得税费用	36 400	
四、净利润(净亏损以"-"号填列)	145 600	
(一)持续经营净利润(净亏损以"-"号填列)		
(二)终止经营净利润(净亏损以"-"号填列)		
五、其他综合收益的税后净额		
(一)不能重分类进损益的其他综合收益		
1. 重新计量设定受益计划变动额		
2. 权益法下不能转损益的其他综合收益		
3. 其他权益工具投资公允价值变动		
4. 企业自身信用风险公允价值变动		
……		
(二)将重分类进损益的其他综合收益		
1. 权益法下可转损益的其他综合收益		
2. 其他债权投资公允价值变动		
3. 金融资产重分类计入其他综合收益的金额		
4. 其他债权投资信用减值准备		
5. 现金流量套期储备		
6. 外币财务报表折算差额		
……		
六、综合收益总额		
七、每股收益:		
(一)基本每股收益		
(二)稀释每股收益		

表 9-7 中相关项目数据计算如下:

营业收入＝800 000＋50 000＝850 000(元)
营业成本＝560 000＋45 000＝605 000(元)
所得税费用＝182 000×20%＝36 400(元)

1. 在编制利润表时编报时间应填月还是日?
2. 利润表可以反映企业哪些情况?
3. 利润表应该按照哪些资料的数据填报?

任务 9.4　编制现金流量表

活动 9.4.1　现金流量表的概念和作用

一、现金流量表的概念

现金流量表是指反映企业在一定会计期间的现金和现金等价物流入和流出的会计报表。

二、现金流量表的作用

现金流量表具有如下作用：

（1）通过编制现金流量表可以提供企业的现金流量信息，从而对企业整体财务状况作出客观评价。

（2）通过编制现金流量表可以对企业的支付能力、偿债能力和企业对外部资金的需求情况作出较为可靠的判断。

（3）通过编制现金流量表不但可以了解企业当前的财务状况，还可以预测企业未来的发展情况。

（4）通过编制现金流量表便于报表使用者评估报告期内与现金有关和无关的投资及筹资活动。

活动 9.4.2　现金流量表的结构

一、现金流量表的格式

企业的现金流量表的格式如表 9-8 所示。

表 9-8　　　　　　　　　　　　　现金流量表　　　　　　　　　　　会企 03 表
编制单位：　　　　　　　　　　　＿＿年＿＿月　　　　　　　　　　　单位：元

项　目	本期金额	上期金额
一、经营活动产生的现金流量：		
销售商品、提供劳务收到的现金		
收到的税费返还		
收到其他与经营活动有关的现金		
经营活动现金流入小计		
购买商品、接受劳务支付的现金		
支付给职工以及为职工支付的现金		
支付的各项税费		
支付其他与经营活动有关的现金		

(续表)

项　　目	本期金额	上期金额
经营活动现金流出小计		
经营活动产生的现金流量净额		
二、投资活动产生的现金流量：		
收回投资收到的现金		
取得投资收益收到的现金		
处置固定资产、无形资产和其他长期资产收回的现金净额		
处置子公司及其他营业单位收到的现金净额		
收到其他与投资活动有关的现金		
投资活动现金流入小计		
购建固定资产、无形资产和其他长期资产支付的现金		
投资支付的现金		
取得子公司及其他营业单位支付的现金净额		
支付其他与投资活动有关的现金		
投资活动现金流出小计		
投资活动产生的现金流量净额		
三、筹资活动产生的现金流量：		
吸收投资收到的现金		
取得借款收到的现金		
收到其他与筹资活动有关的现金		
筹资活动现金流入小计		
偿还债务支付的现金		
分配股利、利润或偿付利息支付的现金		
支付其他与筹资活动有关的现金		
筹资活动现金流出小计		
筹资活动产生的现金流量净额		
四、汇率变动对现金及现金等价物的影响		
五、现金及现金等价物净增加额		
加：期初现金及现金等价物余额		
六、期末现金及现金等价物余额		

二、有关项目说明

企业实际收到的政府补助,无论是与资产相关还是与收益相关,均在"收到其他与经营活动有关的现金"项目填列。

1. 现金流量表可以反映企业哪些情况?
2. 在什么情况下需要编制现金流量表?

模 块 测 试

参考答案

一、单项选择题

1. 在资产负债表中,各项目数字的直接来源是( )。
   A. 原始凭证　　　　　　　　　B. 记账凭证
   C. 有关账户的本期发生额　　　D. 有关账户的期末余额
2. 与计算"营业利润"项目无关的项目是( )。
   A. "销售费用"　　　　　　　　B. "投资收益"
   C. "其他业务利润"　　　　　　D. "资产减值损失"
3. 在利润表中,各项目形成的基础是( )。
   A. 资产负债表项目的本期发生额
   B. 资产负债表项目的期末余额
   C. 收入、成本费用类账户的本期发生额
   D. 收入、成本费用类账户的期末余额
4. 我国利润表的结构是( )。
   A. 单步式　　B. 账户式　　C. 多步式　　D. 报告式

二、多项选择题

1. 下列各项中,属于企业会计报表的有( )。
   A. 利润表　　　　　　　　　　B. 现金流量表
   C. 产品生产表　　　　　　　　D. 资产负债表
2. 资产负债表的特点有( )。
   A. 反映会计主体某一特定日期的财务状况
   B. 反映会计主体某一特定时期的财务状况
   C. 对外报送的会计报表
   D. 内部管理使用的会计报表
3. 利润表可以反映出会计主体当期的( )。
   A. 收入结构　　　　　　　　　B. 资产结构
   C. 成本费用结构　　　　　　　D. 利润结构
4. 在利润表中,根据总账本期发生额直接填列的项目有( )。

A. "营业利润" B. "营业成本"
C. "管理费用" D. "投资收益"

三、判断题

1. 资产负债表是总括反映企业特定日期资产、负债和所有者权益情况的动态报表,通过它可以了解企业资产来源构成和承担的债务及资金的流动性和偿债能力。（ ）

2. 通过利润分配表,可以考核企业一定会计期间的经营成果,分析企业的盈利能力及未来发展趋势。（ ）

3. 会计报表附表主要有资产减值准备明细表、利润分配表、股东权益增减变动表、分部报表等,是对主要报表的必要补充。（ ）

4. 会计报表附注应当说明企业生产经营的基本情况、利润实现和分配情况、资金增减和周转情况,以及对企业财务状况、经营成果和现金流量有较大影响的其他事项等。（ ）

5. 年度、半年度、季度的企业财务会计报告包括会计报表、会计报表附注和财务情况说明书三项组成。（ ）

6. 净利润是指营业利润减去所得税后的净额。（ ）

7. 营业利润扣减管理费用、销售费用、财务费用和所得税费用后,可得到企业实现的净利润。（ ）

四、业务处理题

1. 广西美达服装有限责任公司 2019 年 7 月 31 日有关总账科目余额如表 9-9 所示。

表 9-9　　　　　　　　　　　　**科目余额表**

2019 年 07 月 31 日　　　　　　　　　　　　　　　　　　单位:元

科目名称	借方余额	科目名称	贷方余额
库存现金	70 400	短期借款	520 000
银行存款	630 000	应付账款	10 400
其他货币资金	200 000	其他应付款	2 600
应收账款	740 000	应交税费	5 000
其他应收款	11 600	长期借款	240 000
原材料	1 200 000	实收资本	5 000 000
库存商品	160 000	盈余公积	318 600
固定资产	3 700 000	利润分配——未分配利润	76 000
累计折旧	−800 000		
固定资产减值准备			
无形资产	260 000		
合计	6 172 000	合计	6 172 000

要求:根据上述资料编制广西美达服装有限责任公司 2019 年 7 月的资产负债表。

2. 广西美达服装有限责任公司 2019 年 7 月损益类科目发生额如表 9-10 所示(该公司按照 20% 的税率计算缴纳所得税)。

表 9-10　　　　　　　　　　损益类科目发生额
　　　　　　　　　　　　　　2019 年 07 月　　　　　　　　　　　　　　单位：元

账户名称	借方发生额	贷方发生额
主营业务收入		6 000 000
主营业务成本	3 000 000	
税金及附加	60 000	
销售费用	50 000	
管理费用	50 000	
财务费用	10 000	
资产减值损失	200 000	
投资收益		230 000
营业外收入		50 000
营业外支出	300 000	

要求：根据上述资料编制广西美达服装有限责任公司 2019 年 7 月的利润表。

模块 10

组织会计工作

[考核目标] 本模块主要介绍会计工作组织程序、会计机构的设置、会计人员的职责权限和会计人员的职业道德要求。通过本模块的学习,学生应了解会计法规在会计实践活动中的指导作用;初步掌握会计档案的构成与保管,重点理解和掌握会计人员的职责权限、会计人员的职业道德要求、会计工作组织形式、会计档案的构成与保管、会计监督体系的构成。

[实践目标] 教师通过布置会计工作组织的案例,让学生自觉遵守会计法规制度和会计职业道德、遵循会计基础工作规范、把握会计人员的职责权限。

[知识点思维导图]

组织会计工作
- 合理组织会计工作
  - 会计工作组织的意义
  - 会计工作组织的要求
- 设置会计工作
  - 会计机构的设置
  - 会计机构的任务和组织形式
  - 会计岗位责任制及监督体系
- 划分会计岗位
  - 会计人员的职责
  - 会计人员的职业道德要求
  - 会计人员的工作交换
- 保管会计档案
  - 会计档案的分类
  - 会计档案的归档与保管
  - 会计档案的销毁

任务 10.1 合理组织会计工作

会计工作组织是指如何安排、协调和管理好企业的会计工作。会计机构和会计人员是会计工作系统运行的必要条件,而会计法规是保证会计工作系统正常运行的必要的约束机制。

会计工作组织的内容主要包括:会计机构的设置、会计人员的配备、会计人员的职责权限、会计工作的规范、会计法规制度的制定、会计档案的保管、会计工作的电算化等。

活动 10.1.1　会计工作组织的意义

会计是一项复杂的、细致的、综合性的经济管理活动,而会计工作作为进行这一经济管理活动的系统,就必须合理、有序地组织系统的各部分并使之相互协调。所以,科学地组织会计工作具有十分重要的意义。

一、科学地组织会计工作,有利于保证会计工作的质量,提高会计工作的效率

会计反映的是社会再生产过程中各个阶段以货币表现的经济活动,具体表现为循环周转的资金运动和频繁发生的财务收支。会计工作要把这些财务收支和经济活动从凭证到账簿,从账簿到报表,连续地进行收集、记录、分类、汇总和分析等。这不但涉及复杂的计算,并且需要一系列的程序和手续,各个程序之间和各种手续之间,一环扣一环,联系密切。如果在任何一个环节出现差错或脱节,都会造成整个核算结果错误;如果没有专职的机构和办事人员,没有一套严密的工作制度和办事程序,就不能科学地组织会计工作,就不能很好地完成会计的任务,更谈不上提高会计工作效率了。

二、科学地组织会计工作,可以保证会计工作与其他经济管理工作协调一致

会计工作既独立于其他经济管理工作,又同它们存在着十分密切的联系。例如,会计工作既与国家宏观经济中的财政、税收、金融等有着密切的联系,又与各单位内部的计划、统计等工作密切联系。会计工作一方面能够促进其他经济管理工作;另一方面也需要其他管理工作的配合。会计工作必须服从国家的宏观经济政策,与之保持口径一致,同时也要与各单位的计划、统计工作之间保持协调关系。只有这样,才能相互促进,充分发挥会计工作的作用。

三、科学地组织会计工作,可以加强各单位内部的经济责任制

经济责任制是各经营单位实行内部控制和管理的重要手段,会计是经济管理的重要组成部分,必然要在贯彻经济责任制方面发挥重要的作用。实行内部经济控制离不开会计,如科学的经济预测、正确的经济决策和业绩评价考核等,都离不开会计工作的支持。科学地组织会计工作可以促进单位内部及有关部门有效利用资金,增收节支,提高管理水平,从而提高经济效益,加强各单位内部的经济责任制,为企业最大可能地创造利润。

此外,会计工作是一项政策性很强的工作,发挥会计监督的作用,认真贯彻执行国家的方针、政策和法令、制度,揭露和防止一切违法、违纪行为,也是会计工作的一项重要任务。因此,科学组织会计工作,对于贯彻执行国家方针、政策和法令、制度,维护财经纪律,建立良好的社会经济秩序具有重要意义。

会计工作组织的意义是什么?

活动 10.1.2　会计工作组织的要求

组织会计工作应遵循的要求是指组织会计工作必须遵循的管理工作的一般规律。它是做好会计工作、提高会计工作质量和效率必须遵守的原则。

会计工作的组织主要包括：会计机构的设置，会计人员的配备，会计法规、准则和制度的制定和执行，以及会计档案管理等。要组织好会计工作，应符合以下要求。

一、组织会计工作既要符合国家对会计工作的统一要求，又要适应各单位生产经营的特点

组织会计工作必须按照会计法规对会计工作的统一要求，贯彻执行国家的有关规定，进行会计核算，实行会计监督。只有按照统一要求组织会计工作，才能发挥会计工作在维护社会主义市场经济秩序、加强经济管理、提高经济效益中的作用。此外，各单位还必须结合自身的特点，制定具体办法和补充规定等。例如，在会计准则和制度的规定范围内，增设或合并一些会计科目，采用切合本单位实际的成本核算方法等。

二、组织会计工作既要保证核算工作的质量，又要节约人力、物力以提高工作效率

科学地组织会计工作，应在保证会计工作质量的前提下，尽可能地节约人力、物力，讲求工作效率。会计工作十分复杂，如果组织不好，就会造成重复劳动，造成资源浪费。因此，对会计管理程序的规定，所有会计凭证、账簿、报告的设计，会计机构的设置，以及会计人员的配置等，都应避免繁琐，力求精简。

三、组织会计工作既要保证贯彻整个单位的经济责任制，又要建立会计工作的责任制度

科学地组织会计工作，应在保证贯彻整个企业单位经济责任制的同时，建立和完善会计工作本身的责任制度，合理分工，建立会计岗位责任制，实现会计处理手续和会计工作程序的规范化，力求使每个岗位上的会计人员都能认真履行本岗位职责，同时各岗位应相互配合，共同做好本单位的会计工作。

会计工作组织的要求有哪些？

任务 10.2　设置会计机构

会计是一项复杂、细致的综合性经济管理活动。科学地组织好会计工作，有利于保证会计工作质量和提高会计工作效率；有利于与其他经济管理工作协调一致，提高企业管理水平；有

利于加强企业内部经济责任制；有利于维护财经法纪，贯彻国家的经济工作方针。会计工作组织，从广义上讲，包括组织会计工作有关的一切事情；从狭义上讲，应该包括会计机构的设置、会计人员的配备、会计法规的制定与执行、会计档案的保管等。

活动10.2.1　会计机构的设置

会计机构是专门从事和组织领导会计工作的职能部门。

建立和健全会计机构是保证会计工作顺利进行的重要条件，是落实我国《会计法》规定的需要；是履行会计职能，完成会计任务的需要。

一、会计机构的设置

各企业和行政、事业单位原则上要单独设置专职的会计工作机构；不具备单独设置会计机构条件的单位，应在有关机构中配备专职会计人员，否则应委托有关代理记账机构进行代理记账。不同单位应根据自身特点来设置会计机构，具体情况如表10-1所示。

表10-1　　　　　　　　　　　会计机构设置表

单位特点	会计机构的设置
国有的和国有资产占控股地位或者主导地位的大、中型企业	设置总会计师
规模大、会计工作量大且业务复杂的单位	单独设置会计机构，并在单位内部设置各级、各部门的会计组织
行政、事业单位及一般的企业	单独设置会计机构
规模小、业务量少的单位	在有关机构中设置会计人员并指定会计主管人员
不具备设置会计机构和配备会计人员条件的小型经济组织	委托经批准设立从事会计代理记账业务的中介机构代理记账

二、会计岗位的设置

（一）会计岗位及岗位职责

会计岗位是指一个单位会计机构内部根据业务分工而设置的职能岗位。会计工作岗位可以一人一岗、一人多岗或者一岗多人，但出纳人员不得兼管稽核、会计档案保管和收入、费用、债权债务账目的登记工作。在会计机构内部设置会计岗位，有利于明确分工和确定岗位职责，建立岗位责任制；有利于会计人员钻研业务，提高工作效率和质量；有利于会计工作的程序化和规范化，加强会计基础工作；有利于强化会计管理职能，提高会计工作的作用；同时也是配备数量适当的会计人员的客观依据之一。

（二）会计岗位设置的原则

会计岗位的设置应符合如下原则。

1. 按需设置会计岗位

各单位应当根据会计业务的需要设置会计岗位。会计岗位一般可以分为：会计机构负责人或会计主管人员、出纳、财产物资核算、工资核算、成本费用核算、经营成果核算、资金核算、往来核算、总账报表、稽核、会计档案管理等。开展会计电算化和管理会计的单位，可以根据需要设置相应的工作岗位，也可以和其他工作岗位相结合。

2. 分离不相容职务

会计岗位可以一人一岗、一人多岗或一岗多人。但在明确分工时,要对不相容职务进行分离。所谓不相容职务,是指那些如果由一人担任,既可能弄虚作假,又能够自己掩盖其错误和弊端的职务。我国《会计法》规定,出纳人员不得兼任稽核、会计档案保管和收入、费用、债权债务账目的登记工作。

3. 轮换会计岗位

会计人员的岗位应该有计划地定期进行轮换。通过定期轮换,一方面可发现和纠正某项职务承担人发生的错误和弊端,促使每个岗位的会计人员认真履行自己的职责;另一方面也可以促进会计人员全面熟悉会计业务,提高会计人员的业务能力和素质。

1. 如何设置会计岗位?
2. 设置会计工作岗位的原则是什么?

活动 10.2.2　会计机构的任务和组织形式

一、会计机构的任务

我国《会计法》第三十六条规定:"各单位应当根据会计业务的需要,设置会计机构,或者在有关机构中设置会计人员并指定会计主管人员;不具备设置条件的,应当委托经批准设立从事会计代理记账业务的中介机构代理记账。国有的和国有资产占控股地位的大、中型企业必须设置总会计师。总会计师的任职资格、任免程序、职责权限由国务院规定。"

一个单位是否需要设置会计机构取决于单位规模的大小、经济业务和财务收支的简繁以及经营管理的要求。

会计机构的任务概括地说就是进行会计核算、实行会计监督。

(一) 进行会计核算

会计核算是会计工作的基础,在我国,会计核算必须遵守我国《会计法》和有关财务制度的规定,符合有关会计准则和会计制度的要求,力求会计资料真实、正确、完整,保证会计信息的质量。我国《会计法》明确规定,下列事项必须办理会计手续,进行会计核算:

(1) 款项和有价证券的收付。
(2) 财物的收发、增减和使用。
(3) 债权债务的发生和结算。
(4) 基金的增减和经费的收支。
(5) 收入、费用、成本的计算。
(6) 财务成果的计算和处理。
(7) 其他需要办理会计手续、进行会计核算的事项。

(二) 实行会计监督

会计监督是指单位内部的会计机构和会计人员、依法享有经济监督检查职权的政府有关部门、依法批准成立的社会审计中介组织,对国家机关、社会团体、企业单位和事业单位经济活动的合法性、合理性和会计资料的真实性、完善性,以及本单位内部预算执行情况所进行的监督。

会计监督可以按不同的标准进行分类:

(1) 按监督实行的时间,会计监督可以分为事前监督、事中监督和事后监督。事前监督是对将要发生的经济活动进行会计监督;事中监督是对正在发生的经济活动进行会计监督;事后监督是对已经发生的经济活动进行会计监督。事前监督与事中监督有利于及时发现问题、及时采取补救措施,防患于未然;事后监督便于全面、真实、准确地检查经济活动的全过程,提高会计监督的准确性。因此,各单位应结合具体情况,灵活选择监督的方法。

(2) 按监督的要求不同,会计监督可以分为政策性监督和技术性监督。政策性监督是检查单位的经济活动是否符合国家有关政策、法规,着眼于经济活动的真实性和合法性;技术性监督是检查单位的经济活动是否符合财务会计的核算技术要求,着眼于经济活动的准确性、完整性和全面性。

二、会计机构的组织形式

会计机构的组织形式是指单位内部各部门之间的会计核算工作上的相关关系。由于不同单位的业务范围、规模大小等各不相同,会计核算工作的组织形式也就有所不同。会计核算组织形式一般分为集中核算和非集中核算两种。

(1) 在集中核算的组织形式下,企业会计部门要完成企业经济业务的明细核算、总分类核算、会计报表编制和各有关项目的考核分析等工作;其他职能部门、车间、仓库的会计组织或会计人员只负责登记原始记录和填制原始凭证。

(2) 在非集中核算组织形式下,某些业务的凭证整理、明细核算、适应企业单位日常管理需要的内部报表的编制与分析等分散到各个从事该项业务的车间、部门进行;而企业会计部门集中进行总分类核算和全厂的会计报表的编制与分析。

在实际工作中,有的企业往往对某些会计业务采用集中核算,而对另一些业务又采用非集中核算。但无论采用哪种形式,企业对外的资金往来、物资购销、债权债务的结算都应由企业财务会计部门集中办理。

会计机构的任务和组织形式分别是什么?

活动 10.2.3 会计岗位责任制及监督体系

一、会计岗位责任制

会计岗位责任制是指在会计机构内部按照会计工作的内容和会计人员的配备情况,将会计机构的工作划分为若干个岗位,并按岗位规定的职责进行考核的责任制度。

会计岗位责任制与一般的岗位责任制相比,具有以下三方面的特性:一是业务性;二是政策性;三是相互制约性。由会计工作的特性所决定,会计人员的岗位责任制必须遵循如下原则。

(一) 合法性原则

会计岗位责任制必须符合国家有关法律、法规和单位内部规章制度。2008年6月28日,财政部会同证监会、审计署、银监会、保监会发布《企业内部控制基本规范》,针对新时期会计工作的新特点,在内部会计控制方面作出了一系列规定,这些规定必须贯彻落实到会计岗位责任制中。

(二) 全员性原则

会计人员岗位责任制应当约束单位内部涉及会计工作的所有人员,任何个人都不得拥有超越会计人员岗位责任制的特权。会计人员应认清分工与分权的道理,更新理念,变被动为主动,自觉贯彻落实会计人员岗位责任制。

(三) 全过程原则

会计人员岗位责任制应当涵盖单位内部涉及会计工作的相关岗位,并应针对业务过程中的关键控制点,落实到会计工作的各个环节。会计人员岗位责任涉及业务和管理工作的方方面面,体现在事前、事中、事后的全过程。

(四) 不相容职务相互分离原则

会计人员岗位责任制应当保证单位内部涉及会计工作的机构、岗位的合理设置及其职责权限的合理划分,坚持不相容职务相互分离原则,确保不同机构和岗位之间权责分明、相互制约、相互监督。不相容职务主要包括授权批准、业务经办、会计记录、财产综合、稽核检查等职务。

(五) 成本效益原则

会计人员岗位责任制应当以合理的控制成本达到最佳的控制效果。合理设置会计岗位,既达到有效控制的目的,又避免人浮于事;既有利于会计工作的正常开展,又避免权责不分、互相推诿的现象。

(六) 不断修订和完善的原则

会计人员岗位责任制应随着外部环境的变化、单位业务职能的调整和管理要求的提高,不断修订和完善。尤其在当今,随着我国经济体制改革的不断深入,新的会计政策不断出台,会计人员岗位责任制的内容也应根据新的会计规范和规定而不断修订和完善。

二、会计监督体系

会计监督体系是指由若干具有履行会计监督职能的组织机构相互联系、相互依赖、相互制约而构成的一个有机整体。它包括单位内部会计监督、政府监督和社会监督三个部分。

(一) 单位内部会计监督

单位内部会计监督本质上是一种内部控制制度,是内部会计管理制度的重要组成部分,是我国会计监督体系的基础。会计机构和会计人员应对单位经济活动过程和会计资料真实性、完整性实行内部会计监督。

(二) 政府监督

政府主管部门(或授权国家审计机构)与其他相关管理部门组织实施的监督行为。

(三) 社会监督

企业管理部门、董事会或其他利益相关者委托社会中介组织机构(会计师事务所、审计事务所)实施的监督行为。

1. 会计人员的岗位责任制必须遵循哪些原则?
2. 会计监督体系的构成是什么?

任务 10.3　划分会计岗位

会计工作岗位是指一个单位会计机构内部根据业务分工而设置的职能岗位。会计工作岗位可以一人一岗、一人多岗(但出纳人员不得兼管稽核、会计档案保管,以及收入、费用、债权债务账目的登记工作)、一岗多人。

会计岗位一般包含:①总会计师(或行使总会计师职权)岗位。②会计机构负责人(会计主管人员)岗位。③出纳岗位。④稽核岗位。⑤资本、基金核算岗位。⑥收入、支出、债权债务核算岗位。⑦工资核算、成本费用核算、财务成果核算岗位。⑧财产物资的收发、增减核算岗位。⑨总账岗位。⑩对外财务会计报告编制岗位。⑪会计电算化岗位。⑫会计档案管理岗位等。

对于会计档案管理岗位,在会计档案正式移交之前,属于会计岗位;在将会计档案正式移交管理部门之后,不再属于会计岗位。

档案管理部门的人员管理会计档案,不属于会计岗位。医院门诊收费员、住院处收费员、药房收费员、药品库房记账员、商场收费(银)员等所从事的工作均不属于会计岗位。单位内部审计、社会审计、政府审计工作也不属于会计岗位。

活动 10.3.1　会计人员的职责

会计人员是单位专门从事财务会计工作的人员。每一个会计机构都应根据会计业务的需要,配备一定数量合格的会计人员。合理配备会计人员是提高会计工作效率和会计信息质量的重要保证。

一、基本职责

会计人员具有如下基本职责:

(1) 进行会计核算。会计人员必须按照会计制度的规定,切实做好会计核算工作。

(2) 实行会计监督。会计人员应对会计实务中不真实、不合法的事件有反映和处理的责任。

(3) 拟定本单位办理会计事务的具体办法。企业应根据国家统一的会计法规和制度结合本单位的具体情况,建立、健全本单位的内部适用的会计规章制度。

(4) 参与拟订经济计划、业务计划,考核和分析预算、财务计划的执行情况。

(5) 办理其他会计事务,如会计档案的保管等。

二、具体职责

会计人员因专业职务资格不同,承担的具体职责也就不相同。我国《会计专业职务试行条例》对专业职务的基本职责明确规定如下:

(1) 会计员,负责具体审核和办理财务收支,编制记账凭证,登记会计账簿,编制会计报表和办理其他会计事务。

(2) 助理会计师,负责草拟一般的财务会计制度、规定、办法;解释、解答财务会计法规、制度中的一般规定;分析检查某一方面或某些项目的财务收支和预算的执行情况。

(3) 会计师,负责草拟比较重要的财务会计制度、规定、办法;解释、解答财务会计法规、制度中的重要问题;分析检查财务收支和预算的执行情况;培养初级会计人才。

(4) 高级会计师,负责草拟和解释、解答在一个地区、一个部门、一个系统或在全国施行的财务会计法规、制度、办法;组织和指导一个地区或一个部门、一个系统的经济核算和财务会计工作;培养中级以上会计人才。

活动10.3.2　会计人员的职业道德要求

会计人员的职业道德是指会计人员在从事会计工作过程中应遵守的行为规范。按照我国《会计基础工作规范》的规定,会计人员的职业道德主要包括以下几个方面的要求。

一、爱岗敬业

爱岗敬业要求会计人员热爱会计工作,安心本职岗位,忠于职守,尽心尽力,尽职尽责。

二、诚实守信

诚实守信要求会计人员做老实人,说老实话,办老实事,执业谨慎,信誉至上,不为利益所诱惑,不弄虚作假,不泄露秘密。

三、廉洁自律

廉洁自律要求会计人员公私分明、不贪不占、遵纪守法、清正廉洁。

四、客观公正

客观公正要求会计人员端正态度,依法办事,实事求是,不偏不倚,保持应有的独立性。

五、坚持准则

坚持准则要求会计人员熟悉国家法律、法规和国家统一的会计制度,始终坚持按法律、法规和国家统一的会计制度的要求进行会计核算,实施会计监督。

六、提高技能

提高技能要求会计人员增强提高专业技能的自觉性和紧迫感,勤学苦练,刻苦钻研,不断进取,提高业务水平。

七、参与管理

参与管理要求会计人员在做好本职工作的同时,努力钻研相关业务,全面熟悉本单位经营活动和业务流程,主动提出合理化建议,协助领导决策,积极参与管理。

八、强化服务

强化服务要求会计人员树立服务意识,提高服务质量,努力维护和提升会计职业的良好社会形象。

以上规定都是会计人员晋升、晋级、聘任专业职务、表彰奖励的重要考核制度;会计人员违反职业道德的,由所在单位进行处罚;情节严重的,由会计证发证机关吊销其会计从业资格证。

会计人员的职业道德有哪些要求?

活动 10.3.3　会计人员的工作交接

会计人员的工作交接是会计工作中的一项重要内容。我国《会计法》规定:"会计人员调动工作或者离职,必须与接管人员办清交接手续。一般会计人员的交接手续,由会计机构负责人(会计主管人员)监交;会计机构负责人(会计主管人员)办理交接手续,由单位负责人监交,必要时主管单位可以派人会同监交。"会计人员调动工作或者离职时,与接管人员办清交接手续,是会计人员应尽的职责;可以防止因会计人员的更换出现账目不清、财务混乱等现象;也是分清移交人员和接管人员责任的有效措施。会计工作交接应按如下程序办理。

一、办理会计工作交接前的各项准备工作

(1) 已经受理的经济业务尚未填制会计凭证的应当填制完毕。
(2) 尚未登记的账目应当登记完毕,结出余额,并在最后一笔余额后加盖经办人员印章。
(3) 整理好应该移交的各项资料,对未了事项和遗留问题要写出书面说明材料。
(4) 编制移交清册,移交账簿、财务会计报告、现金、支票簿、公章等,并注明移交时间并加盖印章。
(5) 会计机构负责人(会计主管人员)移交时,应将财务会计工作、重大财务收支问题和会计人员的情况等向接替人员介绍清楚。

二、离任会计人员办理移交手续的步骤

离任会计人员应遵照如下步骤办理移交手续:
(1) 已经受理的经济业务尚未填制会计凭证的,应填制完毕。
(2) 尚未登记的账目应登记完毕,并在最后一笔余额后加盖经办人员印章。

(3) 整理应移交的各项材料,对未了事项和未完成的交易写出移交的书面材料。
(4) 编制移交清册。

三、办理接替手续的步骤

接管会计人员应遵照如下步骤办理接替手续:
(1) 现金、有价证券必须与会计账簿记录保持一致;不一致时,移交人员必须限期查清。
(2) 会计凭证、账簿、报表和其他会计资料必须完整无缺;否则,必须查清原因并在移交清册中注明,由移交人员负责。
(3) 银行存款日记账余额与银行对账单核对一致,如不一致,应编制银行存款余额调节表;各种财产物资和债权债务的明细账与总账余额必须相符;必要时要进行抽查。
(4) 移交人员经管的票据、印章和其他实物等,必须交接清楚。

四、专人负责监交

对于一般会计人员的交接由单位会计机构负责人、会计主管人员负责监交;会计机构负责人、会计主管人员的交接,由单位领导人负责监交,必要时可由上级主管部门派人会同监交。

五、会计交接后的有关事宜

会计工作交接完毕后,交接双方和监交人员应在移交清册上签名或盖章,并应在移交清册上注明单位名称、交接日期、交接人和监交人、移交清册页数和需要说明的问题、意见等。接管人员应继续使用移交前的账簿,不得擅自另立账簿,以保证会计记录前后衔接、内容完整。移交清册一般应填制一式三份,交接双方各执一份,存档一份。

会计工作交接应遵循哪些程序?应注意哪些问题?

任务 10.4 保管会计档案

会计档案是指会计凭证、会计账簿和财务会计报告等会计核算专业资料。它是记录和反映经济业务的重要史料和证据。会计档案对于追查和明确历史上的经济责任、积累会计信息、指导企业经营管理都有重要意义。各单位必须加强对会计档案管理工作的领导,建立会计档案的立卷、归档、保管、查阅和销毁等管理制度,保证会计档案的安全和完整。

活动 10.4.1 会计档案的分类

会计档案包括会计凭证、会计账簿和财务会计报告等会计核算专业材料。其具体内容包括：
(1) 会计凭证类：原始凭证、记账凭证、汇总凭证和其他会计凭证。
(2) 会计账簿类：总账、明细账、日记账、固定资产卡片、辅助账簿和其他会计账簿。
(3) 财务会计报告类：月度、季度、年度财务会计报告，包括会计报表、附表、附注及文字说明等。
(4) 其他类：银行存款余额调节表、银行对账单、其他应当保存的会计核算专业资料、会计档案移交清册、会计档案保管清册、会计档案销毁清册。其他应当保存的会计核算专业资料是指与会计核算有关的重要资料。

什么是会计档案？会计档案由哪些内容构成？

活动10.4.2　会计档案的归档与保管

一、会计档案的立卷和保管

(一) 会计档案的分类编号和立卷

各单位每年形成的会计档案，应当由会计机构按照会计档案管理办法的相关要求，负责整理立卷，装订成册，编制会计档案保管清册。会计档案可分为四类：会计凭证类、会计账簿类、会计报表类和其他类，根据四类档案进行分级编号管理。

(二) 会计档案的移交

当年形成的会计档案，在会计年度终了后，可暂由会计机构保管1年，期满之后，应当由会计机构编制移交清册，移交本单位档案机构统一保管；未设立档案机构的，应当在会计机构内部指定专人保管。出纳人员不得兼管会计档案。移交本单位档案机构保管的会计档案，原则上应当保持原卷册的封装。个别需要拆封重新整理的，档案机构应当会同会计机构和经办人员共同拆封整理，以分清责任。

(三) 会计档案的保管和登记

档案部门对所保管的会计档案应建立"会计档案保管清册"，由会计档案经管人负责登记。

(四) 会计档案的存放

会计档案应按照上述分类和卷盒编号分类顺序存放。存放地点应注意防火、防潮、防污、防窃、防蛀和防鼠。

(五) 会计档案的清点和检查

会计档案的清点和检查要每年进行一次，检查档案完整、借阅情况，以及保管期满应处理的档案，发现问题应及时采取措施进行处理。

(六) 会计档案的保管期限

根据国家档案管理的有关规定，会计档案的保存期限分为定期保存和永久保存两类。定期保存年限有3年、5年、15年、25年四种。永久保存会计档案主要是年度财务会计报告和涉及外事的会计凭证、账簿等。会计档案的保管期限，应从会计年度终了后的第一天算起。企业和其他组织会计档案保管期限如表10-2所示。

表10-2 企业和其他组织会计档案保管期限表

序号	档案名称	保管期限	备注
一	会计凭证		
1	原始凭证	30年	
2	记账凭证	30年	
二	会计账簿		
3	总账	30年	
4	明细账	30年	
5	日记账	30年	
6	固定资产卡片		固定资产报废清理后保管5年
7	其他辅助性账簿	30年	
三	财务会计报告		
8	月度、季度、半年度财务会计报告	10年	
9	年度财务会计报告	永久	
四	其他会计资料		
10	银行存款余额调节表	10年	
11	银行对账单	10年	
12	纳税申报表	10年	
13	会计档案移交清册	30年	
14	会计档案保管清册	永久	
15	会计档案销毁清册	永久	
16	会计档案鉴定意见书	永久	

二、会计档案的调阅

各单位保存的会计档案不得借出。如有特殊需要,经本单位负责人批准,可以提供会计档案的查阅或者复制,并办理登记手续。查阅或者复制会计档案的人员,严禁在会计档案上涂画、拆封和抽换。

各单位应当建立健全会计档案查阅、复制登记制度。

会计资料保管的流程如图 10-1 所示。

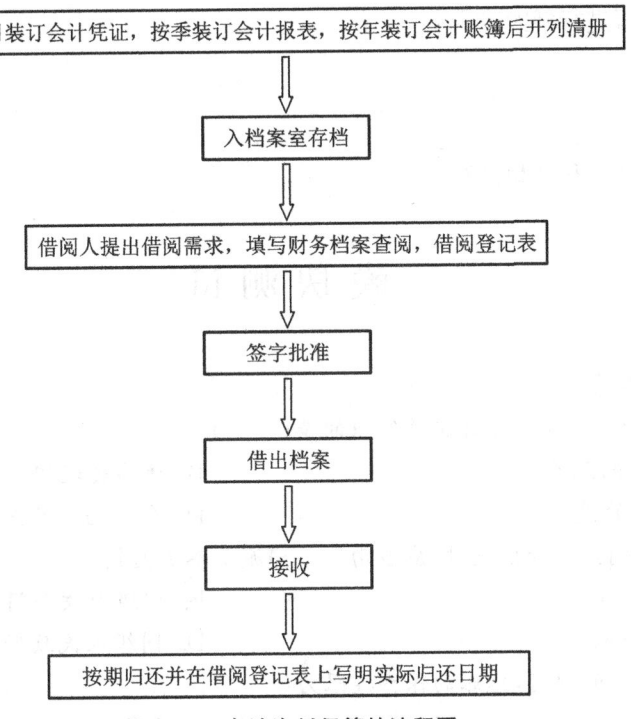

图 10-1　会计资料保管的流程图

1. 如何进行会计档案的移交？
2. 会计档案的保管期限有何规定？

活动 10.4.3　会计档案的销毁

保管期满的会计档案，应按照以下程序销毁：

（1）由本单位档案机构会同会计机构提出销毁意见，编制会计档案销毁清册，列明销毁会计档案的名称、卷号、册数、起止年度和档案编号、应保管期限、已保管期限、销毁时间等内容。

（2）单位负责人在会计档案销毁清册上签署意见。

（3）销毁会计档案时，应当由档案机构和会计机构共同派员监销。国家机关销毁会计档案时，应当由同级财政部门、审计部门派员参加监销。财政部门销毁会计档案时，应当由同级审计部门派员参加监销。

（4）监销人在销毁会计档案前，应当按照会计档案销毁清册所列内容清点核对所要销毁的会计档案；销毁后，应当在会计档案销毁清册上签名盖章，并将监销情况报告本单位负责人。

保管期满但未结清的债权债务的原始凭证和涉及其他未了事项的原始凭证，不得销毁，应单独抽出立卷，保管到未了事项完结时为止。

单独抽出立卷的会计档案，应当在会计档案销毁清册和会计档案保管清册中列明。

正在项目建设期的建设单位,其保管期满的会计档案不得销毁,应抽出另行立卷,保管到确无保存价值时再进行销毁。

会计档案的销毁程序如何?

模块测试

参考答案

一、单项选择题

1. 下列各项中,不属于会计工作组织的是(   )。
   A. 会计人员的配备　　　　　　　　B. 董事会组织
   C. 会计机构的设置　　　　　　　　D. 会计档案的保管
2. 财政部门销毁会计档案时,应当由(   )派员参加监销。
   A. 同级财政部门　　　　　　　　　B. 同级财政部门、审计部门
   C. 同级审计部门　　　　　　　　　D. 同级人民政府
3. 按照财政部的规定,总账的保存期限为(   )。
   A. 10 年　　　　　B. 30 年　　　　　C. 5 年　　　　　D. 永久

二、多项选择题

1. 下列各项中,属于会计人员职业道德的有(   )。
   A. 保守秘密　　　B. 爱岗敬业　　　C. 熟悉法规　　　D. 客观公正
2. 企业会计工作的组织形式包括(   )等核算形式。
   A. 科目汇总表　　　　　　　　　　B. 集中
   C. 汇总记账凭证　　　　　　　　　D. 非集中
3. 出纳人员不得兼任的岗位有(   )。
   A. 稽核　　　　　　　　　　　　　B. 银行存款日记账的登记
   C. 会计档案的保管　　　　　　　　D. 债权债务账目登记
4. 下列各项中,属于会计档案的有(   )。
   A. 现金日记账　　　　　　　　　　B. 银行对账单
   C. 应收账款总分类账　　　　　　　D. 资产负债表

三、判断题

1. 会计工作组织就是根据会计工作的特点,设置会计机构,配备相应会计人员,制定并执行会计法规和制度,以保证合理有效地进行会计工作。(   )
2. 企业单位会计机构负责人、会计主管人员的任免,可以由企业自行确定。(   )
3. 对于一个企业而言,只能单一地选用集中核算形式或非集中核算形式。(   )
4. 会计人员的工作岗位可以一人一岗、一人多岗或多人一岗。(   )
5. 会计档案的保管期限分为定期保管和永久保管两类,其中定期保管又分为 5 年、10 年、15 年、20 年和 25 年。(   )

四、业务处理题

1. 2019年10月,鸿远公司会计黄某休病假,该公司一时找不到合适人选,决定由出纳孙某兼任会计黄某的收入、费用账目的登记工作。

要求:分析该公司上述做法是否妥当?

2. 大明电子公司会计钱丽因工作努力、钻研业务、积极提出合理化建议,多次被公司评为先进会计工作者。钱丽的丈夫在一家私有电子企业任总经理,在其丈夫的多次请求下,钱丽将在工作中接触到的公司新产品研发计划及相关会计资料复印件提供给其丈夫,给公司带来一定的损失。公司认为钱丽不宜继续担任会计工作。

要求:钱丽违反了哪些会计职业道德要求?

教学课件索取单

敬爱的老师:

  感谢您使用我们出版社的教材。为了方便教学,教材配有相关的教学课件。如果您需要,请您填写下面表格中的相关信息,并以电子邮件的形式发到我社,我们在核对您的信息后,会免费向您提供教学课件。

  我社网站上提供电子版的课件索取单以及所有课件清单。

  我们的联系方式:

  地 址:上海市中山西路2230号1号楼1507室 邮 编:200235
      立信会计出版社   电 话:(021)64411223(O)
  电子邮件:victoria_tysx@126.com   联系人:余榕

教材名称				作者姓名	
教师姓名		性别		身份证号	
学校			院系	教研室	
学校地址				邮编	
职务			职称	办公电话	
E-mail			手机	宅电	
通信地址				邮编	
所选教材			教材用量	册	
委托订购单位					

  您对本教材的意见和建议是:_____

_____

_____

_____

_____